U0652174

有故事的
语文课堂

李卫华 ——— 著

华东师范大学出版社
上海

图书在版编目(CIP)数据

有故事的语文课堂/李卫华著.—上海:华东师范大学出版社,2021

ISBN 978-7-5760-1326-9

Ⅰ.①有… Ⅱ.①李… Ⅲ.①中学语文课-教学研究-高中 Ⅳ.①G633.302

中国版本图书馆 CIP 数据核字(2021)第 044008 号

有故事的语文课堂

著　　者　李卫华
责任编辑　彭呈军　吴　伟
特约审读　薛　莹
责任校对　郑海兰
版式设计　刘怡霖
封面设计　谢琳琪

出版发行　华东师范大学出版社
社　　址　上海市中山北路 3663 号　邮编 200062
网　　址　www.ecnupress.com.cn
电　　话　021-60821666　行政传真 021-62572105
客服电话　021-62865537　门市(邮购)电话 021-62869887
地　　址　上海市中山北路 3663 号华东师范大学校内先锋路口
网　　店　http://hdsdcbs.tmall.com

印 刷 者　常熟高专印刷有限公司
开　　本　787×1092　16 开
印　　张　15.75
字　　数　239 千字
版　　次　2021 年 5 月第 1 版
印　　次　2021 年 5 月第 1 次
书　　号　ISBN 978-7-5760-1326-9
定　　价　52.00 元

出 版 人　王　焰

(如发现本版图书有印订质量问题,请寄回本社客服中心调换或电话 021-62865537 联系)

目　录

第八回　读书切戒在慌忙　涵泳工夫兴味长
——《乡土中国》整本书阅读教学故事

第九回　辛勤劳作流汗水　科学耕耘讲智慧
——有故事的语文课堂实施路径小结

第十回　长安陌上无穷树　唯有垂杨管别离
——部分学生回忆有故事的语文课堂

序

欣闻李卫华老师将把近年来对语文教学的思考成果和教研成果结集出版，并邀我写序，心里非常高兴。读着他的书稿，不仅引起了我对语文教学的思考，也引起了我对卫华教学成长历程的回忆。

我们都熟知语文的教育功能是"立德树人"，但我们常把这里的"人"只看成学生，仿佛与教师无关，其实不然。语文这门学科既"树"学生，也"树"教师。

卫华的成长就是一个"树教师"的例子。这些年来，在语文的讲坛上，他勤勤恳恳，教书育人，教出的一届届学生成为国家的栋梁，他自己也不断成长，从一名生涩的语文教师，逐渐成长为一名有经验、有理想、有理念、有方法、有追求的成熟教师。

我清晰地记得第一次听卫华上课的情形，那次他执教的是《再别康桥》，课堂上他非常注重朗读，在学生读完课文后，他又用广东话把课文朗读了一遍。课后聊天，我才知道他从安徽师范大学毕业后去了广东，在那里工作并结识了自己的妻子，而后又双双来到上海工作。经过他不懈的努力，终于从一名青年教师成长为区域教学的中坚力量。

上海的语文教学，如果要说是"海派语文"教学风格的话，我觉得最重要的是：在教学策略上，上海的语文教学特别重视学生的学习经历，关注学生的学习过程；在教学操作上，关注课文，关注文本的语言。这是上海的语文教学从"大语文"教学向语文教学本质的回归，也是上海区别于全国其他地方语文教学的突出特征。卫华的语文教学就带有"海派语文"的特征，是上海语文"二期课改"的典型例证，我们从本书的案例中可以看到他关注语文课堂、关注学生学习语文兴趣的努力。在他的文字中，我们可以看到，他不是为了完成教学任务而把一堂课讲完，而是通过自己的努力,和学生一起享受语文的美好。是的,语文学科的本质决定了语文教学不能过分地追求功利性,语文追求浸润,追求熏陶,追求语感的形成,追求思维的提升。那是师生在课堂上,一起感受获得新知的快乐,一起沉浸在语言的逻辑里读懂语言背后意义的快感,一起发现语言组合密码与规则的欣喜,一起在语言的节奏和韵律中感受诗意的美感,一起在课文中体验生活和获得人生成长的意义。

卫华一直关注文本的语言。记得在一次区级教研活动中,卫华再次执教《再别康桥》,这节课明显是他上一次教学的升级版。课堂上,他引导学生品味"轻轻地"与"悄悄地"的区别,揣摩"波光里的艳影"与"波光里的倒影"的区别,思考诗人在这些词语里究竟想传达怎样的感情。那一次听课,我心中充满欣喜,我从卫华对同一篇课文的处理上,真切地看到了他的成长和进步。

后来,卫华成为我工作室的一名学员,我们的接触就更多了,我们在一起谈学习、谈读书、谈教学。记得他们学校刚搬到新校区不久,在一次教研活动后,我俩在他们学校的大门口聊了很久,我们聊语文教学,聊他对语文教学的追求。校园西边是一片尚未开工的工地,地面长满杂草,一眼望去荒芜而又开阔,一轮落日垂挂天际,我们并肩而立,卫华有时也不说话,他仿佛陷入更深的思考中。在这一次的谈话中,我渐渐明白了卫华对语文教学的追求。我望着那片荒芜的工地,心想,这里一定有一个美好的设计蓝图。

于是,在这本书中,我们看到了卫华在语文教学之路上行走的印迹,看到了他的努力,看到了他对语文的理解,看到了他的教学追求……

卫华还很年轻,在未来的语文教学中,他还有很远很远的路要走。

卫华很勤奋,在未来的工作中,相信他一定能走出一条优美的轨迹!

王林

2020 年 9 月 1 日

(王林,闵行区教育学院中学语文教研员,上海市特级教师,正高级教师,上海师范大学特聘教授。)

第一回　悟已往之不可谏　知来者之犹可追

——由《师说》课堂教学的故事说起

　　《师说》是传统名篇,2006 年和 2018 年,相隔 12 年,我上了两次区级公开课。十二年前的情景历历在目,刻骨铭心,至今想起依然汗发于背,深感羞愧。那节课是个"里程悲",所谓"知耻而后勇"吧,从此我才睁眼看世界,真正思考语文教学的基本规律,并开始了粗浅的创意课堂探究,由此逐步提出有故事的语文课堂的教学理念,课堂教学也取得了一些发展和进步。

一、 第一次上《师说》

　　2006 年,我刚调来上海不久,百废待兴,研究又少。当时学校推荐我参加闵行区"论坛之星"评选,参加完笔试,接着就是专家听课。指定听课的篇目是《师说》,听课地点在本校。彼时我教高三,《师说》是高二的课文,所以就借了高二(3)班上课。只有一天的准备时间,"怎么上"成为一个巨大的问题。首先是学情,班级不熟,学生们一点都没有预习;其次是教材,这篇文言文教些什么,教文言字词句给专家听? 文言、文章、文学、文化该落脚在哪里? 最后是教法,陌生的文言文,一个课时用什么办法教会学生? 用什么办法上出一点新意? 我决定放弃文言字词,将教学重点放在对比论证上。但是不讲字词学生又不理解文章内容,不理解文章内容就无法理解对比论证。于是各种纠结无法取舍,就出现了非常荒谬的教学设计。

　　课开始了,两位德高望重的专家端坐在后面。我先让学生齐读了一遍课文,读得当然不好,纠了错,我又范读了一遍;然后我给每一位学生发了一张译文,我说同学们可能不懂文章的意思吧,现在一组同学读原文,另一组同学读相应的译文。我用这个教学环节代替了课文的理解,专家的脸色已经很不好看了。第三个教学环节就是讲本文的对比论证了,梳理出三组对比:古之圣人与今之众人,爱其子与于其身,巫医乐师百工之人与士大夫之族,由此可见当时社会耻学于师的现象多么严重!学生的反应不用说,云山雾罩,因为他们根本就没有理解和感知文章的内容。我头上的汗顺着眉毛和鬓角一直流,背脊湿透,声音干涩,课越上越没有底气,我感受到从没有过的虚弱,心知不学无术就一定是这个局面!第四个环节就是让学生写,用对比论证的方法写一段话,写的是什么确实不记得了,只记得课堂草草收场,两位专家神色严峻,一句话都没有讲就走了。

十年树木,百年树人。十年的成长对于一个人的发展来说已经太慢了。十多年来,这节课经常回荡于脑海,我不断地拷问自己。这是一篇文言文,这是一篇韩愈的文言文,这是韩愈的《师说》,文章的灵魂在哪里,文章的个性魅力在哪里。语言是思想的外化,你是怎样将文和言如此拙劣地"油水分离"。对比论证在现代文中比比皆是,为什么在《师说》中要特别突出对比论证,为什么把古代经典教成一篇普通的对比论证写作指导……一切问题的核心都指向"故事"的缺失。教师不了解韩愈的故事,不了解韩愈写《师说》的故事,不了解韩愈字里行间的感情故事,也不了解名师上《师说》的故事。教学设计缺少了源头活水,只能机械地望文生义。学生当然也无从了解,课堂没有语言的表达与交流,没有思维的发展与提升,没有审美的表达与创造,因为缺少了故事以及对故事的理解,也就缺少了讲述这些故事、写出这些故事的教学平台,课堂也就索然无味,缺少精彩的故事。

二、 第二次上《师说》

从那之后,我总在做一些新尝试,在课堂上总是让学生多讲讲、多写写,最后 5 分钟再让学生呈现出来。校长多次鼓励我,认为很有创意,让我做出特色,形成体系,于是,梦想的种子种在了我的心里。在 2017 年我校第一届"创意课堂"评比时,我积极参加,并提出有故事的语文课堂的创意思路,获得了最佳创意奖。或问,哪来的那么多创意? 创意的故事和灵感来自哪里? 其实很简单。于漪老师说过:"老师要躬下身子去研究学生、研究教学内容和教学方法,有点新思考,做点小实验。"①真的研究了，就会有新想法，创意不是多么高深的东西，而是一种意识，做点小的改变而已。

2018 年 5 月 23 日，我校面向区教育学院和全区各校开展了"课堂教学改进之创意课堂"主题研讨展示活动，展示了 18 节公开课。我很荣幸地作为教师代表在活动大会上面向区教育学院的领导和专家以及全体参会教师做了题为"有故事的语文课堂"的微报告，报告中我阐述了我认为"语文课堂"这个"堂"字，意思是立足在祖国文化的土壤之上，培养具有高尚情操的中国人。我一直有个朴素的想法，就想让自己的课堂能更吸引学生。我也很荣幸地将代表语文组"展示"一节公开课。彼时正值任教高二，正好按照进度上到《师说》，我不想再挑其他文章，公开课就应该上出常态，常态的进度，常态的教学方式和策略等等。而且我心里暗思，一定要从 12 年前跌倒的那个坑里爬出来、站起来，一定要讲好《师说》的故事，给自己一个安慰。于是我花了大量时间研究教学内容和教学方法，并读了大量文献资料，从各方面考虑，进行精心设计。

在设计依据上，我主要考虑了以下几个方面。课标依据：开展诵读、比较、拓展等积极的语言实践活动，围绕文本构建真实的语言情境，切实提升学生的语文核心素养；积累重要的文言实词、虚词，体会语言中蕴含的思想情感；组织学生展开讨论，就传统文化的时代意义和局限等问题，用历史和现代的观念进行审视，表达自己的看法。教材依据：沪教版 36 个单元，其中 12 个单元是按照文体分类。本单元之前已经学习了古代诗词曲、古典小说等内容的赏析。本单元为古代散文单元，把教学目标设定为对作品个性化语言特点、语言风格的赏析抓住了教学重点。单元依据：古代散文博大精深，先秦诸子散文、汉代政论文、唐宋八大家古文是其中的几座高峰。本单元所选的荀子之文严谨详密，贾谊之文气势磅礴，韩愈之文笔力雄健，苏轼之文姿态横生。品味这些佳作，有助于了解古人深邃的思想，领略精湛的语言艺术。文本特点：韩愈的《师说》是一篇感时之作，它既有深刻的思想内容，又有很强的说服力，既有起伏跌宕的气派，又有平易畅达的语言。教学

---

① 于漪：《有点新思考新作为》，《语文学习》2018 年 01 期。

设计的核心旨在探究平易畅达的语言中何以蕴含了跌宕起伏的气势和深刻的思想。学生情况：高二下学期的学生在古文阅读方面有一定的基础和积累，教学设计应侧重语言的品味而不是文言基础的串讲。本班学生乐于思辨，在表达与交流中常有新颖的见解。教学中特别设计了课堂思考交流环节，对传统经典名篇发起有理有据的挑战，使其能表达自己的看法。

教学过程简述如下。导入环节，展示韩愈像，简单介绍韩愈。韩愈，字退之，世称韩昌黎、韩吏部、韩文公，唐宋八大家、唐代古文运动领袖。他何以是唐宋八大家？他倡导的古文有何特点？他温文尔雅的外表之下蕴藏着怎样的思想情怀？接着通过一个示例，谈谈韩文的语言风格，引出这节课的重点。示例：韩愈记错了吗？①

① 孔子曰："三人行，则必有我师。"（韩愈引文）

② 子曰："三人行，必有我师焉。"（《论语》原文）

通过诵读法和对比法，对比两者的细微差别，辨析两者不同的情感态度。教师通过以下的文献故事点出语气差异的原因。①独韩愈奋不顾流俗，犯笑侮，收召后学，作《师说》，因抗颜而为师。（柳宗元《答韦中立论师道》）②子温而厉，威而不猛，恭而安。（《论语·述而》）

然后以点带面，赏读文章第二段，通过段中感叹句的情感和气势，探究整段作者的情感发展变化过程。引导学生结合文言虚词说说情感及语气变化的过程。关注虚词"之""也""矣""其""乎"等在表情达意上的作用。韩子文章语气斩钉截铁，激愤难平，体现"虽千万人，吾往矣"（《孟子·公孙丑》）的文气，也容易出现事理和逻辑上的问题。苏轼《韩愈论》说他"往往自叛其说而不知"。顺势而为，自然引出下一步赏字析句，质疑问难：《师说》中有哪些事理和逻辑上的问题，敢不敢挑战权威，勇于发现？课堂一时爆燃。最后课堂小结我请学生用一个词语或一句话概括一下韩文语言风格特点。教师顺势总结，南宋李涂《文章精义》里说"韩如潮，柳如泉，欧如澜，苏如海"，韩文像潮水一样浩荡奔腾，一路奔涌横扫一切，千军万马不拘小节。并展示潮水横扫一切的图片，呼应开头韩愈温仁敦厚的外表。

---

① 陆建玉：《韩愈记错了吗》，《语文学习》2017 年 07 期。

三、《师说》教学五法

《师说》是传统名篇,韩愈是唐宋八大家之首,古文运动的领袖。这些静态知识,教师怎样讲学生就怎样记。韩愈为什么成为唐宋八大家?韩愈提倡的"古文"有何内涵特点?如何使学生在学过"这一篇"之后直观地了解"这一类"古文的特点,而不是油水分离地灌输给学生?这就要求教师在教学设计上多花心思,从语言比较、情感体悟、批判性思维、顿悟点拨等角度讲好语文课堂故事。

（一）图片呼应法

本节课开篇,展示韩愈像,见其温仁敦厚,并展示简介:"韩愈,字退之,世称韩昌黎、韩吏部、韩文公,唐宋八大家、唐代古文运动领袖。"提出思考的关键:"他何以是唐宋八大家?他倡导的古文有何特点?他温文尔雅的外表之下蕴藏着怎样的思想情怀?"导语要言不烦,生动直观,提示学生不仅知其然还要知其所以然,也提示了本课的学习方向、重点难点,同时为最后一个环节"韩如潮"进行铺垫,温仁敦厚的韩愈像与奔腾恣肆的潮水图像形成强烈的视觉冲击,韩愈文章气势如虹、摧枯拉朽的特点因而更加令人印象深刻。

（二）语言比较法

语言是情感的外化,一切语言形式都是为思想内容服务。文言文教学时机械地字词句串讲固然面目可憎,但脱离语言去谈写作方法、思想情感或作者的奇闻轶事更是教学大忌。因此,品味语言,从细微的语言变化中体味作者情感变化才是语文课之真章。而一篇文章的语言现象很多,需要教师根据教学设计的重点去挑选最典型的、学生乐于接受的语言现象,以点带面展开鉴赏。

本课研讨需要这样一个点来打开局面。根据注解我巧设悬疑:韩愈作为文学大家,把《论语·述而》原文引错,不配唐宋八大家的名号,韩愈记错了吗?

① 孔子曰:"三人行,则必有我师。"(韩愈引文)

②　子曰："三人行,必有我师焉。"(《论语》原文)

这个细节学生没有注意,问题设置对准了学生的心理特征,也为他们提供了严谨治学的范例。通过对比,韩愈多用了一个"则",少用了一个"焉"。通过课堂研讨可知,"则"表肯定与判断,与"必"连用,语气非常坚定;"焉"表陈述语气,语气比较平和。问题的关键是何以孔子平和而韩子坚定呢?学生于是得出结论:韩愈面对中唐社会"耻学于师"的现实,旗帜鲜明地提出"古之学者必有师"的观点,因此振臂高呼,语气斩钉截铁不留余地。教师跟进补充,柳宗元在《答韦中立论师道》中写道,"独韩愈奋不顾流俗,犯笑侮,收召后学,作《师说》,因抗颜而为师"。而《论语·述而》中孔子的形象是"子温而厉,威而不猛,恭而安"。韩子"抗颜为师",故话说得很满,孔子仁厚长者,有教无类,故要求严格而语调平和。

教师因势利导,这句中还有个"必"字值得关注,它呼应开头的"古之学者必有师"的论点,又可以引出后文"是故弟子不必不如师,师不必贤于弟子"的论断,几个"必"字首尾呼应,铿锵有力,不容置疑。但这样说还是不够形象生动,学生体会不够深刻,教师不妨讲讲"必"字的前世今生。观察"必"的篆书图像,中间为"戈",两边是戈柄的护层,战场上枪械手柄的质量是生命的必须保障。在此基础上再来理解"古之学者必有师"的呐喊,就可以体会出"从师学习"是与生命相提并论的重要事情,攸关性命!学生再次朗读这句乃至这段时就能读出了生命的重量以及"虽千万人,吾往矣"的磅礴气势。

(三)情感体悟法

韩愈提倡"无贵无贱,无长无少,道之所存,师之所存",然而现实却令人绝望。韩愈"毅然为人师",炫怪于群目,士林哗然,遂得"狂名",为人非笑。这是因为他当时还未得到朝廷任命的国子监博士的官职,名不正,言不顺,所以他收召后学,作《师说》,必然遭到世俗之人的嘲笑和非议。不难想象,韩愈写作这篇文章要冒多大的风险,要鼓足多大的勇气。他处处碰壁,与当时的社会风气格格不入,也因此承受了多大的精神压力,内心有多少屈辱愤懑和激愤难平。

教师指导学生阅读第二段,面对社会"耻学于师"的种种怪象,你能发现作者情绪上的发展变化过程吗？圈画出本段中的一组感叹句，结合这些句子来探究，关联课文内容，直观鲜明，有具体抓手，赏读分析从语言中来，到语言中去。

① 嗟乎！师道之不传也久矣！欲人之无惑也难矣！

② 圣人之所以为圣，愚人之所以为愚，其皆出于此乎！

③ 爱其子，择师而教之，于其身也，则耻师焉，惑矣！

④ 呜呼！师道之不复(也)可知矣！

⑤ 巫医、乐师、百工之人，君子不齿。今其智乃反不能及，其可怪也欤！

句①为情感发端，总起当时社会现实，从师学习的传统很久不流传了！语势沉重，情绪低沉。"乎"加强了嗟叹的语气，"之"取独加重句子的铿锵，"也"句中停顿，使前面的嗟叹更加沉重悠长，"矣"表陈述现实，强调"久"的说法千真万确。中间部分用三组对比，分别发出三个感叹。句②是古之圣人从师学习和今之众人耻学于师相对比之后发出的，因为"众人"是社会的广泛群体，韩愈对这个群体的情况并非完全了解，故用"其"来表示推测，语气也还算冷静。句③是身边某些作者熟悉的人，他们要求孩子从师学习而自己却耻学于师，韩愈对此深感遗憾，感慨他们"糊涂啊！"语气比之前两句要严厉很多。值得留意的是句④和句⑤的位置，在对比社会底层人民不耻相师和士大夫阶层以师为耻时，作者是痛心疾首的，因为士大夫阶层作者最为了解，作为国家的统治阶层如此轻视老师，国将不国。不仅如此，他们对拜师学习的人还要冷嘲热讽，就更令人发指了。所以从理性角度看，句④和句⑤位置是颠倒的，由于激愤，语序有些错乱，本用以呼应开头总结全段的句④在前面就不得不发，冲口而出了，本用以感叹士大夫与百工之人现状对比的句⑤却出现在最后，因为韩愈太激动了，不能自已！

学生在这样的语言情境中进行语言实践活动，结合虚词感悟作者心路历程，有体验的快感和收获的喜悦。学生在研讨、感悟、理解之后，在语气对照的基础上能再现作者情感变化的特点和激愤难平的语气，课堂上出现"木铎金声"。

（四）质疑问难法

至此，本节课"探究本文语言特色"的主要教学目标基本达成，学生直观深刻地认识到韩愈文章的斩钉截铁而不容置疑以及激愤难平而逻辑错乱的特征。怎样使课堂更进一层而又过渡自然？对此，设置问题：水满则溢，韩子文章语气不留余地，激愤难平，容易出现事理和逻辑上的问题。苏轼《韩愈论》说他"往往自叛其说而不知"。请同学们用你的慧眼帮本文挑挑刺，同时也是挑战一下权威，挑战一下自己。这个环节的设计意图是思维的训练与提升，在前面"输入"的基础上观察学生的"输出"，同时激发学生的学习兴趣，让学生深入探究本文的个性特征。

问题抛出后，课堂精彩纷呈。有学生指出韩愈对"师"的概念解说前后矛盾，前文"传道受业解惑"之师是传道之师，而后文"三人行，则必有我师"之师是传技之师，两者并不对应；有学生提出"惑而不从师，其为惑也，终不解矣"的说法过于绝对，有些疑惑不一定是靠老师才能解决，或许靠生活实践就能解决；有学生指出拿"古之圣人"与"今之众人"作比较，没有可比性，圣人就是因为他有异于常人的天赋以及孜孜以求的学习精神才成为圣人的，普通人不可匹敌，怎可相比？有学生说既然前文说"无贵无贱，无长无少"，为何后文又说"巫医乐师百工之人，君子不齿"，这明显是看不起下层人民，自相矛盾。学生们的思维激烈碰撞，彻底打开，课堂在激烈的讨论中迸发思维的火花。

（五）顿悟点拨法

苏洵在《上欧阳内翰书》中评价韩愈的散文："韩子之文，如长江大河，浑浩流转。"韩子主张写文章要"唯陈言之务去"，学习古人的文章要"师其意，不师其辞"，强调"文从字顺""词必己出"，从而形成了自己的独特风格，所以前人称其为"文起八代之衰，实集八代之成"的文学巨匠。如果把这些理论直接讲给学生听，恐怕他们一句也记不住，因此，还必须回到课堂语言形象中来。

请用一个客观事物的形象来概括本课所学韩子文风一往无前、激情有余而理性不足的特点，也就是用一个词语概括这节课。高度凝练又没有难度，直观鲜明又易于把握。"巨浪""狂风""海""沙尘暴""飓风"……学生概括了很多。这个时候教师展示名家评论才水到渠成，诚如南宋李涂在《文章精义》里说："韩如潮，柳如泉，欧如澜，苏如海。"顿悟之笔点拨，呼应整节课所学，再展示潮水气势浩大不顾一切的图片,对照韩愈温仁敦厚的外表,学生一定印象深刻。

　　有故事的创意课堂,讲讲文中故事,议议语中故事,课堂也就成为了美丽的故事。这两次《师说》公开课给我深刻的启发,任何一堂课,如果没有研究、设计和创意,只是照本宣科,一定平平淡淡。教师平铺直叙,学生昏昏欲睡,教学效果肯定不好。如果在教学中有所研究、设计和创意,课堂就会变得生动,充满生机活力。只要教师用心而为、有意而为,必将突破常规,构思出高质量的教学设计,收到良好的教学效果。最后,化用鲁迅先生的一句话作结语,与其在平庸中沉沦,毋宁在创意中爆发。

第二回　中外同归而殊途　古今一致而百虑
——有故事的语文课堂的研究背景

　　习近平总书记在党的十九大报告中指出："讲好中国故事，展现真实、立体、全面的中国，提高国家文化软实力。"新时代的高中语文课堂不仅要做到传统意义上的"传道受业解惑"，还应承担"讲好中国故事"的重大使命。新时代的高中生处于美好的青春期，在这个人生观、价值观、世界观形成的关键时期，引导他们坚定"四个自信"，"讲好中国故事"，对学生的成长意义重大。然而直到今天，很多语文老师依然满足于照本宣科，教学方式大都还是满堂灌，课堂缺少精彩的互动，备课缺少精彩的故事，教学缺少精彩的设计。学生的表达能力普遍不高，对古往今来的精彩故事知之甚少，语文学科"立德树人"的课程理念得不到很好的贯彻。因此在语文教学中讲好、写好、悟好、记好中国故事意义重大。讲好课堂中国故事，提升学生核心素养，我们每一位语文教师责无旁贷。

　　《国家中长期教育改革和发展规划纲要（2010—2020 年）》指出："高中阶段教育是学生个性形成、自主发展的关键时期，对提高国民素质和培养创新人才具有特殊意义。"教育要"加强中华民族优秀文化传统教育和革命传统教育"。"优化知识结构，丰富社会实践，强化能力培养。着力提高学生的学习能力、实践能力、创新能力。""坚持文化知识学习与思想品德修养的统一、理论学习与社会实践的统一、全面发展与个性发展的统一。"而有故事的高中语文课堂正是以包括中华民族优秀文化故事和革命传统故事在内的各类故事为具体抓手，引导学生通过记忆、朗读、思考、交流表达等课堂实践活动感悟和理解这些故事的语言、内涵、情感、思维、审美等价值，从而优化课堂知识结构、丰富教学实践，提高学生的语言表达与交流能力，促进学生思维的发展与提升，提高学生的审美表达与创造能力，进而全面提升学生的综合素养。

2019 年 2 月,中共中央、国务院印发了《中国教育现代化 2035》,提出了推进教育现代化的八大基本理念:更加注重以德为先,更加注重全面发展,更加注重面向人人,更加注重终身学习,更加注重因材施教,更加注重知行合一,更加注重融合发展,更加注重共建共享。语文教学作为母语教育,贯穿学生的终身学习和终身发展。语文学科作为综合性基础学科,包含语言学、文学、史学、哲学、逻辑学、政治学、经济学、军事学、法学、教育学、社会学、民族学、民俗学、宗教学、人类学等方面的内容,在语文课程标准的指导下,学好、用好这些学科古今中外的故事,可以促进学生知识的融合发展,拓展语文教学的内涵和外延,使语文教学面向全学科,面向世界,培养新一代社会主义建设者和接班人。

一、 有故事的语文课堂的内涵

《辞海》中把"故事"解释为:"旧日的例行制度;例行的事。"显然这是词语的古义。《现代汉语词典》对"故事"增加了新的解释:①真实的或虚构的用作讲述对象的事情,有连贯性,富吸引力,能感染人。②文艺作品中用来体现主题的情节。语文课应该有精彩的故事,有故事的语文课应该很精彩。高中语文课堂里的"故事"应该不同于义务教育阶段的"故事",应该有更广阔的内涵和外延,是广义的"故事"。这个"故事"包括:(1)课文文本字里行间的言语形式和情感寄托。包括作者遣词造句等方面的考据、推理和研讨,例如贾岛"推敲"的故事。通过师生讲述培养敏锐的语感,形成语言运用的经验,产生思维碰撞的火花、情感审美的沉淀。(2)作者读者编者相结合,共同作用形成个性化的文本的故事。例如《春江花月夜》何以"孤篇盖全唐"的故事。讲好这些故事,需要教师成为学者型教师,引导学生阅读大量的资料,这也是师生不断积累共同提升的过程。(3)古往今来的文化常识、名人传奇以及经典作品,这些故事与课堂内容及时适切地勾连,使语文课堂具有浓郁的"中国味",让传统文化陶冶学生的情操,培养学生的文化自信,为学生的终身发展染上亮丽的精神底色。(4)当代社会的新闻热点和人生百态。学生放眼世界,胸怀天下,"家事国事天下事,事事关心""文章合为时而著",师生用优美的书面语言或者口头语言表述这些故事,可以加强当代文化关注和跨文化交流思考,实现自我人生关照。(5)有故事的语文课堂产生影响的故事。包括短期影响:课堂研讨互动过程中,学生个性化发展的精彩故事以及师生合作、小组合作产生的共同发展的故事。也包括长期影响:课后很长一段时间内,或者学生毕业之后,高中语文课堂故事仍然给他们以深刻的印象和长远的作用。这些故事反过来又可以促进教师进一步创新课堂故事的呈现方式,提炼故事的教学效率和教育效果,鼓舞教师在实践中持续改善和推进有故事的语文课堂。

　　以上五个方面构成高中语文课堂故事,体现了语文学科综合性的特征,也体现了有故事的语文课堂的培养目标:培养品德高尚、学识渊博、思维严密、表达流畅、审美敏锐的高中生。我的教育理想是"做一个学生崇拜的老师,教一批自己崇拜的学生",而有故事的语文课堂培养的就是我崇拜的学生。如陶行知所言:"教师的成功是创造出值得自己崇拜的人。先生之最大的快乐,是创造值得自己崇拜的学生。说得确切些,先生创造学生,学生也创造先生,学生先生合作而创造出值得彼此崇拜之活人。"一定程度上,语文教学活动应该是师生共同"讲故事",继而形成"写故事"的能力,如此,我们的语文课堂才可能有故事。

二、 对照课程标准理解"有故事"

　　《普通高中语文课程标准(2017 年版)》虽然没有明确提出"故事"这个概念,但仔细梳理,可以发现要落实这些标准,无不与上文的"故事"息息相关,记故事、读故事、讲故事、写故事、演故事、悟故事的要求实际上贯穿新课标始终。

　　首先,对照课程基本理念理解"有故事"。课程基本理念共四点[①],其中第 2 点"以核心素养为本"的理念下文单独讨论。先看第 1 点"坚持立德树人,坚持文化自信,充分发挥语文课程的育人功能"。祖国的语言文字是中华儿女的精神家园,

---

[①] 中华人民共和国教育部制定:《普通高中语文课程标准(2017 年版)》,人民教育出版社,2018 年 1 月,第 2 页。

这里古往今来有多少可歌可泣的美好故事,"可以兴,可以观,可以群,可以怨。迩之事父,远之事君"。可以借助故事,避免单调说教,在故事中融入社会主义核心价值观教育,化立德树人的工作于课堂的故事之中。第3点"加强实践性,促进学生语文学习方式的转变"。语文课程是一门实践性课程,可以以"故事"为平台开展一系列课堂教学实践活动,通过阅读与鉴赏、表达与交流、梳理与探究等语文实践,积累言语经验,把握语言运用的规律,学会语言运用的方法,有效地提高语文能力。还可以组织一系列的课外活动,在辩论、演讲、表演、游学等活动中宣讲中国故事,吸取先进故事。第4点"注重时代性,构建开放、多样、有序的语文课程"。高中语文课堂要搭建更广阔的舞台,讲好新时代的故事。在"一带一路""构建人类命运共同体"的时代大背景下,在跨文化、跨媒介的语文实践中开发更多、更新颖、更科学、更富吸引力的故事资源,开阔学生视野,发展学生个性特长。

其次,对照学科核心素养理解"有故事"。高中语文学科核心素养主要包括"语言建构与运用""思维发展与提升""审美鉴赏与创造""文化传承与理解"四个方面。① 第一方面包括语言的积累与建构、表达与交流、梳理与整合。有故事的语文课堂中"讲好文本言语故事"可以使学生积累丰富的语言材料和言语经验,运用口头语言或书面语言文明得体地表达交流,分析和反思自己的语言运用和思维逻辑。第二方面包括增强形象思维能力、发展逻辑思维、提升思维品质。课堂以"故事"的形式把抽象难懂的道理形象化,在形象的基础上分析比较、归纳概括基本的语言现象和运用规律。通过"讲好个性化文本的故事",增强思维的深刻性、敏捷性、灵活性、批判性和独创性。第三方面包括增进对祖国语言文字的美感体验,学会鉴赏文学作品美的表达与创造。文学作品优美的语言形象中蕴含着丰富的故事,包含着音乐、舞蹈、戏剧、绘画、建筑、书法等多种故事资源。鼓励学生跨学科交流,参与到广阔的艺术与美的情境中,讲好、写好自己与美同行、美美与共的故事。第四方面包括传承中华文化、理解多样文化、参与当代文化。中华传统文化的故事浩若烟海,灿若星辰,是我们每一个中华儿女成长的丰富养料,讲好我们自

---

① 中华人民共和国教育部制定:《普通高中语文课程标准(2017年版)》,人民教育出版社,2018年1月,第4页。

己的故事,弘扬这些故事的精神,坚持我们的文化自信。在此基础上海纳百川、取长补短,通过书本故事和实地探访感知、理解异域文化,初步阐述异域文化故事。加强当代文化关注,面对社会热点有自己科学客观的理解和准确生动的阐释,最终全面提升语文核心素养,增强为中华民族伟大复兴而奋斗的使命感。

最后,对照学习任务群理解"有故事"。可以说,故事越充分、精炼、得当,讲故事的策略越科学、准确、适切,18 个学习任务群中布置的学习任务就会落实得越具体充分。"语言积累、梳理与探究"与"故事"的关系前文已经说过,不再赘述。"整本书阅读""中华传统文化经典""中国革命传统作品""中国现当代作家作品""外国作家作品""科学与文化论著"等相关的学习任务群的学习既需要在中外文学史的背景框架中阐述文学发展的"宏观故事",又需要结合具体作品深入细致地讲好作品中关于语言、思维、审美、文化的"微观故事"。至于"当代文化参与""跨媒介阅读与交流""文学阅读与写作""思辨性阅读与表达""实用型阅读与交流"等学习任务群的学习任务指向非常明确,都是在阅读的基础上"交流""表达""写作",而所有的交流、表达、写作就是有故事的语文课堂必须的输出形式。

面对 18 个学习任务群,我的感受是诚惶诚恐、如履薄冰。这需要语文老师具备多么高强的专业素养、多么渊博的专业知识、多么灵动的驾驭能力啊。我真的准备好了吗? 且以曾子之言自勉吧:"士不可以不弘毅,任重而道远。仁以为己任,不亦重乎? 死而后已,不亦远乎?"

三、 对照国外母语教学课程标准理解"有故事"

语言是一个国家或民族传承文化的重要载体。联合国教科文组织将每年的 2 月 21 日设立为"国际母语日"(International Mother Language Day),以强化各国人民的"母语文化意识。"英国课程理论专家劳伦斯·斯滕豪斯主张尊重教学过程中学生的主体性和个性化创造的"过程模式",强调教育的"过程价值"就是教师引导学生个体在教学过程中思维潜能的释放和更多的自由创造。美国课程论专家艾斯纳提出"表现性目标"的说法,追求学习者在具体教学情景的种种"际遇"中所产生的独特表现,主张学习结果开放,弘扬创意灵性,诸如心灵与文体相拥中所迸发的非同质化的鲜活言语。① 这些理论直接指向学生在课堂的表现过程,在运用母语表达交流、阅读写作、鉴赏评价的基础上促进学生养成独立思考、批判质疑和自由评论的能力。

实际上,各国课程标准都非常注重培养学生讲故事、写故事的能力,强调在各种语言实践活动中提升学生的综合素养。美国马萨诸塞州《共同学习核心》规定母语学习目标:"所有学生要能够批判性地阅读和听说,以便获得信息、理解和享受。他们要能够用标准英语进行清楚、真实、劝说性和创造性的写作和说话。"密苏里州的《语言教育课程草案》的九项指导原则中提出"激发学生自身的兴趣和天赋,他们的语言技巧就能得到最好的拓展和开发""语言的学习是在不同场景的实践中得到提高""语言的积累体现为交流经验的发展"。堪萨斯城英语课程标准指出"语言是沟通各种学科的桥梁,学生必须学会在不同领域内进行有效的听说读写。所有的教师都必须适时适地地传授和加强与学生语言交流的技巧"。加利福利亚州英语课程标准要求"在选择必读的文学和提供信息的作品以及布置作文时,地方教育董事会、学校和教师应该利用每一个机会把读写和其他核心课程联系起来,包括历史、社会科学、数学和科学。学生通过读写,探索他们自己的存在与他人存在的关系。"

法国《高级中学语文教学大纲》指出:"法语课既要给学生带来知识,更要培养他们的思维能力和批评观念",要求"在法语公共必修课结束后,学生应该能够阅读、理解并自己评论一个文本,找出文本中的语言、历史、背景、论述和美学等问题",能够"形成自己的评判结论,形成自己的评判语言"。英国课程标准有以下表述,"鼓励学生作出富有想象力的机智的反应""对文学作品作出个人的反应""理解文章含义,表达出自己独到的见解""充满自信地听和说"。加拿大安大略省的语言课程标准将"独立进行推理、独立进行交流、独立组织观点、独立运用语言规则"作为高水平的首要表现。

① 潘涌:《铸就文化的继承者和创造者——从各国课程标准和教学大纲透视母语教育》,《中国教育报》,2016 年 2 月 26 日第 5 版。

日本文部科学省修订的各级国语学习指导纲要，对母语学习的要求比较全面：既重视现代语文的学习，也重视古典语文的学习；既重视语言知识的学习，也重视读写听说等语文能力的培养；既强调发展学生的智力，又强调锤炼学生的语感，还强调丰富学生对现代人类、社会、自然的认识；既要引导学生深刻思考生活及人生的意义，又要培养学生刚毅的生存意志以及国际合作精神。韩国从2011年修订的语文课程标准开始，将语文课程内容体系划分为"谈话""读书""作文""语法""文学"五大部分，韩国高中语文课程目标的叙述中更多地采用了类似"养成"意思的词语，没有刻意强化学习这一行为，更多地关注了像"养成"这样的潜移默化的教育理念。强调学生语文素养的提升并非一蹴而就的，需要老师们用"润物细无声"的方式有效引导。

综上所述，各国母语教学都立足于讲好本国故事，促使学生具备正确的价值观念，关注时代发展，参与国际竞争。在听说读写的教学实践中促进学生的主动发展，培养学生的个性。此外，特别重视将文学与文化熏陶与语言文字的实际应用相结合，将语言学习与不同领域不同学科的内容相结合。在学习方式上，注重在实践中学习和开展研究性的学习，在学习活动过程中，促进学生表现最好的自我，讲好自己阶段性成长的故事，为自己的终生成长积累丰富的、具有营养的故事。

第三回　江山代有才人出　各领风骚数百年
——有故事的语文课堂的历史渊源

中国人有中国人的心态,中国人有中国人的耳朵。哪怕一个毫不起眼的事物在中国的语言文学中都可能有源远流长的故事。流沙河的《就是那一只蟋蟀》就讲了一只"蟋蟀"的故事。在西方人看来,蟋蟀只是一种昆虫,他们不会特别关注蟋蟀的叫声,最多从科学的角度研究蟋蟀的科目、生活习性等,丰富自然科学知识。但是中国人,特别是中国文化人从蟋蟀的叫声里听出了丰富的故事:听出了文学的传承,这声音似曾相识,似温柔的歌声,《豳风·七月》里唱过,《唐风·蟋蟀》里唱过,《古诗十九首》里唱过,一直唱到姜夔的词里;听出了历史的沧桑,蟋蟀声贯穿了长城的烽烟、深山的驿道、旅馆的天井、战场的草野,听出了多少孤独与忧伤,听出了人生的蹉跎和对故园的依恋,也听出了家国分离的遗憾和游子思归的感慨。这就是中国故事的艺术魅力,这种巨大的魅力既体现在作为故事素材的中国历代文学作品上,也体现在历代至圣先师讲述中国故事的具体内容和方式方法上。探寻中国文学故事的渊源,学习历代先师讲述故事的方法,对于有故事的语文课堂研究,有重要的参考价值。

一、 中国古代文学作品的故事性特征

中国古代文学作品汪洋恣肆,发展脉络主线清晰而又纷繁复杂,讲述和演绎出无数动人的故事,这些故事是民族的瑰宝,也是高中语文教学的宝贵资源。以下仅从高中语文教学的实际性和实用性出发,选取与高中语文教学联系紧密的中国古代文学作品的故事特征加以阐释。

（一）神话传说

神话是反映古代人们对世界起源、自然现象及社会生活的原始理解，并通过超自然的形象和幻想的形式来表现的故事和传说。由于古代生产力水平很低，人们不能科学地解释世界起源、自然现象及社会生活的矛盾和变化，于是借助幻想，把自然力拟人化。神话往往表现了古代人民和自然力的斗争以及对理想的追求。马克思在《政治经济学批判导言》中说："任何神话都是用想象和借助想象以征服自然力，支配自然力，把自然力加以形象化，因而，随着这些自然力被支配，神话也就消失了。"美国神话学大师坎贝尔认为，"原始人和古代人的智慧，反映在神话中，但现代人不识货，盲目地摒弃了这些神话。如果能正确理解这些神话，现代人就可以从精神苦恼中解脱出来。"①

中国神话传说是中华文化与历史的瑰宝，具有很强的故事性，通过口耳相传或书面文字记载等各种形式流传在寓言、小说、宗教、舞蹈、戏曲中。最初的文字记载散见于《山海经》《水经注》《尚书》《史记》《吕氏春秋》等古典作品中。根据学者袁珂的分类，现在的中国神话可分为"神话""传说""仙话"三种，而在晋代至明清时期，中国文学史上又出现了一种被称为"志怪小说"或"神魔小说"的类别，此类作品很多是参考了神话、传说和仙话，其中有名的当属《封神演义》《西游记》及《聊斋志异》等。

中国神话传说故事具有很强的教育意义，在高中阶段可以根据实际教学需要引导学生深入思考这些故事的教育价值：一是感悟博大坚韧的担当精神。这些故事中有一个普遍的特点就是开天辟地，敢为人先。盘古、夸父、后羿、刑天，哪一个不是开创中华民族精神的脊梁。从神话英雄们的斗争中，我们可以形象地感知顽强斗争的意志和奋发昂扬的精神，为了实现理想，他们敢于斗争，勇于牺牲，自强不息，舍己为人。这种民族担当精神就是我们中华民族传统道德之先河。二是学习厚生爱民的仁者情怀。古代神话中那些闪耀着光辉的形象还有一个共同特点，

---

① 出自罗伯特·西格尔：《约·坎贝尔的神话理论》，阿兰·邓迪斯：《西方神话学论文选》，上海文艺出版社，1994 年 1 月，第 342 页。

就是为人民谋福祉。女娲补天，羿射九日，禹治洪水，精卫填海都是为了摆脱和战胜自然灾害的困扰。黄帝战蚩尤则是为了清除人间恶势力，不让其危害人的正常生存。神农尝百草、伏羲氏教人渔猎、燧人氏钻木取火、愚公移山、仓颉造字等，讲的是他们为人类生存技能的提高、生存条件的改善以及文化教育的开展方面带来的福音。这种精神直到现在还应该在我们党"不忘初心、牢记使命"的主题教育活动中发挥积极作用。三是加强浪漫主义审美体验。从艺术上看，民间传说具有强烈的积极浪漫主义精神：离奇的情节，奇特的幻想，大胆的夸张，丰富的想象。这些故事代代相传，感动了一代代的中国人，成为中华民族文学艺术不断传承发展的蓝本。后人根据"牛郎织女"的故事，创作了《迢迢牵牛星》和《鹊桥仙·纤云弄巧》等经典诗词。根据"梁山伯与祝英台"的故事创作了令人倾倒的小提琴协奏曲《梁祝》，产生了越剧大师袁雪芬演绎的同名戏剧和张恨水等人创作的同名小说。所以，学生也可以在这些故事的基础上展开想象，创作出更新颖、更富魅力的新时代故事。四是激发创意思维的探究意识。神话翅膀所翱翔的地方，每每都是科学创造发明的先声，神话有时竟是科学的预言。"今夜月明人尽望，不知秋思落谁家"，中国人都相信月宫里有嫦娥、玉兔、桂花和吴刚，然而"嫦娥奔月"的故事不仅引发了苏轼"我欲乘风归去，又恐琼楼玉宇"的想象，还在新世纪拓展出"嫦娥号"人造卫星奔向月球背面、"玉兔号"月球车代表人类首次"行走"在月球背面的科学故事。"墨子号""悟空号"等科学实验卫星发射升空，同样是古典故事演绎出新的华章，教师可以引导学生把古往今来的这些故事融合起来，讲出自己的感悟，写出自己的心得，可以激发学生科学探究的意识。

（二）《诗经》里的故事

孔子说："《诗》三百，一言以蔽之，曰：思无邪。"孔子对儿子孔鲤说："不学诗，无以言。"诗歌自古就是讲述故事、表达心志的重要文学载体，自《诗经》以来，历代诗、词、曲无不继承和发扬这个特点。两千五百年前的这些诗句中，蕴藏着民风、民情、民怨的故事，包含着礼仪、道德、历史的故事，构成了一部内容丰富的社会教育课本。这部课本竟然那么美丽而悦耳，很自然地呼唤出了一种普遍而悠久的吟诵,吟于天南海北,诵于千秋万代。于是,这些远古的故事,这些想象中的旋律,熔铸进了中华民族的集体人格。饥者歌其食,劳者歌其事,下者歌其悲,高者歌其治。课堂上师生要穿越古今,擦亮记忆,学习感悟这些故事历久弥新的艺术感染力。

《诗经》里的故事有丰富的社会人生内涵,根据内容可分为以下几类:一是爱情婚恋故事。或抒发爱情和相思的甜蜜,如《郑风·溱洧》《陈风·月出》;或表现由于礼教的舆论导致恋爱的曲折和烦恼,如《郑风·将仲子》《鄘风·柏舟》;或表现夫妻间久别重逢、生死离别的深厚感情,如《郑风·风雨》《唐风·葛生》;或控诉始乱终弃、喜新厌旧的"渣男"行径,如《卫风·氓》《邶风·谷风》。二是人生感慨故事。有表达"士"的人生悲哀的,如《魏风·园有桃》;有哀叹家国沦丧的悲凉的,如《王风·黍离》;有隐晦地抒写人生哲理的,如《桧风·隰有苌楚》。三是政治讽喻故事。或揭露宫闱淫乱丑闻,如《邶风·新台》《鄘风·墙有茨》;或描写繁重的徭役、兵役给人民带来的苦难,如《小雅·采薇》《豳风·东山》;或揭露腐败政治,表达忧国忧民之情,如《小雅·十月之交》《大雅·民劳》;或歌颂执政者鞠躬尽瘁的美德,如《召南·甘棠》。四是农事劳作故事。如《豳风·七月》,依照春耕、桑蚕、收割、打猎等农事顺序,按月歌唱,平铺直叙各种劳动情形。五是礼俗观念故事。有表现婚俗习惯的《齐风·南山》,有反映多子多福观念的《周南·螽斯》,有反映重男轻女思想的《小雅·斯干》。

《诗经》内容丰富,题材多样,作为我们民族最古老的经典之一,《诗经》的语文教学价值非常丰富。《诗经》深厚的文化底蕴、艺术风韵和思想内涵形成了一个极具魅力的文化境界,是我国古代文明的重要载体,是中华民族的文化基因,教学中用好《诗经》的故事,可以使学生在高中阶段全面浸润民族文化的精神底色,自强不息,厚德载物。《诗经》还是一部远古时期的百科全书,里面充满各种名物,日月星辰、飞禽走兽、时令蔬果、奇花异草、山川湖泊、昆虫鱼蛙无所不有。孔子认为读《诗》的一大功用就是"多识于鸟兽草木之名"。《诗经》是我国最早的诗歌总集,其语言简洁、文辞优美、修辞多变、句式凝炼,富有形象性和音乐感,读来朗朗上口,直至今日,《诗经》的语言仍然散发着极其旺盛的生命活力。可以引导学生追根溯源考查《诗经》中的成语故事,如"辗转反侧""忧心忡忡""天作之合""一日三秋""寿比南山""耳提面命"等,通过讲故事的形式熟悉和掌握全诗。可以根据《秦风·蒹葭》与歌曲《在水一方》的形式,让学生选择自己喜欢的《诗经》作品将其改写成现代歌词,并且为作品谱曲。此外,《诗经》具有崇高的美学价值,兴、观、群、怨四个字高度概括了它的审美作用。人物之美、情感之美、礼仪之美、风俗之美可以用于组织学生分类研究,以爱情故事为例,设置一个从相见相爱到结婚生子再到婚后生活再到历经变迁的婚恋故事全过程,让学生查找《诗经》中相关作品恰当地代入其中,形成一个爱情婚恋故事群,而这个故事群又自成一个完整的故事,学生可以全面深入地体会先民的纯洁情愫和美丽心灵。

(三)《史记》里的故事

英国哲学家培根说"读史使人明智。"中华民族历来也十分重视历史的借鉴功能,有着"以史为鉴"的古训。中华史籍浩如烟海,内容博大精深,刻画了多少英雄人物,描述了多少传奇故事,蕴含了多少人生智慧,折射出多少历史规律,这是我们民族宝贵的精神财富。其中,被赋予"正史"地位的"二十四史"是最为重要的部分,而"二十四史"之首,就是西汉司马迁所著的《史记》。《史记》卷帙浩繁,洋洋洒洒五十二万余言,本纪、世家、列传中的每一篇都是精彩的故事。《史记》语言生动,描写细腻,满怀悲愤,评议富有哲理,开创了我国传记文学的先河,为我国古代文化表述方式建立了不朽的丰碑。梁启超称赞这部巨著是"千古之绝作",鲁迅誉之为"史家之绝唱,无韵之《离骚》"。

可以说任何一种类型的故事都可以在《史记》中找到例证。创业故事、任贤故事、纳谏故事、爱民故事、革新故事、治军故事、斗智故事、斗勇故事、奇谋故事、纵横故事、说客故事、英杰故事、爱国故事、立志故事、雪恨故事、报恩故事、廉直故事、交谊故事、治生故事、滑稽故事……教学中可以按照上述分类方式预设主题,也可以让学生研讨更科学的分类标准,促使学生进行以故事为主题的研究学习,探寻故事中人物的形象,分别用当时的眼光和当代的视角考察思辨故事的进程,思考故事中的人生智慧。通读《史记》对于高中生来说是个不小的挑战,因此可以引导学生有重点地阅读，选取历史画卷中那些波澜壮阔、意义深远的部分来读。例如"百家争鸣"是我国哲学思想的集中发端，可以重点阅读《孔子世家》《老子韩非列传》等，对各家学派的思想有更加形象的理解。"商鞅变法"直接奠定了我国第一个封建王朝建立的基础，因此从《商君列传》中可以窥见国家崛起的端倪。"纵横捭阖"的时代游说之风盛行，读《张仪列传》可以对这位极富代表性的名士以及战国时期的外交格局有一个清楚的了解。战国时期贵族盛行养士，"战国四君子"都拥有大量的门客，《魏公子列传》《春申君列传》可以使学生对当时的社会风气，尤其是贵族阶层的生活方式有所了解。"陈涉首义"的历史意义不容忽视，可以将《陈涉世家》与《秦始皇本纪》对照来读，看到秦的暴政和人民的苦难。汉初"休养生息"对于治国安邦有很积极的借鉴价值，一批良臣功不可没，阅读《留侯世家》《萧相国世家》《曹相国世家》可以熟悉这些功臣的治国之道，浸润"修齐治平"的人生大志。

《史记》还是一座语言故事的宝藏。顾炎武《日知录》卷二十六说："古人作史，有不待论断而序事之中即见其指者，惟太史公能之。"司马迁并不直接发议论，做判断，只是通过叙事，把思想情感表现出来，意在言外。如《屈原列传》中"王甚任之"四个字表现作者对屈原治国之能的由衷赞美和钦佩，"披发行吟"四个字则与之前的形象对比鲜明，同情怨愤之意跃然纸上。《刺客列传》写荆轲刺秦失败，"倚柱而笑，箕倨以骂"，仅八个字就鲜活地表现出一个侠义之士虽死不屈的悲壮场景。《项羽本纪》写樊哙闯帐，"头发上指，目眦尽裂"，这八个字既赞刘邦阵营虎狼之师，将帅同心，又哀项羽这厢优柔寡断，相形见绌。《张仪列传》中面对楚王"不愿易地，愿得张仪而献黔中之地"的诱惑，"秦王欲遣之，口弗能言"，九个字活画出秦王贪婪自私、刻薄寡恩，毕现了秦王当时的心理动态过程。这样的例子，《史记》中俯拾皆是，不胜枚举，教学中要引导学生仔细品味其语言中的丰富寄托。

讲述《史记》的语言故事时，既要重视学生自主的探究发现，还要引导他们结合前人的评价进行梳理、整合、思辨、交流，鼓励他们在批判性思维的基础上提出自己的独到见解。比如《史记》的论赞是语言表达和写作形式的一大特点，是体现

《史记》思想和艺术的重要组成部分,清人对此评价颇高。可以让学生结合某些评价做具体阐释,如牛运震《史记评注》卷1说:"太史公论赞或隐括全篇,或偏举一事,或考诸涉历所亲见,或征诸典记所参合,或于类传之中摘一人以例其余,或于正传之外摭轶事以补其漏,皆有深义远神,诚为千古绝笔。"牛氏的评论,对"论赞"的特点和作用进行了精辟的概括,学生可以按照他的评价来举例展开具体分析。也可以让学生学习某些评价的方式展开自主评价,如余诚《重订古文释义新编》评《五帝本纪》的论赞:"通篇俱是发明所以作《五帝本纪》之意。首段以书之有详有略、人之有言有不言,反复顿挫。次以游历得之长老者为证,再次以考之《春秋》《国语》及他说者为据,而总归之于好学深思、心知其意作收束,见非此则疑者终不能信,惟此则能信而择之也。故末段点明择其言尤雅者作结。文仅二百余字,而转折之多,承接之妙,音节之古,结构之精,有难以悉举者,要在善读之士一一静会之。"抓住了论赞的层次结构和关键点,颇有眼力。学生可以根据这样的评价形式选择其他"太史公曰"做出评价,也可以对这个评价本身进行评述。

(四)元代戏剧里的故事

元曲是中华民族灿烂文化宝库中的一朵灿烂花朵,它在思想内容和艺术成就上都体现了独有的特色,和唐诗宋词明清小说鼎足并举,成为我国文学史上一座重要的里程碑。元曲之所以取得这样的成就,至关重要的原因是一批杰出的文人用他们的文学素养甚至整个生命参与戏曲创作,提高了元杂剧的审美层次,使得元杂剧创作精致化和典范化。在元代近百年的时间里,北杂剧创作风靡全国,涌现出一批成就卓著的戏剧作家,其中,关汉卿、郑光祖、马致远、白朴被誉为"元曲四大家",这些作家本身的故事就富有吸引力。

结合田汉的戏剧《关汉卿》可以更形象深刻地了解关汉卿的英雄故事,在此基础上再去阅读《窦娥冤》,就更能体会他为民请命的情怀,更能理解《单刀会》力挽狂澜的英雄气节,也更能感悟《望江亭》中平民的智慧和对权贵的嘲弄。郑光祖为人正直刚烈,写出了《倩女离魂》这部反抗封建礼教、歌颂个性解放的剧作。这部剧至今仍被改编成电影等艺术形式不断上演。郑光祖一生穷困潦倒,死后是由当时的戏剧演员将他火葬于杭州灵隐寺。马致远在大约五十岁的时候辞官归隐。他一生郁郁不得志,漂泊无依。在官场生涯里,他看透了世俗的可悲和政治的黑暗,产生了"隐居山林其乐悠悠"的念头。他的《汉宫秋》描写了王昭君的故事,并借古讽今,隐晦地批判了封建官员的昏庸怯懦以及元代的民族压迫,富有现实意义。白朴出身高门,白家与当时"北方文雄"元好问关系很好,后遇宋元兵乱,白朴母子失散,幸蒙元好问收留,白朴天赋异禀,元好问对他悉心教导,成为一时佳话。其代表作《梧桐雨》《墙头马上》等作品影响深远。此外元代戏剧家王实甫创作的《西厢记》是元代戏剧最高成就的代表。其曲词华艳优美,富有诗的意境,每一支曲子就是一首美妙的抒情诗,被称为"元杂剧的压卷之作"。

教学中可以广泛地采用对比阅读的方法。一是将作家的故事与这个作家的作品对比阅读,例如田汉的《关汉卿》和关汉卿的《窦娥冤》,知人论世地阅读会产生更深刻的感悟。二是将同一题材不同时代的作家作品对比阅读,例如白朴的《梧桐雨》与清代洪昇的《长生殿》,元稹的《莺莺传》与王实甫的《西厢记》,从选材、语言、主题方面考察文学文化的发展。三是对比阅读同一作家的代表作品,例如被誉为"东方莎士比亚"的汤显祖的"临川四梦",虽说四个梦境千变万化总是情,"因情成梦,因梦成戏",但"情"主于何,归于何,四剧各有不同的侧重,这是值得思考探究的课题。四是主要人物形象的对比,"三个女人一台戏",元曲经典剧目中女性形象十分突出,同为反抗封建压迫和封建礼教的女性,窦娥出身微寒,地位低下,受尽屈辱迫害,因此她指斥天地,反抗更为直接强烈。崔莺莺是名门闺秀,知书达理,敢于违背父母之命,成为反抗封建婚姻制度的"叛逆者"中成功的典范。杜丽娘性格相对温顺软弱,为爱而死又为爱而生,直到最后她渴望自由爱情的思想才得以大胆释放。五是比较经典戏剧的语言特点,关汉卿的语言吸取当时的方言俗语,本色当行,朴素自然,适合表现下层人民的心声,适合表现质朴刚烈的人物形象。王实甫的语言富有诗情画意,华美典雅、含蓄工丽,善于情景交融的渲染,烘托人物的"花间美人"形象。明代大家汤显祖的语言更具小说特点,典型的细节描写和生动的心理刻画,雅丽而不失庄重,俏皮而不失情韵,使作品充满了情与理的思考。

此外,课本剧教学也是戏剧故事有效的教学方法之一,通过课本剧的改编、排练、表演和评价,训练学生文本创作能力,提高学生思辨能力,让学生在表演的过程中感悟文本的内涵思想,提高口头表达能力,为学生提供更生动的发展空间。这方面我们有很多故事可讲,我们语文组已经有十多出课本剧荣获上海市各类奖项,其中包括《关汉卿》与《窦娥冤》,后面的章节中再详述。

(五) 明清小说里的故事

中国古代的叙事文学,到了明清时期步入成熟期。就文学理念、文学体式和文学表现手段而言,明清小说以其完备和丰富的作品将叙事文学推向了极致。从明清小说所表现的广阔的社会生活场景、丰硕的艺术创作成果和丰富的社会政治理想而言,明清小说无疑铸就了中国古典文学最后的辉煌。从思想内涵和题材表现上来说,明清小说最大限度地包容了传统文化的精华,而且经过世俗化的图解后,传统文化竟以可感的形象和动人的故事而走进了千家万户。传统文化给明清小说提供了丰富的养料,而明清小说又将传统文化空前地发扬和丰富,在艺术形象和艺术细节的衍绎中予以创造性的阐说。

高中语文教学应更侧重于文学教育和思维训练,要侧重于关注对人自身价值的追求、生命的意义等终极人文关怀。因此,入选高中课本的明清小说主要有《三国演义》《水浒传》《红楼梦》《聊斋志异》等,华东师大版高中语文教材一年级第一学期第六单元的单元主题就是"明清小说",其选取了《促织》《香菱学诗》《群英会蒋干中计》《林教头风雪山神庙》四篇课文。这些小说故事情节生动,人物性格鲜明,教学中可以以这些课文为线索,以批判性思维为教学重点,结合整本书阅读,带领学生走进小说世界,感受其非凡的艺术魅力。

关于《水浒传》教学价值的思辨与争鸣由来已久,例如黄玉峰和余党绪两位老师曾就《水浒传》是不是经典,适不适合入选高中教材有过热烈的思想交锋[①]。引领学生阅读专家的这些文章,可以开启一种全新的读书格局,展开思辨性阅读,训

---

① 黄玉峰:《语文教学呼唤思辨性阅读》,《语文学习》2015 年 01 期。

练思维,拓展视野。在整本书阅读切入时,借鉴余党绪老师的做法:通过人物分析,达成价值澄清①。例如对于林冲,余老师设计了一个问题:"有人说林冲是英雄,有人说他是懦夫,也有人认为,林冲归根到底也是个暴徒。你认为呢? 你的理由与根据何在?"对于武松,余老师设计的问题是:"在'景阳冈打虎'一节中,我们看到的是一个为民除害的英雄;在'斗杀西门庆'一节中,我们看到的是一个敢作敢为的好汉;此后的武松,却在'黑道'上越陷越深,到了'血溅鸳鸯楼'一节,终于堕落成虐杀无辜的暴徒。你认可这样的判断吗? 那么,为什么你在阅读的时候却没有看到武松的堕落?"这样的思辨性阅读有益于学生的精神成长与语文素养的培养。再如《三国演义》虽列为四大名著,但糟粕依然很多,特别是它的帝王视角、宫廷政治、暴力倾向、正统观念和权谋诡道,与现代文明和学生发展的需要存在尖锐的冲突。但是,作品炉火纯青的语言表现力和出神入化的叙事技巧又值得学生鉴赏和学习,故而在整本书阅读中可以由人物分析切入,结合思辨性阅读开展说评书、作评论、开辩论、作比较等具体的实践活动,将《三国演义》的故事讲深讲透。

　　舒芜认为:"《红楼梦》既是女性的颂歌,又是女性的悲剧。悲剧产生于两个选择的不一致。"②宝玉越来越发现黛玉是唯一的知己,宝钗虽也可爱可敬,可心灵上总有一层隔膜。贾府的当权者们则越来越发现宝钗符合贤惠儿媳的标准,黛玉的性格气质却隐含某种叛逆性;宝钗能把对宝玉的爱克制在礼法的范围内,黛玉却往往执著地表露出来。悲剧产生于两个选择的权威性大相悬殊:爱不爱谁,宝玉坚持了自己的选择;但娶谁做妻子,宝玉一点权利也没有,一切取决于父母之命。于是悲剧就成为不可避免的结局。这种独特的预示整篇小说悲剧结局的"不一致"同样贯穿《香菱学诗》的文本始终,既体现在宝钗和黛玉对香菱作诗的态度上,又体现在宝钗、黛玉、宝玉对香菱学诗的评价上。结合文本细节品读这样的"不一致",可以窥见人物性格品位的差异,在宝、钗、黛形象的比较思辨中深度理解作者

① 余党绪:《整本书阅读,文本的价值审定及切入策略——〈水浒传〉的思辨读写实践》,《语文学习》2017 年
　　07 期。
② 舒芜:《红楼梦·前言》,(清)曹雪芹,(清)高鹗著:《红楼梦》(古典名著普及文库),岳麓书社,2000 年 1
　　月。

感情和作品主题,在阅读红楼梦其他章节时也可起到由篇到类的方法指引作用,实现整本书阅读的教学目的。

二、 历代先师讲故事的教学策略

中国古代思想家教育家很多,其教育思想包容巨大,各有特色,但共同特征也非常显著,都是立足于历史经典,关注现实生活,注重品格修炼。教学方法上都注重创设具体的教学情境,借助历史和现实中的故事,化抽象为形象,深入浅出宣讲思想,传播道义,启迪智慧。同样,下文仅选取与高中语文教学联系紧密的中国历代师者,探究他们教育教学中讲故事的艺术。

(一) 孔子有故事的教学

孔子主张的教学内容有四项:历史文献、行为规范、待人忠诚、有信实。即《论语·述而》中说的:"子以四教,文、行、忠、信。"为配合"四教",孔子用"六经"作为教材,也就是用"六经"的具体内容和言语故事来教导学生。诗教,《论语·泰伯》说:"兴于诗,立于礼,成于乐。"诗教是循礼成乐的基础学科。书教,《礼记·经解》说:"孔子曰,入其国,其教可知也。其为人也温柔敦厚,诗教也;疏通知远,书教也。"孔子以《尚书》来借古喻今,教导弟子从政行道。乐教,《礼记正义》说:"乐以和通为体,无所不用是广博,简易良善使人从化是易良。"讲求通过学习音乐提高审美水平,促进内心和谐的教学。礼教,《论语·季氏》说:"不学诗,无以言……不学礼,无以立。"礼教教习礼仪技能,培养健全人格。易教,《礼记·经解》说:"絜静精微,易教也。"易教主要是为了掌握事物变化的规律,趋吉避凶,决定行止。春秋教,《礼记·经解》说:"属辞比事,春秋教也。"春秋教更是直接借助诸侯会同之辞和前人史实来反观当下的教育。综上,孔子"四教"多借"六经"故事来教导学生,或引譬连类,或借古喻今,或借题发挥,核心指向一个"仁"字,生动而深刻地阐述他的思想。

《论语·八佾》中有诗教的故事。子夏问曰:"'巧笑倩兮,美目盼兮,素以为绚兮。'何谓也?"子曰:"绘事后素。"曰:"礼后乎?"子曰:"起予者商也!始可与言《诗》已矣。"美丽的笑容,明亮的眼神,再加以修饰,将更添面容的绚丽。这本是很明白的句子,然子夏问"何谓"。子夏问得深刻,孔子回答也非常内隐:"先有白色底子,然后才画出美丽的花。"子夏在这个"先后"上悟出了真谛:"那么,是不是礼乐的产生在仁义之后呢?"对此,孔子赞赏不已:"卜商呀,你真是能启发我的人。现在可以与你一起讨论《诗经》了。"这个故事表明孔子及其弟子就是利用《诗经》的文学故事来形象理解求"仁"的人生哲理。《论语·宪问》中有书教的故事。子张曰:"《书》云:'高宗谅阴,三年不言。'何谓也?"子曰:"何必高宗,古之人皆然。君薨,百官总己以听于冢宰三年。"子张问:"《尚书》上记载,'殷高宗守丧,三年不谈政事',这话什么意思?"孔子说:"不仅是殷高宗,古人都是这样。国君死了,继承的君王不过问政事,三年之内,都由朝廷百官负责自己的职务并听从冢宰的命令。"子女为父母守丧三年的习惯在孔子以前就有,《尚书》中就有这样的记载。对此,孔子持肯定态度,即使国君,其父母去世了,也在继位后三年内不理政事,平民百姓更是如此了。

　　另外,孔子及其弟子还经常就地取材、立足当下,从眼前的故事出发,创设教学情境,生动形象地阐述儒家思想。《论语·子路》中"直躬证父"的故事很耐人寻味:叶公语孔子曰:"吾党有直躬者,其父攘羊,而子证之。"孔子曰:"吾党之直者异于是:父为子隐,子为父隐。直在其中矣。"叶公说了一个正直的故事,"我们那儿有正直的人,他父亲偷羊,儿子出来揭发。"孔子的回答让人费解,"我们这儿正直的人不这样,父亲替儿子隐瞒,儿子替父亲隐瞒,正直也就在其中了。"以现代的眼光来看,孔子的说法违背了法治精神,何来正直可言。但是,结合当时的历史语境,父子无隐则伤人伦,破教义,有违孝慈礼制,父子相隐则是符合天理人情的正道。《论语·先进》中孔子创设了一个师生平等互动的对话情境,让学生开诚布公地说说自己的志向,四位学生的志向组合起来实际上暗含着一个国家发展历程的故事,充满了历史发展规律的启示作用。以新中国为例,子路的"有勇知方"类似于抗美援朝阶段,冉有的"可使足民"类似于改革开放之初解决温饱阶段,公西华的"会同章甫"类似于北京奥运、上海世博等庆典盛会阶段,至于曾皙"沂水春风"

的故事，天人和谐，代表儒家大同盛世的理想，也类似于中国特色社会主义发展的高级阶段的美好未来。

（二）墨子、孟子、荀子有故事的教学

墨子主张"有道者劝以教人"，善于随时设喻，临机取材地讲故事，以身作则地对学生进行教育。他不仅施教勤勉，还身体力行、亲力亲为，以其无私、朴素、坚强、隐忍的人格影响和感化着学生。这种教学方法的形成既与墨子的个人性格和思想追求有关，也与其教学对象的特点紧密相关。随从墨子受学的都是来自社会下层的贫寒子弟，他们本着吃苦耐劳的品质，边学习，边生产，边行道，同甘共苦，自食其力。因此墨子总是用学生听得懂的语言和故事来教导学生。如《墨子》记载：子墨子怒耕柱子。耕柱子曰："我毋俞于人乎？"子墨子曰："我将上大行，驾骥与羊，我将谁驱？"耕柱子曰："将驱骥也。"子墨子曰："何故驱骥也？"耕柱子曰："骥足以责。"子墨子曰："我亦以子为足以责。"耕柱愤愤不平地问墨子："老师，您为什么总责骂我？难道在这么多学生当中，我没有超过别人的地方吗？"墨子反问道："假设我现在要上太行山，依你看，我应该要用良马来拉车，还是用老牛来拖车？"耕柱回答说："再笨的人也知道要用良马来拉车。"墨子又问："那么，为什么不用老牛呢？"耕柱回答说："理由非常简单，因为良马足以担负重任，值得驱遣。"墨子说："你答得一点也没有错，我之所以时常责骂你，也只因为你能够担负重任，值得我一再地教导与匡正你。"当代的教师也经常面临同样的问题，你教育学生，学生不理解，很有情绪，你仅仅说一句"我是为你好"恐怕是不够的，向墨子学习，讲好充满智慧光辉的故事，达到"劝以教人"的目的，乃是关键。

孟子主张"性善论"，强调人的善良初心"我固有之"，但是"善端"有待于日后教育的"扩弃"和"完善"，如果得不到正确的教育，人的"善端"就得不到发展，甚至会向相反的方向转化，"与禽兽无异"。《鱼我所欲也》中，孟子认为"舍生取义"的选择实际上跟生活中"舍鱼取熊掌"的选择一样，是人内心最原始的"本心"，但因为名利的诱惑，不少人丧失了这个"初心"。他讲了"嗟来之食"的故事来证明最下层的普通人都会宁愿饿死而不愿接受羞辱的道理，形象地证明了"羞恶之心"以及

"舍生取义"都是与生俱来的思想。在《我善养吾浩然之气》中,孟子通过"揠苗助长"的故事,证明"浩然之气"必须是内在自然滋长,不能接受外力帮助的深刻哲理,同样强调"我本善良"的主旋律。此外,缘木求鱼、一曝十寒、始作俑者等故事不胜枚举。与墨子不同,孟子出身贵族,是学者型教师,所以他的思想哲理高端,有时学生不易接受,孟子同样通过讲故事的方法让学生理解他的良苦用心。《孟子·告子上》记载,学生公孙丑说:"老师,您的道又高又美,好像登天一样。这么高的理想我怎么做呢? 你能不能稍微降低标准呢?"孟子说:"羿之教人射,必志于彀;学者亦必志于彀。大匠诲人,必以规矩;学者亦必以规矩。"真正的大匠不为拙工改废绳墨,真正的老师不为学生难懂而降低教学要求。"求乎其上,得乎其中;求乎其中,得乎其下。"羿在教他的学生射箭的时候,一定要让他们把弓拉满,这是成为一个名扬天下的神箭手的最基本的前提条件。

荀子主张"人之性恶,其善者伪也",认为教育的作用就在于"化性起伪",所以他特别强调后天学习和环境等外力因素对人的改造作用。他的代表作《劝学》中不断运用各种生活常识和故事阐述环境对人的影响和学习的重要意义。他用干、越、夷、貉的孩子,刚生下来啼哭的声音是一样的,而长大后风俗习性却不相同的故事,证明教育的启蒙作用。他引用《诗经》"嗟尔君子,无恒安息。靖共尔位,好是正直。神之听之,介尔景福",突出精神修养给人带来无穷的福分。他用蒙鸠、射干、蓬草、白沙等常见事物和对偶工整的金句,证明君子居住要选择好的环境,交友要选择有道德的人。他用瓠巴弹瑟,水中鱼儿也浮出水面倾听,伯牙弹琴,拉车的马会停食仰头而听的故事,证明桃李不言,下自成蹊,积善成德的行为不会因为隐秘而不被发现和传诵,就不去做。他认为《尚书》是政事的记录;《诗经》是心声之归结;《礼经》是法制的前提、各种条例的总纲。所以要学到《礼经》才算结束,才算达到了道德之顶峰。《礼经》敬重礼仪,《乐经》讲述中和之声,《诗经》《尚书》博大广阔,《春秋》微言大义,它们已经将天地间的大学问都囊括其中了。这种思想与孔子注重"六经四教"一脉相承。总之,荀子大量运用许多日常生活中常见的事物为譬喻,生动巧妙地把抽象的道理具体化、形象化,使深奥的理论浅显易懂。这些比喻变化多端,辞采缤纷,增强了气势,调谐了音节,更富于说服力和感染力。

（三）韩愈、朱熹有故事的教学

韩愈是唐代的文学家，还是杰出的教育家。担任过国子博士、国子祭酒（博士相当于教师，祭酒相当于校长）。韩愈在授课中力求运用多种形式活跃课堂教学。他认为教学要生动有趣，严肃与活泼结合，教学形式的生动并不影响教学内容的深刻。例如，在阐述人才培养问题时，韩愈认为每个时代都有人才，关键在于教育者是否善于识别和培养。在《杂说（四）》中他借"伯乐和千里马"的故事，比喻有才之士的怀才不遇，抨击在位的当权者不识人才和摧残人才。"世有伯乐，然后有千里马"，这种不合常理的论断如奇峰突起，振聋发聩。再如，在阐述"道之所存，师之所存"的从师之道时，韩愈认为不必被老师和弟子的名分束缚，谁悟道更多，就向谁学习。在《师说》中他借"圣人无常师"的故事阐述了这种教育思想。孔子被奉为至圣先师，而他曾以郯子、苌弘、师襄、老聃为师。郯子是郯国之君，孔子曾以古代少昊氏官职名称一事求教过他（《左传·昭公十七年》）；苌弘为周景王、周敬王大夫，孔子问他音乐（《史记·乐书》）；师襄是鲁国乐师，孔子向他学过弹琴（《史记·孔子世家》）；老聃即老子，孔子问他关于"礼"的知识（《史记·孔子世家》）。以贤能而论，这些人都不如孔子，而孔子却不耻下问，从而师之。引用这些故事，韩愈进一步强调了师无贵贱长少，"闻道有先后，术业有专攻"的道理。《进学解》是韩愈论及教育的另一篇代表作，作品的形式就假托了先生劝学、学生质疑、先生再予以解答的故事来谋篇布局，新颖而生动。文中韩愈用简明生动的语言阐述了《书》《春秋》《左传》《易》《诗》等儒家经典的意义，精要概括了《庄子》《离骚》等古代典籍的特点，用大量事实证明教师的"进学"必须身体力行，率先垂范，广泛涉猎，刻苦钻研。韩愈还借孟轲和荀卿不受重用却坚持弘扬正道的学习经历，告诫学生做学问不要过多考虑是否得到了相应的功名利禄，应不计毁誉得失，坚持努力学习。总之，韩愈对教育的主要贡献在于重振儒家思想的正统地位，其生动而深刻的教育方法在古代教育发展过程中具有承上启下的作用。

南宋大儒朱熹，40多年为学教人，积累了丰富的经验，加之他才华渊博，贯通古今，由此形成了一整套独特的、卓有成效的、深受学生欢迎的教学方法，其中的"故事"特征也十分显著。朱熹的教材是自己编写的《四书集注》，这部著作以"理"

为中心,展现了"理"与儒家经典范畴体系的联系,在注释儒家经典时往往使用形象化的手法和语言,深入浅出,充满故事性。在论述启发式教学方法时,朱熹是这样注释《论语·述而》中的"不愤不悱,不启不发"的:"愤者,心求通而未得之意;悱者,欲言而未能之貌。启,谓开其意;发,谓达其辞。"好比种植植物,"人力随分已加,但正当那时节,欲发生未发生之际,却欠了些小雨,忽然得了这些小雨,生意岂可御也"。教人应该像春风时雨润泽万物一样,促其自然成长、壮大。在论述因材施教的教学方法时,朱熹注释"孔门四科"说:"目其所长,分为四科,孔子教人,各因其才,于此可见。"他把这种因材施教的方法比之为雨于草木之生长,"草木之生,播种封植,人力已至,而未能自化。所少者,雨露之滋耳,及此时而雨之则其化速矣,教人之妙,亦犹是也"。他还使用《学记》中"长善救失"的典故来阐述正面引导学生扬长避短的个性化发展,"长善救失,不特教者当如是,人自为学亦当如此。"《四书集注》反复提到因材施教原则,着重说明"各因其所长而教之。"

教材之外,朱熹的教学方法也具有故事性。民主的讨论式是朱熹教学方法的主要特点之一。师生共同切磋,以讨论、问答、辩难的方式来达到教学目的。此类课堂讨论可以详见《朱子语类》一书。聊举一例,问:"郑人赂晋以女乐,乃有歌钟二肆,何故?"曰:"所谓'郑声',特其声异耳,其器则同。今之教坊乐乃胡乐。此等事,久则亡。欧阳公《集古录》载寇莱公好舞柘枝,有五十曲。文忠时,其亡已多,举此可见。旧见升朝官以上,前导一物,用水晶为之,谓之'主斧',今亦无之。"某云:"今之籍妓,莫是女乐之遗否?"曰:"不知当时女乐如何。"通老问"左手执籥,右手秉翟。"曰:"所谓'文舞'也。"又问:"古人舞不回旋?"曰:"既谓之'舞',安得不回旋?"某问:"'汉家周舞',注云:'此舜舞'。"曰:"遭秦之暴,古帝王乐尽亡,惟《韶乐》独存,舜舞乃此舞也。"又问通老,大学祭孔子乐。渠云:"亦分堂上堂下,但无大钟。"曰:"竟未知今之乐是何乐。"这段课堂实录中,师生以历史故事为教学起点,就古代乐舞展开开放式讨论,展现严谨的治学态度、谦虚好学的精神以及教学相长的规律。如此可以调动学生思维积极性,启发学生心智,还可以活跃课堂气氛,增进师生情感交流,是儒学背景下有故事的课堂的理想状态。生动的类比式是朱熹教学艺术的构成因素之一。多方设喻使深奥难解的义理简单明晰,便于学生理解。《朱子语类》中类比教学的例证也俯拾即是：林恭甫问："《论语》记门人问答之辞，而《尧曰》一篇乃记尧舜汤武许多事，何也?"曰："不消恁地理会文字，只消理会那道理。譬如吃饭，碗中盛得饭，自家只去吃，看那滋味如何，莫要问他从那处来……譬如看屋，须看那房室间架，莫要只去看那外面墙壁粉饰。如吃荔枝，须吃那肉，不吃那皮。公而今却是剥了那肉，却吃那皮核!"《论语》不是记录孔子及其弟子的语录吗？为什么有一篇却记录了那么多尧舜汤武之事？学生不理解。朱熹解释说，莫在形式上钻牛角尖，领悟精神即可，他用一连串类比来引导学生，不厌其烦且循循善诱。综上，浅近的口语式自然成为朱熹教学语言的主要特征之一。教学语言完全采用直白的口语，通俗显豁，不掉书袋，在娓娓道来中阐释语言、生活和典籍里的故事。

（四）王阳明有故事的教学

王阳明是明代著名教育家，他曾说："吾平生讲学，只是'致良知'三字。"他认为"良知"人人皆有，是人的"善端"，是人之初心，"致良知"就是恢复、扩充和践行"善端"，达到"知行合一"，使人人具备圣贤之根本。"讲会"为先生宣传他的"致良知"理论提供了便利，当时的"讲会"类似于现在的专题讲座或"沙龙"，先生每为官一方，都建学校，创书院，主持"讲会"。在"讲会"过程中，不是先生独自一讲到底，而是其与弟子一起探讨学术上重要的、有疑难的问题，这种方法既活跃了学习的气氛，又推动了"致良知"等心学研究的深入。举《传习录》一例，澄问："喜怒哀乐之中和，其全体常人固不能有。如一件小事当喜怒者，平时无喜怒之心，至其临时，亦能中节，亦可谓之中和乎?"先生曰："在一时之事，固亦可谓之中和。然未可谓之大本达道……譬之病疟之人，虽有时不发，而病根原不曾除，则亦不得谓之无病之人矣。须是平日好色、好利、好名等项一应私心，扫除荡涤，无复纤毫留滞。而此心全体廓然，纯是天理，方可谓之'喜怒哀乐未发之中'，方是天下之大本。"这是先生与学生陆澄"讲会"的一个片段。先生肯定了学生对心学的参悟，并指出其对"致中和"的"中"参悟不深。在教师启发讲解之下，师生讨论层层深入，终于使陆澄认识到要去除私欲，方可达到"中和"的境界。这种师生唱和互答的课堂教学让学生在"讲故事"中不断"扩充"自己的"良知"。

与"讲会"这种理论学习相结合,王阳明还特别强调亲身实践的教育作用,提出"知是行之始,行是知之成"的知行合一的教学理念。值得一提的是,在引领学生实际践行的过程中,先生继承了孔子"能近取譬"、随处点化的教学方法,他常说:"圣贤论学,多是随时就事。"先生特别擅长在大自然的情境中采用浅近事例启发弟子思考。这种方法类似于今天的情境教学法或现场教学法,但是比之今日的情境教学法,知行结合、随处点化的教学法拥有更广阔的教学空间、更丰富的教学资料和更激动人心的教学情境。在欣赏大自然的美景,放松心情的情况下,不失时机、因时因地因景进行点化。比如《传习录》另一例,先生一日出游禹穴,顾田间禾曰:"能几何时,又如此长了。"范兆期在旁曰:"此只是有根。学问能自植根,亦不患无长。"先生曰:"人孰无根,良知即是天植灵根,自生生不息,但着了私累,把此根戕贼蔽塞,不得发生耳。"这种应时应景、万事万物皆为教具的教育方法,天然自成,给人的启示是十分深刻的。先生的口讲指画、洒脱应答、随处点化,看似平常,其实是他注重自身修养、饱学经书、厚积薄发又兼顾启迪后学、垂范世人的体现。这种教学法,自然天成,精妙绝伦,给有故事的语文课堂深刻的启示。

"寓教于乐"是王阳明教学方法有故事的另一种体现,在《训蒙大意示教读刘伯颂等》一文中,他以"乐嬉游而惮拘检,如草木之始萌芽"来概括学生的天性,提出"必使其趋向鼓舞,中心喜悦,则其进自不能已。譬之时雨春风,沾被卉木,莫不萌动发越,自然日长月化"来形容对青少年的教育。基于此,他进一步提出"导之以礼"的理念,即用礼乐教化引导学生,使学生在音乐、游戏或体育锻炼中得到教益。钱德洪《王阳明先生年谱》的一段记载是寓教于乐的典范:中秋月白如昼,先生命侍者设席于碧霞池上,门人在侍者百余人。酒半酣,歌声渐动。久之,或投壶聚算,或击鼓,或泛舟。先生见诸生兴剧,退而作诗,有"铿然舍瑟春风里,点也虽狂得我情"之句。明日,诸生入谢。先生曰:"昔者孔子在陈,思鲁之狂士。世之学者,没溺于富贵声利之场,如拘如囚,而莫之省脱。及闻孔子之教,始知一切俗缘,皆非性体,乃割然脱落。但见得此意,不加实践以入于精微,则渐有轻灭世故,阔略伦物之病。虽比世之庸庸琐琐者不同,其为未得于道一也。故孔子在陈思归以裁之,使入于道耳。诸君讲学,但患未得此意。今幸见此,正好精诣力造,以求至于道。无以一见自足而终止于狂也。"这是阳明先生一生讲学的总体风格:立足天地格局,适性自然万物,在广阔的空间载歌载舞,天人合一。摆脱"如拘如囚"的学习状态,既有诗人诗意的狂狷不羁,又有学者潜心治学的精微之功。这也可以说是阳明心学在教育人、培养人上的一大特色。

（五）蔡元培有故事的教学

哲学家冯友兰认为,蔡元培先生的教育有两大端:春风化雨和兼容并包。"纯粹如精金,温润如良玉",冯友兰曾这样回忆他第一次见到蔡元培时的感觉。如春风之温,如时雨之润,宽而有制、和而不同,蔼然仁者、慈祥诚恳,这就是教育家蔡元培的形象,他春风化雨、革故鼎新、思想自由、兼容并包的教育思想,深深地影响了近现代中国。

蔡元培春风化雨的教育体现在道德建设的熏陶中。在就职演讲中他叮嘱了学生三件事:一是抱定宗旨,为求学而来,不为做官发财;二是砥砺德行,要"以身作则,力矫颓俗";三是敬爱师友,"不惟开诚布公,更宜道义相勖"。当时社会动荡不安,在思想领域,人们失去了旧有的道德规范,丧失了起码的道德底线。作为北洋政府所在地的北京,更是腐败成风,"败德毁行之事,触目皆是",一般人鲜有能出淤泥而不染者。蔡元培希望北大的学子能以天下为己任,以身作则,担当起匡正流俗的职责,为天下人做道德的楷模。"故必有卓绝之士,以身作则,力矫颓俗。诸君为大学学生,地位甚高,肩此重任,责无旁贷,故诸君不惟思所以感己,更必有以励人。"然而作为正常之人,不可能只有学习没有娱乐放松,但是即使娱乐,也要力求正当之娱乐。"然诸君终日伏首案前,芸芸攻苦,毫无娱乐之事,必感身体上之苦痛。为诸君计,莫如以正当之娱乐,易不正当之娱乐,庶于道德无亏,而于身体有益。"这些教诲既严肃认真又体贴入微,可谓语重心长。蔡元培春风化雨的教育体现在言传身教的影响里。蔡先生给自己立了"三不主义"的规矩,他到北大做校长并不是为了做官,而是为了治学。他到国内外各地参观调查、学习研究都是一介寒儒、书生本色。冯友兰回忆,在纽约哥伦比亚大学,当地留学生为蔡先生举办的欢迎会上,蔡先生讲了一个点石成金的故事,并引导学生思考金子和手指的关系。他说:"诸位同学到国外留学,学一门专业知识是重要的,更重要的是要得到那个手指头,那就是科学方法。你们掌握了科学方法,将来回国后,无论在什么条件下,都可以对中国作出贡献。"平易的故事和风趣的语言,寄托了先生温润而坚定的情怀。

有了春风化雨的情怀,才有兼容并包的胸襟。蔡元培兼容并包的办学方针是基于儒家经典《中庸》提出来的,"万物并育而不相害,道并行而不相悖"。可见,兼容并包的思想中自然包含着宽容包涵的博大与深刻,这种容忍正是基于春风化雨的关爱,不是调和折中,而是让不同的学术观点都有发言的权利,在辩论与争鸣中决定各自的命运和价值。蔡元培认为理想的大学应该是"囊括大典,网罗众家"之学府,主张大胆招揽各种人才,容许各种不同学派共存,提倡学术民主、自由竞争。他在给林琴南的复信中写道:"我对于各家学说,仿各国大学通例,循思想自由原则,兼容并包。无论何种学派,苟言之成理,持之有故,尚不达自然淘汰之命运者,虽彼此相反,而悉听其自由发展。"百家争鸣是百花齐放的基础,"兼容并包"的办学方针为北大师生思想与学术的发展提供了广阔多元的精神资源与自由宽松的人文环境,开创了学术自由的新风气。蔡元培兼容并包的办学理念还源自于自身广泛的兴趣和海纳百川的胸怀。"海不辞水,故能成其大",一个人的选择往往源自其性情。1942 年,梁漱溟在《纪念蔡元培先生》一文中写道:"关于蔡先生兼容并包之量,时下论者多能言之。但我愿指出说明的:蔡先生除了他意识到办大学需要如此之外,更要紧的乃在他天性上具有多方面的爱好,极广博的兴趣。意识到此一需要,而后兼容并包,不免是人为的;天性上喜欢如此,方是自然的。有意的兼容并包是可学的,出于性情之自然是不可学的。有意兼容并包,不一定兼容并包的了;唯出于真爱好,而后人家乃乐于为他所包容,而后尽管复杂却维系得住——这方是真器局,真度量。"梁先生的文章解决了《我所认识的蔡子民先生》一文的教学难点,即"春风化雨"和"兼容并包"的辩证关系,丰富了我的课堂教学故事。蔡先生的春风化雨的精神境界决定了他的兼容并包是自然天成而非矫揉造作,也就决定了后面的办学故事：西南联大以降，尽管"兼容并包"被奉为中国大学办学的普遍追求，但结果要么成为一种精神象征，要么可能画虎不成，鲜有成功事例。

三、 听于漪老师讲课的故事

以前只在电视上见过于老师，在报纸、书里读过于老师，在别人嘴里听过于老师，如雷贯耳，但似乎离我这样的普通的一线教师很远。想不到的是，2013 年到 2015 年两年时间里，我每个星期六都可以见到于老师，听到她亲自给我们上课。从那以后，我总是自豪地告诉别人，我是于老师的学生，也总是鞭策自己要研究学习，决不可有负师名。

2013 年 11 月 25 日，在杨浦高级中学举行了上海市郊区教师培训者培训班(第三期)开班仪式，我第一次看见了于老师，看到她在晚辈的搀扶下走进会场，我有些动容。时年 85 岁的于老师依然在为教育奔走，她的脚步依然稳健，她的神态依然从容。世俗习惯用"春蚕红烛"的诗句来形容教师的奉献，我想用在于老师身上并不恰当，于老师哪会那么脆弱？她是木棉树，有一树火红的花朵！我坐在最靠近主席台的位置，与于老师大约只相距三四米，老师称呼我们为"孩子们"，像母亲之于子女一般，她对我们寄托了成长的期望。她语气平和地说了培训者培训班的开办背景。她说，靠市区向郊区输送教师，那是输血；我们更需要的是造血：郊区也有许多优秀的教师，培训的目的就是使他们变得更优秀，同时使他们在当地生根发芽，辐射引领，开出绚丽的花。

于老师的语言质朴，丝毫不提她如何为开办"种子教师培训班"四处奔走，也丝毫不提她如何为办班整合各种资源，亲力亲为献计献策。她以慈爱的眼光看着我们，有一段时间像是一直微笑着对着我讲，语重心长。那一刻，我忽然没有了高山仰止，只剩亲切温暖，只觉诚挚关怀。于老师离席时，如果不是顾忌唐突，我真想上前搀着她，说几句话，走几步路，请教几个问题。

2014 年 3 月 22 日，在杨浦高级中学，培训者培训班学员交流《教育魅力》读书笔记。我是小组第三个发言的，题目是《春风化雨，兼容并包》。我引述了汪涌豪

《经典阅读的当下意义》里的话："经典能助人了解世界,观照自我,提供给人的是切切实实的精神养料。"引用了罗曼·罗兰说的:"从来没有人为读书而读书,只有在书中读自己,在书中发现自己或检查自己。"还有普鲁斯特的句子:"阅读过程是一次交流的过程,是一次与不在场的当事人的心灵对话。"强调我读《教育魅力》一边读一边自我对照的想法,结合书中故事,汇报了自己的一些教学实践,最后总结成两句话:春风化雨师之爱;兼容并包师之学。

小组 15 名学员交流结束了,于老师点评。想不到的是,于老师点名表扬了我,说我的读书笔记有思想高度,有实践基础,体现了自觉的理想追求。她引用《韩诗外传》里的句子说:"智如泉涌,行可以为表仪者,人师也。做教师应该是智慧像泉水一样喷涌而出,思想言行都可以做学生的榜样,要牢牢记住这句话,努力身体力行。"那一刻我像被老师表扬的小学生一样激动,其他"孩子"也像小学生那样羡慕地望向我。

2015 年 5 月 16 日,在杨浦高级中学举行上海市郊区教师培训者培训班结业仪式。想不到于漪老师握着我的手,她还记得我的名字,我从老师手里接过"优秀学员"的证书。这一刻,结业仪式有了更加隆重的仪式感,我感受到的是师者德行与专业的传承。颁奖仪式后,于老师的报告《学为人师》准时开讲,两个半小时的报告,老人家声情并茂,振聋发聩。从《朱子家训》到《幼学琼林》,从建安风骨到西南联大,从王充朱熹到康德卢梭。古今中外,老师信手拈来,是一份从容优雅,一份自然天成,似脱口而出,实水到渠成。有句俗语叫"听君一席话,胜读十年书",我过去以为不过恭维罢了,那刻方知果然。多年来,听于老师讲课的某些瞬间还经常记起,也经常有再去杨浦高级中学"蹭课"的冲动。两年的时间,于老师留给我的可以总括为"朴素的境界"这几个字。

第一境:压力可以造就神奇。

于漪老师刚"出道"时,她的老师每天亲临课堂听小于老师的课,看小于老师改作文。几年时间里,老师经常带领一大群老师听于老师的课,看于老师批作业。后来于老师有些名气后,经常会有来自全市乃至全国的老师走进于老师的课堂。至今于老师回忆起来仍旧"心有余悸"——堂堂公开课,超强的锤炼。我清楚"于老师是怎样炼成的"了，那是进取的人生态度和求真的科学精神，还有"目中有人"，心里有学生。在上海电视台的专题教学中，于老师能一口气报出100多位学生的名字。她说："是我几十年来始终把心放在学生身上，是'目中有人'给了我这个'特异功能'。"不要以为于老师天生贵人相助，成长一帆风顺。她带好了先后气走8名班主任的乱班；她腹部刚大手术，在寒夜忍痛背学生赶五六公里路去求医……她经历了我们普通教师经历的一切，也经历了我们难以想象的困境和压力。认真学习这些精神财富正是青年教师成长的钥匙。

第二境：年龄不是学习的阻力。

于老师说"一辈子做老师，一辈子学做老师。"用"老骥伏枥""老当益壮"来评价于老师显然苍白而不准确。于老师依然是那个胸怀天下，心系学生，书生意气，挥斥方遒的教师；她还是那个留着干练短发，穿着水洗布衬衫，在三尺讲台，一支粉笔挥洒青春的女教师；她依然可以充满激情地做三小时的报告，她从不缺少精气神，也从不缺少学术厚度。我想老师秉持的是"活到老学到老"的锲而不舍，我想永葆青春的秘密其实不难：学不可以已，充满精气神。于老师说："教师是一种特殊的职业，是一种需要强烈责任意识和奉献精神的职业，肩上挑着的是祖国的未来。"她说："高尚教育境界的追求不是玄虚的、无根据的，而是源于对教育的深刻理解，对人生的执著追求，并落实于一切教育活动之中。"读书学习是人独有的神圣权力，这个权力我们一生的时间里都要好好运用。"躬下身子研究学生、研究教材教法，有点新思考，做点新实验。"2018年，"90后"的于漪老师出版了《于漪全集》；2019年，于漪老师被授予"教育功臣"的荣誉。我想，因为"快退休了""年纪大了"而裹足不前的老师尤其应该多学习这种精神。比如，2020年，国家遭遇新冠病毒疫情，教育系统开展网上教学，那些信息技术并不高超的老教师，也认真学习，摸索并逐渐掌握这种新的教学形式的特点和规律，调整自己的教学设计，积极应对。所以，只要心里有学生，就能适应这些新事物，掌握这些新规律。

第三境：高尚源于朴素平凡。

于老师说，课堂的"堂"意思就是立足于"土"地，做高"尚"的事。于老师从教60年，一心为师，从无二志，"于漪"这个名字蕴含的内容配得起高尚二字。她说：

"语文教学的目标就是培养人,语文学科就是要树立'育人'大目标,既教文又育人,要全面培养学生。教师,特别是语文教师,首先必须清醒地意识到自己应该努力争取做个教育家,做个'育人'的专家""育人"当然是高尚的事业,但是高尚的事业并非阳春白雪,而是要"极高明而道中庸"。于老师还有一句:"语文教学的核心是从学生的实际出发,按照教学大纲的要求,对学生进行语言训练。教师在对学生进行语言训练的同时,必须大力发展学生的思维能力。"将一个孩子从自然的人教育成社会的合格公民,这个目标是通过平凡的课堂教学达成的。教师是朴素的职业,做朴素的学问,有朴素的规律,不用发明多少新名词,但千万不能忽略了人格的高尚,在朴素中高尚,于高尚中朴素。于老师是这样说的,也是这样做的。在每周六的杨浦高级中学,不管刮风下雨,于老师总是准时地出现在课堂上,就像一个普通的班主任那样,点评我们的作业,观察我们的学习状态,展开新的课堂教学,真正地做到了"身体力行",为所有老师树立了为人师者的榜样。

四、 有故事的语文教学的共同特征——以当代名师教学片段为例

以上列举了历代先师中部分代表人物的教学特点,从中可以概括出有故事的语文教学的一些共同特征。以下结合一些当代语文名师的教学片段,将这些特征加以梳理,从中我们可以发现语文教学的一些基本规律,也可以发现当代名师是如何传承先贤优秀教学传统,并且不断发扬光大的。

(一)注重传统经典浸染,结合多元文化兼容

从孔子以"六经"为教材始,历代先师的语文教学都以儒家经典"四书""五经"为教学蓝本,在教学中通过引经据典来传道受业解惑的方法十分常见,教师要熟读经典,教学时信手拈来,把传统经典恰如其分地引入教学实践中。同时从春秋时代的百家争鸣到蔡元培先生的"兼容并包",历代先师还注重将儒家经典与各派学说乃至各国文化有机结合,融合提炼出符合时代需要的新内容,这是有故事的语文课堂的教学基本内容,也是精神主旨和战略高地。让我们一起看看四十年前

于漪老师教学《拿来主义》时的一段导语①：

　　我们同学课外阅读的兴趣很浓，阅读的范围也比较广泛。我初步统计了一下：半个学期以来，全班同学看的书籍杂志种类，多达 67 种，不计科技图书，单说中外文学图书，也有 270 多本，也就是说，这个学期平均每个同学已看了课外书籍 5 本左右。有一个同学看得非常多，连杂志带书籍共四十几本。书的种类也很多，譬如说，有唐诗宋词，有《三国演义》《水浒传》《红楼梦》，还有同学看"西厢"，（学生笑声）是《西厢记》，我曾借这位同学的图书来看了看，是"王西厢"。还有同学看明清笔记小说，是选译的。外国文学作品也看了不少。有的看列夫·托尔斯泰的《安娜·卡列尼娜》和《战争与和平》；巴尔扎克的《高老头》，听说过吗？（众生：听说过。）还有的看雨果的《悲惨世界》，等等。总而言之，古今中外的作品都有。对古代的和外国的文学作品，对这一些文化遗产，我们在接触的时候，看的时候，应该采取什么态度呢？——今天我们学习鲁迅先生的《拿来主义》，从中可以受到启发，得到教益。

　　我想这段导语的信息十分丰富，给我们的启发也非常大。一是于老师教学的前瞻性。四十年前就坚持引导学生进行整本经典阅读，半个学期就多达 270 多本，而且师生共读，一起分享，课外阅读与课堂教学内容紧密结合，让学生的经典阅读落在实处。二是注重经典传承与文化共融相结合。古今中外合一，人文科技并重，教师融汇古今的文化视野将学生带到广阔灵动的精神世界，成长为文化的强者。三是紧贴时代需求，四十年前正是改革之初，开放的中国即将迎来多种文化思潮的冲击，怎样看待这些中外文化遗产，包括青年学子在内的整个社会都不明确。于老师日常就把"拿来主义"的精髓贯彻在教学中，上起课来自然得心应手，起到文化引领的作用。

（二）构建民主和谐课堂，营造平等对话情境

　　从《论语·先进》学生陪孔子闲坐述志，到《朱子语类》中记录的朱熹民主式讨

---

① 于漪主编：《教育魅力》，华东师范大学出版社，2013 年 6 月，第 94 页。

论,再到王阳明主持"讲会"的师生唱和互答,民主的讨论、平等的对话成为有故事的语文课堂的呈现形式。一言堂、满堂灌的语文课肯定没有故事,对话、交流、合作也不是随心所欲,而是要设计与生成结合,这考验教师严谨的治学、广博的知识和灵活的变通。这种互动应该是长期训练的自然常态,而不是公开课上的即兴表演,这种讨论是师生合乎教学逻辑的合作,而非信马由缰的闲篇,这种对话是立足于文本的"干货",而非形而上学的拓展。于漪老师教学《白杨礼赞》的经典片段就体现了这些特点[①]:

生1:白杨树是不成材的,而楠木是贵重木材,为什么作者贬楠木,说白杨树怎么好怎么好? 我是学生,人微言轻,说了也无用。屠格涅夫是大田园作家,他的《猎人笔记》中也写了白杨树。请听他是怎么写的。(拿出《猎人笔记》,朗读有关段落:白杨树叶子硬得像金属,枝条也不美,只是夕阳西下时太阳照到枝条上才有点美。)请问老师,是不是作者言过其实了?

师:你为了验证自己的观点,能注意课内外阅读联系,积极思考,通过课外阅读来找依据,这就是学得自主,学得积极。茅盾的《白杨礼赞》是用象征的手法来写的,象征的手法从来是景随情移的,客观的景随着作者主观的情而变动。

生2:这一点我能理解,但有个句子看不懂。"如果美是专指'婆娑'或者'旁逸斜出'之类而言,那么,白杨树算不得树中的好女子,但是它伟岸、正直、质朴、严肃,也不缺乏温和,更不用提它的坚强不屈与挺拔,它是树中的伟丈夫。"根据我的生活经验,温和的人使人容易接近,严肃的人使人敬而远之。在一个形象身上又严肃又温和,是不是茅盾先生疏忽,用词矛盾了?

师:这个问题问得好,我没有想到,你读书很仔细。请大家思考,作者用词是不是矛盾了……一个人有时候温和,有时候又严肃……

生2(不信服地):树也不会变脸的呀?!

师:世界十大文化名人孔子就是这样。《论语·述而》中说:'子温而厉,威而不猛,恭而安。'可见,在孔子身上二者统一起来了。

---

① 于漪主编:《教育魅力》,华东师范大学出版社,2013年6月,第110页。

首先,这样的课堂演是演不出来的,一定是平时长期民主式研讨的结果。学生有备而来的"发难"和顺势而为的"追问"考验的是老师的专业知识和应对能力。其次,课堂聚焦的都是文章本身,关注写作方法和语言特征,由文章出发引出合理质疑与思辨。随后,教学相长就不是一句空话了,教师和学生彼此造就也就实现了,就自然引出了屠格涅夫的《猎人笔记》和《论语·述而》等精彩故事,这样的教学也就成了经典的故事。

（三）抓准机会随处点化,拓展时空知行结合

从《论语》中"直躬证父"的故事到《墨子》中墨子开导耕柱子的故事,从孟子拔苗助长的故事到王阳明走向自然的寓教于乐,圣哲之师总是结合生活、立足当下、就地取材来教导学生,给学生最直观的思想启发,也总是不断拓展自己课堂的空间,立足于天地自然之间,感悟万物的和谐发展,培养一种伟大的格局和"天民"的自觉。这正是有故事的语文课堂所特有的教学情境,没有优美的情境,缺少具体的语境,是讲不好故事的。曹勇军老师善于创造这样的教学情境,他带着南京市第十三中学的师生在玄武湖边、古城墙下开中秋明月诗会就是别开生面的语文大课,就是拓展时空的知行结合。在《我的中秋明月诗会》一文中曹老师动情地写道①:

我走上台,大声地问学生,也问我自己:"同学们,今天晚上你们快乐吗?"激起满场巨大的回声:"快乐!"我带着学生大声齐读题写在拱门上的三个主题词"青春""明月""梦想",并告诉学生:"真正的诗歌并不是课本上分行的文字,真正的诗歌在课本之外,在大自然里,在我们的身边,在今晚的月光之下! 青春,明月,梦想,让我们大声读出这三个词,让我们永远记住这个十六岁珍贵的夜晚! 这是我们进校之后第一次大型的语文课,我们要在大树下读书,要到玄武湖读书,要到自然中读书。未来的三年里,大家将在十三中学习到美丽的语文……"站在台上与坐在台下不同,远远望去,明月皎洁,台下默默,构成一幅美丽的画面,那情调、那

---

① 曹勇军:《我的中秋明月诗会》,《语文建设》2013 年 10 期。

意境永留心底。

　　曹老师以朴素的心意讲述着他和学生的故事,用整个生命创造并书写着美丽的语文。三十多年语文教学生涯中,他抓住一切机会,营造各种情境将学生带到美丽语文的境界之中。他在看学生表演话剧《鸣凤之死》时,一次次泪湿眼眶;他陶醉于学生的古诗词吟诵,"泪眼婆娑,不能自已";他的书中蓬勃着盎然的青春气息,澎湃着如火的生命激情,呈现出浩渺的万千气象。他带着孩子在南京的历史文化现场读书,开设了"情境读书课":在王安石故居半山园探讨"王安石和他的时代",在豁蒙楼感受冯友兰《中国哲学简史》的深邃博大,在曾公祠与黄仁宇和他的历史名著对话……他用超越教学的教育情怀、超越课堂的课程视野、超越技术的人文精神,营造出随处点化、知行合一的语文生活。

　　(四)善用引譬连类手法,锤炼生动幽默语言

　　引譬连类是指援引相类似的例证来说明事物,修辞手法上往往表现为比喻和类比,不妨将它作为中国传统认识论的一种起源①。难怪历代先贤在布道传教中都不约而同地用这种手法,以形象生动的语言来阐述:孟子以舍鱼取熊掌类比舍生取义,以大匠不为拙工改废绳墨比喻老师不为学生难懂而降低要求;荀子以蓬生麻中,白沙在涅比喻教育当中环境对人的影响;韩愈借"千里马常有,伯乐不常有"比喻统治者不能培养和发现人才之悲;朱熹用吃饭关注滋味教导学生读《论语》关注内容莫问来处等等。这种手法和语言特点正是有故事的语文课堂的教学必须之语言,这样的语言才能深入浅出、生动形象地讲好故事。钱梦龙老师的教学语言就具有以上的特点,孙绍振评价钱老师的《死海不死》时,强调了钱老师生动幽默的导入语在教学中的作用②:

　　《死海不死》上课伊始,钱先生面对陌生学生的开场白,就让我觉得卓然不凡。他说,你们大家看看我,第一印象是什么? 学生对这位权威老师的问题,有点惊

---

① 郑毓瑜著:《引譬连类:文学研究的关键词》,生活·读书·新知三联书店,2017年1月,第4页。
② 孙绍振:《钱梦龙的原创性:把学生自发主体提升到自觉层次》,《语文学习》2015年10期。

异,都面面相觑,不敢说话。钱先生接着说,看我头光光的,没有几根头发,是不是有点像唐老鸭? 他这样一说,全场哄堂大笑。学生的拘谨感瞬间消失了,师生间的陌生感也被打破了。我研究过幽默学,觉得这个开场白太好了,以幽默取胜。从理论上说,笑是心与心之间最短的桥梁,钱先生用幽默感缩短了与学生之间的距离。很可惜的是在《钱梦龙经典课例品读》(华东师大出版社2015年版)中此课的记录却没有这个开场白。

在《故乡》的教学实录里,我们同样可以感受到钱老师"引譬连类"的质朴而生动的教学语言,例如在理解疑难句子"现在我所谓希望,不也是我自己手制的偶像吗"时,他引导学生将鲁迅的"希望"与闰土的"希望"进行比较,明确鲁迅的希望虽然不明确,但也是隐约可见的。"而且他坚信大家都起来了,新生活就一定能实现,他是不会停留在这朦胧的希望上的。"①这时学生自然找到文章的核心句子:"这正如地上的路:其实地上本没有路,走的人多了,也便成了路。"如何将鲁迅句子里抽象的道理形象化呢? 还是要用到类比:"走的人多了,也便成了路。"也就是说,大家都怀揣希望,勇于探索,生活现状就会改变。在此基础上钱老师引导学生得出"幸福的生活要靠大家来创造"的结论,表明了作者要唤起人民都来创造新生活的主旨。课文最后这句富于哲理的警句的深刻内涵和号召力量通过类比就变得浅显易懂了。

---

① 钱梦龙著,彭尚炯编:《钱梦龙经典课例品读》,华东师范大学出版社,2015年1月,第6页。

第四回　几处早莺争暖树　谁家新燕啄春泥
——开学第一课的创意故事

新版《普通高中语文课程标准》关于语文课程理念的第一条表述为："坚持立德树人,增强文化自信,充分发挥语文学科的育人功能。""育人"是指把学生培养成为建设中国特色社会主义所需的合格和可靠的接班人。育人是在日常教学的点滴之中春风化雨的渗透。于漪老师认为:"教育是给孩子的心灵滴灌知性与德性。知性是孩子生存和发展的本领,德性是其做人的底线。二者在课堂上是一而二、二而一的,不是外加的、分离的。"这段话讲的就是语文学科教学和育人相融合的关系。同时"教育是理想的事业,没有理想的教育是不存在的",理想教育是立德树人的基础,引导学生树立崇高理想,进行生涯规划是育人的前提。教师要在学生成长的关键节点以适切的方式帮助学生铸就梦想。

每学期开学就是学生成长的关键节点,教师把握好学生这个节点微妙的思想动态上好开学第一节语文课,对学生的教育具有重要意义。然而"开学第一课"在教学实践中没有得到应有的重视,有的教师直接上新课,没有给予学生心理调节和角色转换的时空;有的教师讲新学期对学生的要求,条条框框很多,增加了学生对开学恐惧症的程度,脱离了语文学科的特点;有的教师让学生谈谈假期见闻,课堂松散,教学目标不明确;有的教师干脆进行思想教育,上成班会课且缺少具体抓手,凭空来灌输理想道德教育。因此,新学期第一节语文课的课堂改进有很大的研究空间,可以生发出很多精彩的课堂教学故事。

一、彼此当年少，莫负好时光

春节假期归来，学生们学习状态肯定不好。寒假过年期间，大吃大喝，走亲访友，游戏旅游是常态，反而用在学习上的时间很少。因为是春节，家长的监管力度可能也不及平时，常常睁一只眼闭一只眼，导致学生日常生活没有规律，精神状态更加松散。而暑假虽长，但大部分学生奔走在夏令营和补课路上，学习状态保持得还不错。因此春季开学第一课相比于秋季开学第一课，在教学内容和教学策略的选择上更需严谨科学。2017 学年第二学期开学第一课之前，我就陷入了深深的纠结当中。当时我任教高二语文，一年之计在于春，可是课本上的第一篇课文是《故都的秋》，太不应景了，不可上；让学生逐个讲讲寒假见闻，这个太普通了，到时信马由缰，变成捣糨糊了，也不可上。怎样在务实和务虚之间找到上好春季开学第一课的平衡点，既起到鼓舞学生调整状态的作用，又体现语文学科的教学特征？以下，结合春季开学第一课的故事，谈谈我的教育观。

（一）烧烧火：研究开学时学生的矛盾心理

新年开学之初，学生从无忧无虑的"新春佳节模式"转入到紧张的"学习模式"，心理上还没做好准备和过渡，普遍会出现"开学综合征"，其主要症状是情绪低落、心慌意乱、无故发火、注意力分散、记忆力减退、思维能力下降等，学业繁重的高中生，堪称病症最严重的"患者"。另一方面，新年新气象，高中生心理渐趋成熟，人格独立初步觉醒，有生涯规划的潜意识，开学之初往往具有"从头再来"的决心和"宇宙爆发"的宏愿，具有积极进步的良好愿景，但"善始者实繁，克终者盖寡"，大多数过不了几天就会熄火。

烧旺这把火。教师需准确把握学生上述的矛盾心理，从心情上给予他们舒缓的空间，从理想上给予他们"煽风点火"，从而引导学生思考自己的学习规划与人生规划，使之逐渐清晰合理。赫德福特大学心理学教授理查德·怀斯曼研究表明，在制定"新年决心"的受访者中，尽管有 50% 以上的受访者相信自己会成功，事实上却只有约 12％的人实现了目标。但接下来的数据会更说明问题：男性设置了一个明确的目标，实现的可能性会高出 22％；女性公开她们的目标并与亲友分享，实现的可能性会高出 10％。由此，怀斯曼提出建议：写下自己的梦想并列出明确的行动，然后与同学分享。梦想只有两个结局：实现或被自己放弃，因此劝说自己坚守梦想是最大的挑战。

（二）尝尝鲜：找到鲜活具体的语言素材

新版《普通高中语文课程标准》表述语文学科的性质为："语文课程应引导学生在真实的语言运用情境中，通过自主的语言实践活动，积累言语经验，把握祖国语言文字的特点和运用规律，加深对祖国语言文字的理解与热爱，培养运用祖国语言文字的能力；同时，发展思辨能力，提升思维品质，培养社会主义核心价值观，培养高尚的审美情趣，积累丰厚的文化底蕴，理解文化多样性。"

归纳起来，开学第一课既要立德树人，点燃学生心中的希望之火，又要兼顾语文学科性质，上出"语文味"；既要有具体抓手和学习材料，使教学落到实处，又要顾及到教学材料的"真实性"与"即时性"，保证课堂的"语言实践活动"是在"真实的语言情境"之中实施的。例如，校长开学典礼致辞文稿《新时代，新机遇，新挑战，新梦想》就很符合这样的要求。

这篇文稿有以下特点：第一，鲜明的"即时性"。上课前，校长致辞言犹在耳，恰好趁热打铁，十分鲜活。文稿开篇引述寒假期间热映的三部电影《神秘巨星》《奇迹男孩》和《红海行动》中的经典台词，时尚大气且深刻，具有鲜明的时代特征，很对学生"胃口"。第二，丰富的"故事性"。埃隆·马斯克和重型猎鹰的故事就发生在 2 月 7 日，这个震惊了全世界的故事一定也震撼了学生们的心灵。此外，培根的名言"智慧之人所创造的机会，远远超过他能遇见的机会"，以及对这句名言的阐释"一个大好机会，可能因为懒惰而化为乌有，普通的机会，却因勤奋而变成良机"，会给学生思考的空间。第三，深刻的"教育性"。同在旅途中的旅行家和流浪汉收获与境界天渊之别，故事言浅意深，给学生以直观感受和深刻启示，并提供了丰富的语言素材和文化审美意蕴，也能敲响学生的心窗和励志前行的鼓点。

（三）品品味：构建多样有序的课堂层次

语文学科核心素养是学生在积极的语言实践活动中积累与建构起来，并在真实的语言运用情境中表现出来的语言能力及其品质；是学生在语文学习中获得的语言知识与语言能力，思维方法与思维品质，情感、态度与价值观的综合体现。开学第一课要体现语文特征，要设计多样而有序的语言实践活动，要做到"第一道菜"味道丰富纯厚。

迎着学生狐疑又期待的眼神，我的第一句话超乎他们想象："谁能准确说出今早开学典礼校长致辞引述的三部电影的台词？"这是检验倾听中提炼关键信息的语言实践，也是待人接物人际交往中的重要能力。学生自发讨论，饶有兴味。几位学生准确而洪亮地说出了这些信息：《神秘巨星》中"如果没有梦想，是睡是醒，是死是活，都毫无意义"；《奇迹男孩》中"我超爱的就是我儿子的脸"；《红海行动》中"不要害怕它，压力会让你更专注"。

我的第二句话加大了难度："致辞文稿中有哪些令你印象深刻的故事？"这是检验倾听中提炼复杂信息的语言实践，也为学生将来的书面表达积累语言素材。学生窃窃私语，纷纷回忆。在几位学生补充完善之后，有学生完整地表达出两个故事。第一个故事：2月7日，现役运力最强的火箭重型猎鹰，载着红色特斯拉跑车发射上天，埃隆·马斯克说"这辆车可能会在太空跑上十亿年"，走出地球就是他的梦想，而他为了梦想持续不断地克服诸如破产等困难最后成功了！第二个故事：旅行家和流浪汉都在旅途中，流浪汉嫉妒旅行家的收获，我们每天同样都在行走，为什么我一无所获？旅行家笑道：那是因为我珍惜每一次行走，边走边观察边思考边收集有用的信息啊。

我的第三句话点燃了学生思维的火花："旅行家和流浪汉的故事给了你怎样的启示？你也说一个梦想的故事。"这是考查学生思维的积极性，调动学生的知识储备和语言素材。在教师的启发引导下，学生思辨性地讨论且主题明确，其实同行业的人都在同样的道路上前行，结果却大相径庭。同是教师，同是医生，同是公务员，同是普通工人，流于平庸者有之，出类拔萃者有之。同一班级的学生每天在学校上同样的课，做同样的事，但同样有天渊之别，区别在于有没有留心、思考、梳理、整合。在此基础上,学生列举各行各业因梦想而成功的人的故事便更有切身体会,更有审美兴趣,更加富有印象。最后,师生一起回顾学生所举事例中的精品以加深印象:中国天眼之父——南仁东;《傲慢与偏见》的作者简·奥斯丁;杨绛、钱钟书与《我们仨》;《阿甘正传》;《摔跤吧,爸爸》;从救人者到施救者的消防员蒋雨涵等。这些故事拒绝陈腐,鲜活而具有时代感,体现跨文化大视野,为学生带来丰富的语言文化积淀,同时训练思维,提升审美情趣。

(四)加加料:发挥语文课程的育人功能

文学古籍是中华儿女的精神家园。高中语文课应坚持加强语文课程与学生成长的联系,引导学生认识社会、认识自我、规划人生,促进人的全面发展。语文教师每节课都应该关注学生通过本学科学习,积累了哪些正确的价值观念、必备品格和关键能力。通过以上语言材料的听说与积累、思维的表达与交流、文化的审视与理解之后,下一层次要着重引导学生进行学习规划与人生规划,这也是开学第一课的要旨所在。我的第四句话就是突出这个要旨。"下面老师也讲一个梦想的故事,故事很长,请你听后用最简洁的语言转述。"教师引导学生在听的同时适当做笔记。

英国教师布罗迪整理阁楼上的旧物时发现了一叠练习册,这是皮特金幼儿园31位孩子的春季作文,题目叫"未来我是_____"。他本以为这些东西在德军空袭伦敦时,在学校里被炸飞了,没想到它们竟安静地躺在自己家里50年了。布罗迪翻了几本内容,很快被孩子们的自我设计迷住了。有个叫彼得的小家伙说未来的他是海军大臣,因为有一次他在海中游泳,喝了三升海水都没被淹死;还有一个说自己将来必定是法国总统,因为他能背出25个法国城市的名字,而同班的其他同学最多的只能背出7个。最让人称奇的是一个叫戴维的小盲童,他认为将来他必定能当上英国内阁大臣,因为在英国还没有一个盲人能进入内阁。总之31位孩子都在作文中描绘了自己的未来,五花八门。布罗迪产生了一种冲动,何不把这些本子重新发到同学们手中,让他们看看现在的自己是否实现了50年前的梦想。当地一家报纸为他发了一则启示,没几天孩子们的书信向布罗迪飞来,他们中间有商人、学者及政府官员,更多的是没有身份的人。他们都表示很想知道儿时的梦想,且很想得到那本作文本。布罗迪按地址给他们寄去。一年后,身边仅剩下一本作文本没人索要,他想这个叫戴维的人也许死了,毕竟50年了,什么事都会发生。就在布罗迪准备把这个本子送给一家私人收藏馆时,他收到了内阁教育大臣布伦克特的一封信,信中说"那个叫戴维的是我,感谢你还为我们保存着儿时的梦想,不过我已经不需要那个本子了,因为从那时起我的梦想一直在我的脑子里,没有一天放弃过。今天我还想通过这封信告诉我其他的30位同学:只要不让年轻时的梦想随岁月飘逝,成功总有一天会出现在你的面前"。布伦克特的这封信后来发表在太阳报上,他作为英国第一位盲人大臣,用自己的行动证明了一个真理:假如谁能把3岁时想当总统的愿望保持50年,那么他现在一定已经是总统了。

学生的信息梳理能力没有问题,转述时可以清晰表述人物、事件、经过、结果等关键信息,这种转述提炼的能力为议论文写作做了准备,议论文论据材料必须是提炼之后的信息,不可以长篇故事赘述。更关键的是学生在故事中直观感受到了树立梦想以及保持梦想对于人生发展的重要意义。保持梦想,不忘初心,一路留心、思考、梳理、整合,你一定会成功。这是一堂有故事的语文课,教师和学生一起逐层深入地交流梦想的故事,在此过程中积累语言经验,锤炼思维品质,提升审美情趣,开拓文化视野。同时于细微之处不着痕迹地树立理想信念,在开学第一节课的敏感瞬间给予敏感的青少年以心灵的轻抚与心弦的拨动,让他们以饱满的热情和轻松的心态迎接全新的下一段人生。我的第五句话很有仪式感:"最后我也布置一个春季练笔,写下你的梦想,让我为你保存,10年后我寄给你们,这是回家作业。"

教育的本质是"育人",在语文教育实践中必须"教文育人",而要实现这一目标,就需提升教师自身的素养。教师胸中要有一团火,在任何情况下都要朝气蓬勃,对学生有感染力、辐射力。教师要"一身正气,为人师表","育人"不是写在纸上、说在嘴上,而是要用自己的言行来践行,老师对学生要满腔热情满腔爱,在教育方式方法的探索中设身处地为学生着想,尝试一些改变,在日常教学的细微之处充满成就学生的真性情,在学生成长的关键之处给他们真诚的帮助。做个有心人,思路活一点,视野开一点,心思专一点,我想这样一路行来,就能成为优秀的语文教师。

二、 新风东南来,你自茂盛开

2018 年 9 月,我校整体搬迁至星河湾新址,新校园高雅大气,充满国际范。当时面对秋季开学第一课,我也陷入沉思:我任教的是新高三,他们在老校园生活了两年,应该对那里充满了感情。我自己更甚,在旧校区工作 14 年,离别之时颇多感慨。第一课是不是要带着大家讲讲发生在旧校区温馨而美丽的故事,以便收拾心情,继往开来。面对如此高端的新校园,面对剩下一年却迎来如此变迁的高中生涯,学生想法肯定很多,教师也应加以指导。但是还是那句老话,语文味不能丢。怎样将告别过往的感慨与即将步入新生活的期待相结合,怎样将新校园的因素与语文味的因素相结合,怎样将新高三的期待与高三语文学习指南相结合,且看看我秋季开学第一课的故事。

(一)说说旧校区的故事

汉代王充说,"譬如练丝,染之蓝则青,染之丹则赤",说明环境以其文化内涵、审美体验和情感熏陶等因素对人的浸染作用。马克思认为,人创造环境,同样环境也创造人,则更能说明人可以主动改造环境,使之在自己的成长发展中起到积极作用。田园老校区环境清新灵秀,充满诗情画意,是所有师生赏心悦目、怡情养性之地,学生在这样的环境中生活学习自然有很多美好的回忆。新校园开学第一课,学生对此颇多回顾。有学生说,印象最深的是春天,校园开满鲜花,由于花期不同,我们享受鲜花的时间特别长。尤其是樱花特别繁盛,我们排队出操的路上飘起花瓣雨,所有人的脸上也都笑开了花,正所谓"人面桃花相映红"。有同学说,印象最深的是老师带我们在三楼天台的"惠风和畅园"朗诵诗文的情景,这里有鲜花楼台,有植被长椅,有同学少年,也是仰观和俯察的最好角度,在翠竹掩映,碧草连缀之中,我们朗诵顾城《门前》里的诗句:"草在结它的种子,风在摇它的叶子。我们站着,不说话,就十分美好。"我们朗诵《兰亭集序》里的名句:"仰观宇宙之大,俯察品类之盛,所以游目骋怀,足以极视听之娱,信可乐也。"我们还朗诵了老师写的《惠风和畅园记》,只记得其中的两句了:"有竹数丛,参差披拂;有花两畦,吐蕊争春……"现将当时写的《惠风和畅园记》以及鉴赏附于此:

日迟迟而田秀,风飘飘以园新。

宗春申毓秀之德,隐都市熙攘之隅,睨星河水中之沚,睋好爱纵横之宫。致于中和,本立道生,谨庠序爱美之教,申学子至善之义,秉和谐物我之道,达天赋我才之资。

丙申阳春,植被修园。有竹数丛,参差披拂;有花两畦,吐蕊争春;游鱼细石,玉泉淙淙。初阳抚梢,楼阁若益青葱多文;微岚流响,书声若益琤琤成韵。可仰宇宙之思,可俯品类之情,骋骛无极,行止有度。惠风拂面以明目,暄煦和畅而温心,乃名之曰惠风和畅园,且以文记之。

【作品鉴赏】

首段:"日""风"分别照应"和畅"和"惠风",暗指园名;"田""园"互文校名;"新""秀"指园新修且秀美之景。"迟迟"日暖貌。

次段:前两句写学校的人文流脉和地理位置。"宗",以……为榜样;"春申"春申君黄歇,又暗指海派文化。三四句写学校这片净土不受流俗影响。"睨睋",斜眼看,有轻视之义,星河湾代指市场经济洪流,好爱广场代指浮华享乐。第五句到段末写学校潜心办学及办学宗旨。"谨",严谨;庠序,学校旧称;"申",反复诚勉;这几句包含学校"向善,爱美"的办学理念和"和谐发展""每个学生天生有才"的办学宗旨。

三段:前八句四字句(到"玉泉淙淙")写"惠风园"秀丽之景,突出其灵动精巧;"初阳抚梢"到"温心"句写"惠风园"之景的深远熏陶。有自然熏陶:校舍好像更加青葱而多了华彩("文",花纹);书声好像更加铿锵而多了韵味;有人文熏陶:在这里可以作为精英思考宇宙人生,也可以作为平民思考黎庶之情。最后两句交代园子的命名由来,首尾呼应,浑然一体。

（二）说说"新"的故事

新校园的一切都令人兴奋，钟楼、风雨长廊、足球场、下沉式图书馆、美轮美奂的创意工作坊，这在以前都是不敢想象的。总之，就是一个"新"字，新校园开学第一课当然要解解这个"新"字（𣂪）。先让同学们看看这个会意字的造字法，再说文解字。"新"本为动词，用锋利的刀斧将原木劈成两半，备作柴薪，左上的一横代表劈柴的位置。原木的表皮通常灰暗而多褶皱，而劈开后木心所呈现的，却白皙而平滑，并且富于清新宜人的自然气息，因此"新"从"劈柴"的动词本义引申出"开辟性的、前所未有的"这一形容词含义。接着谈谈"新"的造字法带来的哲理启示，有学生结合王安石《游褒禅山记》里"志""力""物"的哲学关系来谈，达成"新"的局面，首先有利斧在手的物质基础，其次要有挥动利斧的意志和力量，再次要找准劈下去的位置，也就是"善其事"的方法，几方面结合才能达成目标。有学生认为推陈才能出新，结合诗歌创作来说，一味引用或者化用前人名句就缺少创新精神，在前人基础上提出质疑，甚至反其道而行之，才会写出新意。李商隐有名句"夕阳无限好，只是近黄昏"，意境美好但诗意悲凉惆怅，后人多继承这个意蕴，再后来有人将它翻出新意，"但得夕阳无限好，何须惆怅近黄昏"，这就有了积极向上的意味。最后是教师讲的有关"新"的两个故事：

《大学》中有"苟日新，日日新，又日新"的说法。这是商汤刻在澡盆上的句子，本来是说洗澡的问题：假如今天把一身的污垢洗干净了，以后便要天天把污垢洗干净，这样一天一天的下去，每天都要坚持一个清新的面貌。后来引申出来，精神上的洗礼，品德上的修炼，思想上的改造又何尝不是这样呢？现在我们第一次踏足全新的校园，面对新学期的第一节语文课，相信大家都有一个全新的面貌，问题是能坚持多久，刻在澡盆上是不可能了，我建议大家可以把这句话刻在自家床头、案头上，使它成为你的座右铭。

还有一个道理要说给大家听，前些天大家没有来，教师提前上班了，那时候缺少同学们的新校园虽然也很美，但是总是缺少了活力，缺少鲜活的风景。大家不妨摘抄背诵茅盾先生《风景谈》里的句子："自然是伟大的，人类是伟大的，然而充满了崇高精神的人类的活动,乃是伟大中之尤其伟大者"。化用过来就是:校园的风景虽美,然而充满崇高精神的学生的活动,才是更美的风景呀。你在接下来高三的语文学习中该展开怎样的"崇高精神的活动"呢?

(三) 说说新高三的学习准备

新高三"充满崇高精神"的语文活动如何开展? 对此应有清晰的指导。第一要端正态度,充满热情。于漪老师说"母语是民族文化的根,蕴含着民族文化的情结、民族的睿智、民族的思维方式,不尊重母语,鄙视母语,是愚昧无知的表现。"进入高三,我们还是遗憾地发现一些学生偏科严重,数理化成绩非常好,投入时间也很多,对语文却不感兴趣,欠缺核心素养,学习的时间也很少。这不是真正的人才,爱因斯坦并不缺少形象思维,热爱文学,小提琴也拉得精妙;钱学森不仅是一位优秀的科技人才,也是一位卓越的思想家,无论是他的教育理论还是科技成就,都值得我们去学习与弘扬。因此,真正的人才应该是文理兼优,全面发展的。我的教育理想是教一批自己崇拜的学生,而这样的学生就是我非常崇拜的。第二是积累知识,为时不晚。"学习如磨刀,不磨刀背,就是捷径。"任何时候学习都来得及。高三要重视系统地积累,并且能将积累的东西灵活地运用。包括基础知识的积累,同类题型的积累,写作材料的积累。准备相关的工具书,包括《现代汉语词典》《古汉语常用字字典》《唐诗鉴赏辞典》《宋词鉴赏辞典》《古文观止》等,有的工具书备查阅,有的工具书应该系统阅读。高考是一场战役,积累就好比补给装备,面对对手武装到牙齿的精良装备,没有积累的同学就好比空枪上战场,一颗子弹都没有,只有梁静茹给你的勇气,恐怕注定失败。例如开学第一课的主题词语"新",我们积累了不少故事素材,还可以积累有关的诗词,丰富语言和文化建构,以备不时之需。教师要求学生从这些诗歌中选择三首完整地背诵、抄写并简要鉴赏。素材如下:

雄关漫道真如铁,而今迈步从头越——毛泽东《忆秦娥·娄山关》

千红万紫安排著,只待春雷第一声——清·张维屏《新雷》

小荷才露尖尖角,早有蜻蜓立上头——宋·杨万里《小池》

桐花万里丹山路,雏凤清于老凤声——唐·李商隐《韩冬郎即席为诗相送》

江山代有人才出,各领风骚数百年——清·赵翼《论诗五首》

千门万户曈曈日,总把新桃换旧符——宋·王安石《元日》

几处早莺争暖树,谁家新燕啄春泥——唐·白居易《钱塘湖春行》

渭城朝雨浥轻尘,客舍青青柳色新——唐·王维《送元二使安西》

不知细叶谁裁出,二月春风似剪刀——唐·贺知章《咏柳》

……

第三是坚持阅读,勤于动笔。做到"四个一点":每天阅读一点,每天背诵一点,每天抄写一点,每天评论一点。每天抽出半小时来阅读,背几句古诗名句,读几篇精美散文,浏览报纸杂志。隔两天细细鉴赏一首诗歌,隔三天认真精读一篇古文。当这样的阅读成为习惯,何愁语文学不好?推荐的阅读报刊有《读者》《青年文摘》《散文》《意林》《哲思》《咬文嚼字》《作文素材》等。例如本节课后要求学生结合有关经典,写一点"新与旧"的辩证评论。第四是把握节点,做好规划。高三教学节奏是以大型考试为基准的,上学习期中考试前主要是学习新课;一模考试之前进行第一轮复习,侧重基础知识梳理;二模考试之前进行第二轮复习,侧重重点模块突破;高考之前是近年考题研究和作文素材范例研究。大家应根据这个周期安排自主学习的计划。最后送给大家一句话——结束语:不苦不累,高三没味;不拼不搏,等于白活。

三、 故事恒久远,经典永流传

"日月不肯迟,四时相催迫"。四季走入万物萌发的春天,纪年来到特殊的2019 年。2019 年祖国迎来成立 70 周年的隆重纪念;2019 年元旦,习近平总书记在新年贺词中说:"我们都在努力奔跑,我们都是追梦人",激荡人心,催人奋进;2019 年,最美的身影是奔跑,去追梦,圆梦,有梦的人生哪怕有泪也是幸福的;2019 年寒假,一部中国科幻电影《流浪地球》,上映六天,票房突破 24 亿,大家都看到了巨大成功,但其中背后过程的艰辛难以想象,导演郭帆深有感触地说:"如果你要拥有你从未有过的东西,那么你必须做你从未做过的事情!"

中华民族自古都是善于追梦的。在追梦的路上,战胜一个个困难挫折,克服一个又一个艰难险阻,不断进步发展。盘古开天辟地、夸父逐日、女娲补天、精卫填海、愚公移山,都是中华民族的先辈为了建成梦想中的美丽家园而努力奋斗的故事,中华民族追梦的精气神在历史的光阴流转中从未间断过,历久弥坚。子曰:"朝闻道,夕死可矣。"孔子说:"即便是早晨闻道,哪怕傍晚而死,也无所遗憾。朝夕之瞬,虽然短促,闻道而死,也在所不惜。"几千年来,中国的仁人志士就是以这样的精神状态去追求梦想的。

（一）主问题的提出

"孔子为什么那么赞赏颜回?"上学期期末考试之后,高三提前学习了本学期新书上的几篇古文,包括《〈论语〉七则》《〈孟子〉二章》等,仅仅凭着"人不堪其忧,回也不改其乐",孔子就一再称赞"贤哉回也",就这么简单吗? 这是上学期结束学生提出的疑惑,也是我留给学生的寒假探究作业之一。2019 年新年开学第一课设计是基于两个方面的考虑:一是奔跑、追梦、圆梦的时代主题,二是结合我的课程教学的具体情境。求仁得仁,以孔子、颜回为代表的古之仁人为了追逐自己的梦想,甚至不惜舍生取义、死而后已。本节课就以他们的精神和事迹具体阐释"我们都是追梦人"的主旋律和历史基因,同时也就解开了课文阅读教学的重难点,体现了开学第一课中的语文特征。

学而时习之,不亦说乎? 有朋自远方来,不亦乐乎?

——《论语·学而》

想象一下,三千多追随者,为了同一个梦想,从四面八方不远万里来到孔门,围绕同一个梦想,聚集在一起共同学习和研讨孔子的儒道,这种喜悦,这种空前的盛况,的确让人产生抑制不住的激动。更何况这一切发生在春秋战国时期,在没有纸张、没有网络、没有点击率的时代,在一个我们现在所说的传媒工具都还不存在的时代,信息的传播还处于口口相传的原始阶段的时候,一个人因为他的思想或者说是他所追求的道,能在当时的那种社会环境中唤起那么多追随者,他的追求该是多么锲而不舍,他的思想该具有多么大的影响力啊。

　　贤哉,回也! 一箪食,一瓢饮,在陋巷,人不堪其忧,回也不改其乐。贤哉,回也!

——《论语·雍也》

　　主谓倒装的句式,前后照应的反复,三个语气词"也"的咏叹,无不显示孔子对颜回的不吝赞美。孔子说:难得啊,颜回! 颜回怎么难得呢? 因为颜回过着箪瓢陋巷的苦日子都还不改其乐。箪食、瓢饮、陋巷是讲颜回的生活过得非常清苦,居住在破旧的屋子里,用竹篮盛饭吃,用瓜瓢打水喝,过着别人都难以忍受的清苦生活,即便如此颜回的心里却没有一丝忧苦,反而充满着快乐。这的确值得深入探究。

　　(二) 颜回的故事

　　为什么颜回过着"人不堪其忧"的日子还这么快乐?

　　生1:因为颜回内心充盈着圣人之道,坚持着梦想的追求。他心灵的空间被真理填满,他能感受到的只是追求真理的喜悦,哪里还感受得到什么忧苦?《论语·里仁》里还有一句话,"士志于道而耻恶衣恶食者,未足与议也。"宋代朱熹也认为,一个人内心有崇高的精神追求,却又为自己吃穿住的条件不如人而感到羞耻,这个人的内心世界肯定是卑微的,这样的人又怎能与他在一起谈论道呢? 学习儒道,追求梦想的路上颜回不苦。

　　颜回是这样的人,是因为孔子是这样的人。在《论语·述而》中,孔子这样评价自己:"其为人也,发愤忘食,乐以忘忧,不知老之将至云尔。"近人康有为《论语注》中这样解释这句话:"忘食,则不知贫贱;忘忧,则不知苦戚;忘老,则不知生死。"孔子表述了一个自强不息、终老不疲、明达乐观的人生态度,由不知贫贱到不知苦戚到不知生死,是一个递进的关系,告诉我们,只有以"仁"为道,才能达到这样境界。

　　颜回是怎样看待和学习孔子思想的?

　　生2:孔子曾经询问自己的门生:难道我的道不好吗? 颜回说:老师的道再好不过了。现在天下容不了老师的道,那是天下人还没有认识老师的道,并非是老师的道有什么不好,而老师明知己道不为天下容,却还要坚持不懈地去推行,这就更显示出老师的君子本色。如果我们不去修明天下大道,那是我们的耻辱;如果大道既已修明,而仍旧不被执政者采纳,那就是他们的耻辱。颜回将孔子之道得不到弘扬当作自己的羞耻,原话是"夫道之不修也,是吾丑也。"

颜回对老师和老师的思想是发自内心的崇敬的,他称颂道:"仰之弥高,钻之弥坚。瞻之在前,忽焉在后。夫子循循然善诱人,博我以文,约我以礼,欲罢不能,既竭吾才,如有所立卓尔。虽欲从之,末由也已。"这段话出自《论语·子罕》,像一首感人的赞美诗。老师的学问和道德,使我仰望高峰,仍觉高不可攀,使我如临深潭,仍觉深不见底。它弥漫于我的周围,使我晨昏萦绕,废寝忘食,终究不得其门而入。老师不知厌倦地启发教导我,循循善诱地把他的学问传授给我,用礼乐文章来丰富我的知识,用礼仪教化来约束我的言行,使我想停止学习又欲罢不能,直到我用尽全力。然而,老师仍旧如泰山一般卓然耸立,我虽想攀上顶峰,却寻找不到行进的路径。整部《论语》,只有颜回如此深刻地描述了孔子,颜回是用生命在学习和传承孔子之道。师徒如父子,他们互为知音、一起追梦的故事促人景仰。见贤思齐,或许我们的生活不乏安逸或享乐,但骨子里却少了追梦的情怀,希望先贤的故事,能点燃我们追梦的火种。

孔子为什么要如此赞叹颜回呢?

生3:因为颜回追求理想境界的纯粹度非常人可比。常人可能满口仁义道德,但暗地里满脑子都是自己的利益。颜回是一个纯洁的人,他和谐、仁爱、善良、坚毅。他认为人的全部生活内容应该是建立在人的完美精神世界上,并为之不懈努力,这样的人生才是有价值的。巴金的散文《灯》里有一句话:"我们不是只靠吃米活着。"一个人不能仅仅依赖物质生活,还需要以精神作为支柱。有了精神追求,人才能奋发有为、积极向上。

心不为外物所役,一心求道,人要具有这种精神是很难得的。君子谋道不谋食,这是中国古代的仁人志士所具有的一种高尚的人格精神。颜回这种以仁为己任的求道精神,实际体现了中国古代读书人追求真理的使命感。曾子在"礼崩乐坏"的春秋乱世说:"士不可以不弘毅,任重而道远。"这句话就道出了读书人的使命感。要担的担子重,要走的道路长,读书人如果没有宽大的胸怀和坚韧的毅力又怎么能行呢?党的"不忘初心,牢记使命"主题教育活动中,"初心"是什么?是艰苦奋斗的优良传统,是追求民族复兴的伟大梦想。"使命"是什么? 是为了追求梦想而不辞艰辛的责任担当。因此党的领导干部怎能有任何的私欲和杂念? 我们高三学生的"初心"是什么?"使命"又是什么? 每个人不尽相同,但是一定是积极向上的精神追求,而不是"口体之奉"的物质攀比。

（三）不忘初心,追求梦想的故事

儒家核心思想是"仁"。＾二,即人人相等,亦即等而视之,视人若己,将心比心,同情包容。孟子说:"恻隐之心,人皆有之;羞恶之心,人皆有之;恭敬之心,人皆有之;是非之心,人皆有之。恻隐之心,仁也;羞恶之心,义也;恭敬之心,礼也;是非之心,智也。仁义礼智,非由外铄,我固有之也,弗思耳矣。"由此可见,代表恻隐之心的"仁"是善良人性的基础。孔子、颜回孜孜以求的就是"仁"的境界。古今对照,追梦的道路上前仆后继,有许多故事值得我们积累,请写出其中的一个。

生4:北岛有一首诗叫《回答》,其中有一节是这样写的:"如果海洋注定要决堤,就让所有的苦水都注入我心中。如果陆地注定要上升,就让人类重新选择生存的峰顶。"这一节表达了对于民族和人类历史苦难的独自承担精神。这种强烈的忧患意识,这种浪漫主义的胸襟和气度,足以惊天地,泣鬼神。

生5:东汉时,管宁的朋友华歆在锄地时发现一块金子并将其掷出去(说明他眼里还是有金子),又在同席读书时被窗外车马经过的喧闹声所吸引而"废书出看"(说明他不甘寂寞),管宁就把好好的一张席子一刀两断,说:"子非吾友也。"管宁自己守着玉璞一般的本性,视金钱名位如无物,高士风格与颜回无异,他对朋友也有同样的要求,这是割席断交的故事来源。那把看不清形制的刀具躲在历史的暗处闪闪发光,的确晃得我们现代人睁不开眼。

以上两个故事恰恰可以证明,儒家"求仁"的过程中有境界层次的变化,有安贫乐道的坚守,有追求路上的艰辛,有舍生取义的抉择。无论怎样,"君子的力量永远是行动的力量,而不是语言的力量。"①梦想不足以让你到达远方,但是到达远

---

① 于丹著:《于丹〈论语〉心得》中华书局,2007 年 1 月,第 64 页。

方的人，一定有梦想。因为有梦，才促使我们去追梦，也才有实现梦想的可能。高三每位同学的近期梦想就是明年我在哪里读书深造？遥远一点的梦想，应该是五年、十年后我在哪里？在干什么？如果你有这样具体化的梦想，那么你已经比还没有梦想的人先行一步了，而这样的梦，又是你通过自己能够掌控的勤奋和努力可以实现的。我们都在努力奔跑，我们都是追梦人。最后，套用网络上一句流行语"如果你知道要去哪里，全世界都会为你让路"。

四、少年挈云志，更上一层楼

"盛年不重来，一日难再晨。及时当勉励，岁月不待人。"时光之轮转眼来到2019年9月，新学期，新气象，新机遇，新辉煌！本学期我任教高一，任教的两个班级中有一个是北外实验班，外语见长，女生居多。这学年注定载入史册：教育改革进入深水区，上海高中政治、语文、历史三科统一使用部编新教材。我认真学习了新课标，参加了新教材使用培训。这学年，也是我2008年之后第一次重新任教高一语文，还肩负着我校新教材教学先行先试的历史使命，要研究课标精神实质，敢于实验创新，积累过程性材料，为新教材的有效运用做好开局工作，打好基础。在这样的背景下，2019学年第一学期开学第一课就有了格外的深意：这是我将伴随3年的一批学生与我一起度过的第一节课，这节课上我们彼此留下何种印象，高中语文在这群少年心中留下何种印象，新教材背景下高中语文有哪些具体的学习要求，教学设计中以上问题都不可回避。

（一）创设情境：一个谜语和两个汉字

新课标要求"创设综合性学习情境，开展自主、合作、探究学习"。指出应"根据学生的发展需求，围绕学习任务群创设能够引导学生广泛、深度参与的学习情境"。学生要彻底完成由初中语文到高中语文的认识转变，具体感受高中语文和语文教师的魅力，初步培养学习高中语文的兴趣和信心，这就是开学第一课中学生的发展需求。面对这样的发展需求，如果上来二话不说上新课则太突兀了，如果空洞的说教,粗脖子大嗓门叫半天,10分钟不到学生就鄙弃为师者了,因此,创设教学情境就显得尤其重要。

"少年心事当拏云",我用PPT呈现出这节课的主题,要求同学解释这句话的意思并根据其语境猜一个字谜。学生不知道句子的出处,我让学生课后查阅并积累,强调高中生要特别注重文化积累,有学生解释说"少年人心事重重,云里雾里,看也看不清",这个解释很有诗意,比较符合学生当前的认知水平,我表扬了学生的表达,继而强调高中书面表达与口头表达的重要性。有学生说出"壮志凌云"之意,继而猜出谜底是"高"字。在老师要求下,一个女生讲了一个"少年心事当拏云"的故事,表达非常完美:

生1:回溯到那个军阀割据、众列强虎视眈眈觊觎我中华的年代——1911年底,周恩来在沈阳东关模范学校上学。这一天,魏校长亲自为学生上修身课,题目是"立命":就是教会席下这些莘莘学子如何立志。魏校长讲到精彩处突然停顿下来,向学生们提出了一个问题:"请问为什么读书?"第一个学生站起来挺着胸脯说:"为光耀门楣而读书!"魏校长又问第二个学生,回答是:"为了明礼而读书。"甚至第三个被问的学生很认真地回答说:"我是为我爸而读书的。"魏校长对这些回答都不满意,摇了摇头又来到周恩来面前,问道:"你是为什么而读书?"周恩来非常郑重地回答道:"为中华之崛起而读书!"魏校长惊喜万分,对座下所有学生说:"有志者,当效周生啊!"

接着顺势过渡到说文解字,谜底"高"字的本义是什么呢?如图4-1所示:文

甲骨文	金文	篆文	隶书	楷书	行书	草书	标准宋体
续5·26·11	合282	京津4901	祁大宰簋	说文解字	春秋事语	颜真卿	董其昌	王羲之	印刷字库

甲骨文				金文		篆文	隶书	楷书	行书	草书	标准宋体
甲2311	摭1.462	京都1828	甲551	秦公簋	吴育骈	说文解字	白石神君碑	薛稷都连像	鲜于枢	怀素	印刷字库

图4-1　"初""高"汉字发展演化图

字的发展和进化过程我们应该有所了解，养成对祖国语言文字的好奇心和求知欲，将其落实在日常细小的学习活动中。文字解说："初"的本义为"原始人穿上外衣步入文明社会"，"高"的本义为"站在城墙的岗楼上瞭望"。（学生看到解释之后发笑，大约是笑自己初中毕业，形同刚刚穿上衣服，开始步入文明吧）由此形象可见"初"与"高"的天壤之别，我跟学生约定三年之后的高中最后一课我们再来回忆这节课的内容，希望大家还记得一些具体内容，希望所有人的表达、思维、文化都超过我。

（二）增强形象：三个层次和四道题目

"高"的本义为"站在城墙的岗楼上瞭望"，进入"高"中，为什么要站得更"高"而不能坐井观天呢？青年是黄金岁月，有无可限量的希望和未来，高中生站在时代选择的平台之上，必须具备"指点江山，激扬文字"的实力和情怀，去面对祖国对于人才的挑选，因此，王国维《人间词话》中的三个层次给大家的高中学习提供了一种形象化的参考，哪位学生能完整地表述出来？

生2：古今之成大事业、大学问者，必经过三种之境界：昨夜西风凋碧树。独上高楼，望尽天涯路。此第一境也；衣带渐宽终不悔，为伊消得人憔悴。此第二境也；众里寻他千百度，蓦然回首，那人却在，灯火阑珊处。此第三境也。

很吃惊学生能知道王国维《人间词话》里的三种境界，这说明至少一部分学生语文积累比较丰富，为师者岂能辜负了他们？要引导学生通过语言形象感知先辈关于成就学业的教诲：首先要登高望远，选择适合自己的学习方向，树立远大的理想目标。其次要为自己既定的目标"发愤忘食，乐以忘忧，不知老之将至"，最后是经过苦心探索与追求，达成了预期目标。品味"独""憔悴""阑珊"等词语，这是在告诫莘莘学子做学问的过程是寂寞与艰辛的，耐得住寂寞，坚守着孤独，方能达成清新脱俗的成就。《人间词话》的三境界还是停留在抽象的层面，学生对高中的学习要求恐怕还缺少直观的感受，需要呈现更具体的语言材料。此时，我给学生列举了四道题目：

1. 2019上海中考作文题："这事，真带劲"；

2. 2019 上海高考作文题：倾听了不同国家的音乐，接触了不同风格的异域音调，我由此对音乐的"中国味"有了更深刻的感受，从而更有意识地去寻找"中国味"。这段话可以启发人们如何去认识事物。请写一篇文章，谈谈你对上述材料的思考和感悟。

3. 2018 高考北京卷微写作：从下面三个题目中任选一题。①在《红岩》《边城》《老人与海》中，至少选择一部作品，用一组排比比喻句抒写你从中获得的教益。要求：至少写三句，每一句中都有比喻。120 字左右。②从《红楼梦》《呐喊》《平凡的世界》中选择一个既可悲又可叹的人物，简述这个人物形象。要求：符合原著故事情节。150—200 字。③读了《论语》，在孔子的众弟子之中，你喜欢颜回，还是曾参，或者其他哪位？请选择一位，为他写一段评语。要求：符合人物特征。150—200 字。

4. 2018 北京高考写作：今天，众多 2000 年出生的同学走进高考考场。18 年过去了，祖国在不断发展，大家也成长为青年。请以"新时代新青年——谈在祖国发展中成长"为题，写一篇议论文。

先比较 2019 上海中考和高考作文题。中考题逗号的前后是两个不同的部分，逗号前面侧重叙事，需要考生完整地叙述一件事情；而逗号后面则侧重描写这是带给"我"的感受——带劲，层次较浅。优秀的考生叙事生动的同时能展现"带劲"的细节和曲折有致逐步上升的认识过程，则是上层之作。而高考则要考查学生的文化积累和思辨水平。没了"中国味"，中国音乐就没有了安身立命的根本。一味强调"中国味"，又会让中国音乐故步自封、止步不前。这何尝不是我们认识事物、认识世界的辩证方法？面对全球化时代带来的挑战与机遇，中国年轻人如何在坚守本国文化特色、继承本国文化遗产的基础之上，进一步向全世界讲好中国故事？这，正是隐藏在"中国味"音乐下的深刻命题。

再重点考察后面的两题。新课标有"整本书阅读"学习任务群，新教材有"整本书阅读"单元，新教材背景下的新高考写作一定会有新的变化，第 3 题是一种可能的方向。课堂上随机做了调查，以上书目中，学生读过哪些呢？2 名同学读过《红楼梦》，1 名同学读过《平凡的世界》，他们能简述书的基本内容。这很正常，关键是这道题给学生带来的震撼很强烈,触发了学生学习的危机感和责任感:阅读积累少或者碎片化恐怕无法应对全新的高中语文学习了,像初中那样突击一下就能考高分的可能性没有了。至于最后一题,可以用于新教材第一单元"青春激昂"的主题导入,学生可结合单元文学形象思考青春的价值、使命与境界。

(三)播下种子:若干期许和若干感悟

我通过图片和小视频告诉学生,我们学校是上海市书香校园基地学校,我们学校的学生读书活动围绕三句话展开:第一句话是"读万卷书"。学校有"国学雅韵"读书讲座,有主题鲜明的读书节;第二句话是"行万里路"。师生有国际文化交流、革命传统教育和师生文化采风等活动,学生在亲身实践中感悟书本知识,积累写作材料;第三句话是"自主感悟"。学生在课本剧、诗朗诵、辩论赛和创办《二月》文学社刊等活动中感悟成长。我重点介绍了7位出书的学长和他们的书籍,把书籍实物发到学生的手里,让他们感受这些学生出的书的分量和温度,娓娓讲述这些书诞生的故事——播下梦想的种子的故事。鼓励学生:我们的学生既要会读书,还要能写书。高中阶段就能出版自己的个人文集,那是多么激动人心的一件事啊!而你们手里的书,文字和内容并非高不可攀,写的是普通人的平凡感受,区别仅在于他们聚沙成塔,而别人双手捧水。同学们,每天积累一点点,三年之后,你将遇到一个完全陌生的自己。而且你们的语文老师就是特约编辑,可谓得天独厚近水楼台。在学生闪亮的目光里,我觉得有几颗种子落地了,就等着施肥浇水,生根发芽了。以下是几位学生写下的开学第一课课后感悟的片段:

生3:的确,在北外田园这个自主多元开明的校园里,有学生聚集着平日里的文稿,最后经过老师指导出版了属于自己的一本书。说到这儿,心里便按捺不住地骚动起来了,出书是一件多么威风的事情啊!虽然出书很吸引人,但出一本好书是不简单的。它需要一定的文学基础,还需要一定的积累,更重要的是要有恒心,坚持不懈。这些对我来说难度不小,但它同时也驱散了蒙在我心中的一层雾,像一盏闪烁着的灯塔,让我这一叶方舟得以找到些许方向。希望我现在所定下的目标,播撒下的种子,终会生根发芽,开花结果,尽情绽放。

生4："少年心事当挈云"这七个字犹如一束强光射入眼帘。"最怕一生碌碌无为，却说平凡难能可贵。"总有人拿这句话来安慰自己的平庸，然而正当青春芳华，若在此刻选择安逸，便是辜负了先前的所有努力。人生如百舸争流，不进则退，稍不注意就被后来者超越。轻狂年少有谁会甘心一生平凡地度过，又有哪片小舟情愿随波逐流。少年心事，凌云壮志。坚持所爱，携梦远航。即使没有达成目标，将来忆起，也不会空留遗憾。开学第一课，我找到了那个渴望远航的自己，同时找到了途中的船桨，陪我度过一个又一个的风浪。

生5：苏轼曾经说过："腹有诗书气自华，读书万卷始通神。"初中时，整天忙着上课、做题、背诵，十分机械地完成老师布置的作业，正如李老师课上提到的一样：这些工作机器人都可以完成。但不一样的是读书和思想不能由机器人完成，一千个读者就有一千个哈姆雷特，每一个读者都有自己独到的见解和微妙的感受，所以不妨在阅读时随手在书的一旁写下批注，记下自己当时的所思所想。等到整本书读完，有了更加成熟的想法，就可以写详细的读书笔记。读万卷书，行万里路，做一个有文化的人，开启一段崭新的生活，充满期待！

第五回　空里流霜不觉飞　汀上白沙看不见

——阅读教学课的创意故事

王荣生在《阅读教学设计的要诀》一书中指出，语篇的理解在头脑里一般有三种表征：表层编码、篇章格局、情景模型。这三者对应的就是文本的表层信息、文本呈现的一般意义、文本蕴含的读者个性化理解。表层编码、篇章格局、情景模型可以看成语篇理解的三个心理表征阶段，良好的读者通过表层编码，建立篇章格局，在理解语篇的基础上建构情景模型。由此可以梳理出阅读教学的基本范式：第一步初步感知文本，了解文本基本内容即表层编码，建立对文本的初步印象。学生在没有任何参考资料的情况下"裸读"课文，直面文本。第二步深入感受文本，掌握文本共识内容即篇章格局，也就是学界已有定论的内容。

这两个部分在阅读教学中着力不宜太多，孙绍振说："在语文课堂上重复学生一望而知的东西，我从中学生时代对之就十分厌恶。从那时我就立志，有朝一日，我当语文老师一定要讲出学生感觉到又说不出来，或者以为是一望而知，其实是一无所知的东西来。"[1]所以阅读教学的重点应该在前两个层次阅读的基础上，从细微之处找到文本解读的突破口，读出作品个性化的东西，读出我们个性化的体悟。最后一步再进行讨论交流、或批判思维训练、或读写结合训练等适当的个性化拓展。需要指出的是，文本语言的意蕴十分丰富，理解起来有时如同"雾失楼台，月迷津渡，桃源望断无寻处"，有时又像"横看成岭侧成峰，远近高低各不同"。不管怎样，所谓的多元解读，不是绝对自由的，应该是以文本主体的和读者主体的历史性结合为基础的。"我们老师经常讲，阅读教学要'紧扣文本'或'不能脱离文

---

[1] 孙绍振著：《名作细读：微观分析个案研究》，上海教育出版社，2018年5月，扉页。

本',批评的就是'两个向外跑'现象:一是跑到'外在的言说对象'上去,二是跑到概念化、抽象化的'思想''精神'中去。"①这些都是应该引起语文教师警惕的。

一、三个层面,构建整体设计创意

上文提到,阅读理解有三个层面:文本的表层信息、文本呈现的一般意义、文本蕴含的读者个性化理解。阅读教学也有三个层面,谭轶斌老师认为:"阅读教学也同样要思考这样三个层面:一是事实层面的问题,就是教什么的问题;二是技术层面的问题,是怎么教的问题;三是价值层面的问题,也就是为什么教的问题。为什么是教这些内容而不是教另外的内容?教这些内容的背后,有依据吗?这些内容的核心价值在哪里?"②阅读理解的三个层面解读得是否到位将直接决定阅读教学的三个层面是否准确深刻:教师逐层深入地解读文本,同时广泛借鉴前人阅读经验,形成阅读共识以及个性化解读,在此基础上决定教学内容,找准突破口决定教学方法,理解文本个性价值,教出个性化、有价值的东西。以下以文言文《子路、曾皙、冉有、公西华侍坐》和小说《非攻》为例,谈谈阅读教学的三个层面如何具体展开。

(一)文言文阅读教学的三个层面

1. 教什么的问题

文言文教学内容的确定一般应从文字、文章和文化三个层面考虑。文字关,是句读、词意、句式等古文基本文意的疏通。拿到一篇古文,先步入文字丛林,要走出去,必须跨越文字关。《侍坐》是《论语》里相对较长的、有完整结构的文章,分为问志、述志、评志三个部分。而文字和文章显然属于文本的表层编码和篇章结构层面。《侍坐》的独特价值在哪里呢?李泽厚说:"孔子提供这个民族以生存的

---

① 王荣生主编:《散文教学教什么》,华东师范大学出版社,2014年8月,第12页。
② 王荣生主编:《阅读教学教什么》,华东师范大学出版社,2016年4月,第70页。

智慧,其中包括生命价值、人生态度、道德理想、境界情操以及勤劳乐观、坚持不懈等,它具有一种普遍性"①。可见,关于人文品格和人文高度方面的文化的见识和熏陶才是文章的最大价值所在,也就是教学的重点所在。简而言之就是"教文化"。

那么,表层信息和篇章结构要不要教呢?当然要,但是不能割裂,而是要将它们融入到"教文化"之中。例如,教师可以抓住文本的一个细节特征来将篇章和文化的教学相结合:课题中四位学生的顺序是子路、曾皙、冉有、公西华,而课文中四位学生述志的顺序却是子路、冉有、公西华、曾皙,这种前后不一致是什么原因造成的?课题是按长幼排列顺序,把读者引入到"长幼有序"的传统伦理境界,营造浓厚的儒学文化氛围。课文述志是按逐层深入的文章学顺序依次展开一幅关于治国理想的文化画卷,四位学生的志向组合起来实际上暗含着一个国家的发展历程故事,充满历史发展规律的启示作用。怎样将文字、文章融入到"教文化"之中,就涉及"怎么教"的问题了。

2. 怎么教的问题

首先,设计具体的教学活动潜移默化地"教文化"。《论语·宪问》说"古之学者为己,今之学者为人",儒学乃是"为己"之学,即"个人修养,精神升进之事",需要在日常活动中不断习得,不能功利性地期望速成。本节课教学设计上也体现了这个特点:请学生通过揣摩、模仿孔子四位学生的语气,进入第一人称"述志",引导学生借助吟味与想象,体会揣摩人物说话时的神态动作和语气,抓住关键词语"率尔""哂之""舍瑟而作""喟然"等,自然点出人物的性格志趣、理想情操。这样,文字的解读完全为"教文化"的教学目标服务,文化熏陶巧妙地融入到课堂的具体教学环节之中,在"授知"的同时催生"悟道",期待学生将相关文言知识、背景知识、文化知识内化为自身的生命体悟。这其实就是以文化浸染的具体手段,引领学生亲近"生命的学问"。

其次,立足于文本的反复诵读来教文化。要让那些闪烁着智慧光辉的章句刻

① 李泽厚著:《论语今读》,中华书局,2015 年 3 月。

进学生的脑海,融进学生的血脉。没有一定的诵读积累,文化传承只能成为空话。因此,学生要联系自己的人生体验,深入思考,反复吟诵咀嚼,领会课文深长的意味。本课教学中,为引导学生更好理解人物语言中的思想,有三处运用了比较朗读的方法:冉有的话去掉"如五六十"前后对比朗读,体会措辞差别;公西华的话去掉两个"愿"、一个"小"前后对照,体悟说话人的心理;曾皙说话之前的动作去掉,前后对照,体会人物心理状态。学生在对照朗读后可以比较准确地把握人物个性,体会话语的思想意蕴。

再次,结合往哲今贤的解读来阐发、丰富课堂的文化内涵。适当引用、活用专家学者对《论语》经义的考证和阐发来建构、重构甚至解构我们的教学有利于深化教学内容,拓展学生视野和思想境界,从而达到文化教育的目的。本节课在"评志"教学环节,补充朱熹《论语集注》中"盖许之矣,特哂其不逊""夫子答无贬词,亦许之矣""言无出其右者,盖亦许之矣"等材料,分别点出孔子对子路、冉有、公西华的评价态度。在讨论"喟然叹曰"可否改为"欣然叹曰"时,补充钱穆《论语新解》中的解读,"盖三人皆以仕进为心,而道消世乱,所志未必能遂。曾皙乃孔门狂士,无意用世,孔子骤闻其言,有契于其平日饮水曲肱之乐,重有感于浮海居夷之思,故不觉慨然兴叹也。然孔子固抱行道救世之志者,岂以忘世自乐,真欲与许巢为伍哉?然则孔子之叹,所感深矣,诚学者所当细玩。"阐释感慨的内容和原因;引用《论语·公冶长》的"老者安之,朋友信之,少者怀之",提炼、明确、丰富孔子追求的圣人之境。这样,文化经典阐释正宗,讲好故事,真正"教"出了文化味。

3. 为什么教的问题

一是有用之用。学生在当今社会生态下,需要经典文化濡染心性、陶冶情操,从《论语》中汲取先贤的智慧,借此改良自己的精神世界,树立更为积极的人生态度。另外,引导学生站在今天的理性与现实立场去领悟儒家思想,探究传统文化在当代社会的意义,鼓励学生把经典阅读和现实人生联系起来。唯有如此,学生才会对文化经典产生兴趣,产生亲切感和温暖感。是为有用之用。例如,在分析子路形象时,不可贴标签。我引导学生参考《史记·仲尼弟子列传》中"子路性鄙,好勇力,志伉直,冠雄鸡,佩豭豚,陵暴孔子"的相关描述及明代张有誉《仲志》序言中"圣门能无所不悦者,惟颜子;能有所不悦者,惟仲子。夫子之注望之也独深,故炉锤之也独至"等材料,进一步推敲"哂"字的内涵,对子路作出恰如其分而令人信服的评价,引导学生思考人物性格特征的复杂多重性,思考如何客观公正地评价现实中人们的表现和行动。再如,曾皙的"太平之景"与前面三位的相互关系是怎样的? 没有"有勇知方"的初级阶段,没有百姓富足的小康阶段,没有热烈繁荣"奥运"庆典阶段,不可能一下子就到了理想社会的"春游图"。进而借古论今,引领学生正确看待当下我国发展中存在的一些矛盾和问题,少一些抨击,多一点正能量。

二是无用之用。爱因斯坦说:"用专业知识教育人是不够的。通过专业教育,他可以成为一种有用的机器,但是不能成为一个和谐发展的人。"儒家文化给予人的审美享受与生命境界的感召,看似无用,实则"无用之用,乃为大用"。文化的吟咏、浸染、涵养着眼点是学养、眼光和胸襟。在阐述《侍坐》里四位学生的不同境界时,我自然地类比了冯友兰《中国哲学简史》的人生四个层次:自然境界(本能习俗层面的自我),功利境界(一己之我),道德境界(有"公我"意识,但范围仅限于集团、阶层、民族、国家、社会等层面的道德立场),天地境界("公我"的范围无限大,最大的无私,最高的精神境界)。这无形中也能给学生以人生境界追求的召唤:未来,我将达到何种境界? 又如,孔子虽然肯定了子路、冉有的政事与公西华的礼治,但大加感叹的却是曾皙的"春游图",这是为什么? 因为这里有身心的和谐、人际的和谐,还有人与自然、人与宇宙万物的和谐,这是天地境界,这就是儒家追求的最高境界。学生在"沂水春风"的美好图景中,很可能获得对美与善更鲜活的辨别力,从而对生命价值的自我拷问与追求产生更热烈的感情。

(二) 现代文阅读教学的三个层面

《非攻》是选自鲁迅《故事新编》的一篇小说,创作于 1934 年,是根据战国时代墨子止楚攻宋的故事改编的,借鉴了历史资料《墨子·公输》。小说突出了墨子的仗义性格和反对一切侵略战争,主张加强实力、奋起自卫的思想,凸现了墨子勇敢、机智的性格和忘我的精神。在鲁迅笔下,墨子是为人民利益埋头苦干、拼命硬干的人,是"中国的脊梁"的形象化。我认真研读了朱诵玉老师《非攻》教学实录,以下试从阅读教学的三个层面分析这节课。

1. 教什么：逐层递进的教学起点与教学终点

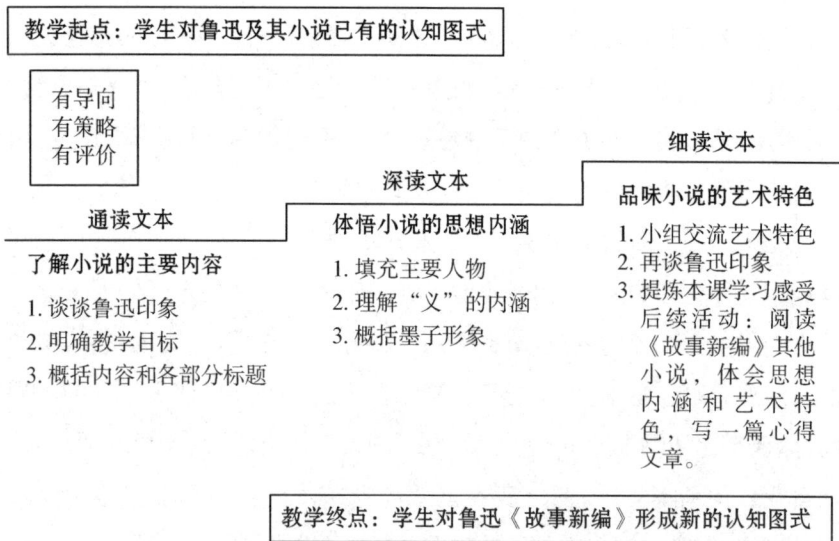

图5-1 《非攻》阅读教学设计模板

参照王荣生教授"阅读教学设计模板"的形式，可将本节课的教学设计归纳为如图5-1所示的模板样例，"教什么"的问题很直观形象。从以上台阶式模板可见，本节课的教学过程遵循了阅读教学常态，即一步步地，循序渐进，由表入里，由浅入深。第一步是表层编码。学生通过课外预读、课内自由读以及交流，能概括小说主要内容：墨子想要去楚国劝说楚王和公输般停止攻打宋国。也能形式多样地概括各部分的小标题（教师预设了小标题的格式范例如下，为教学环节自然过渡做好了准备）。

开端：   （   ）准备往楚劝公输

发展：   （   ）一路前行说备战

发展：   （   ）拜访公输与辩义

高潮、结局：（   ）演战胜利止兵戈

尾声：   （   ）彻底征服公输般

第二步是篇章格局，是对文本所体现的一般意义上的"共识"性的、表层性的内容与信息的认知与理解。这个层次解决了两个问题：理解"义"的内涵，概括墨子形象。而这两个问题也就是这篇小说的思想内涵。凭学生已有的生活经验和语文经验，课堂研讨形成共识不难，教师通过形象化的板书以及本层次小结把"民族脊梁"的形象再加固化。第三步是个性价值，是在前两个层次阅读的基础上，读出个性化的体悟。这篇小说跟以往鲁迅的小说不同，它与众不同的艺术特色在哪里，这篇小说中又呈现了一个怎样的鲁迅。通过分工合作以及教师适时的引导提炼，学生不仅能感悟到文本独特之处，也能认识到小说集《故事新编》里这一类作品的共性特点，为系统学习做好了准备。

2. 怎么教：和谐交融的教的活动与学的活动

有了以上的模型建构，才可能保证教学活动的合理、有序和高效。王荣生教授认为，一堂优秀的阅读教学课应有如下安排：（1）"教的活动"，一堂课的教学环节，以 2—3 个为宜（即每个环节 15—20 分钟）。（2）教学环节，就是组织学生进行比较充分的"学的活动"（即每个环节的大部分时间是"学的活动"）。

先说"教的活动"。首先是设计巧妙。教学环节之间过渡巧妙，不着痕迹。开头谈鲁迅印象，简洁明快，又把对鲁迅的再认识作为暗线观照进整堂课，首尾呼应，感受不一样的鲁迅，感受不一样的鲁迅小说；小标题留白，不经意之间课堂由诵读过渡到赏读，"墨子"就是文章思想内涵的主要载体，衔接天然；墨子三幅图片，代表墨子一生所为，适时出现，强化学生关于"民族脊梁"的形象理解；用一句诗或一个对偶句概括本节课感受，没有用教师的课堂小结代替学的活动，而是由学生的活动无形之中完成了精彩纷呈的课堂小结，有一首学生的现场诗作令人印象深刻："历史沧桑腾巨浪，千古征战多凄凉。霸业已随江水逝，唯存兼爱铸脊梁。"最后布置作业：读《故事新编》其他作品，写一篇阅读心得。教师看似信手拈来的精妙设计使整堂课的教学环节浑然一体，自然流畅。

其次是适时引导。学生对文本的理解不是教师强加的，而是在教师的引导下自己理解的，教师只是在恰当的时机出现，巧扣文本，巧抓学生的即时认知水平。例如在研讨墨子核心思想时，学生从已有经验和文本信息中不难得出"兼爱，非攻"等结论,教师适时引导学生找出"利人"的信息,并通过板书三角图形,形象地揭示了"兼爱""非攻"与"利人"的逻辑关系;再如小组交流作品艺术特色时,有些学生只有朦胧的感觉:"觉得有些安排是作者故意的",并不能准确阐释,教师适时点拨"用古入今,形成非常有意思的幽默效果",此后学生豁然开朗,从古今关系出发研讨小说的个性化特征,阐述就异常精彩了。

再说"学的活动"。整堂课"学的活动"有三个特点:第一,"学的活动"有较充分的时间保证。全体学生参与概括、写话和小组交流等活动,课堂上学生活动时间占绝大部分。第二,学生的学习经验有较充分的表达和交流。概括墨子形象、交流作品艺术特色以及用一句话概括学习感悟等环节中,学生踊跃地发表见解,在交流中丰富了自己的认识,丰富了对作品的感受,课堂交流充分,气氛轻松活跃。第三,学生在学的过程中形成了新的学习经验,既包括对作品的理解,也包括对阅读方式和方法的把握。通过文本的细微之处感悟《非攻》的独特之处,积累阅读此类"用古入今"小说的经验,对鲁迅作品形成新的阅读经验。这三点有密切联系:因为"学的活动"有充分的时间保证,学生的学习经验才有充分的表达和交流;而学生的表达与交流,又促进了新的学习经验的形成。

总之,通过本节课的教学活动,可以概括出今日之课堂阅读教学"怎么教"的基本原则:需要重体验,而非认知接受,也就是尊重学生独特的阅读感受;重策略,而非提供答案,也就是注重对学生理解过程的促进与引导;重生成,而非按兵不动,也就是看重学生即时闪现的阅读理解之光。课堂需要的是教学内容的建构,而不是解读结论的展示。

3. 为何教:拓展延伸的旧的图式与新的图式

认知心理学家鲁墨哈特的图式理论认为,图式就是"世间典型情景在大脑中的反映"。人脑中所保存的一切知识都能分成单元、构成组块和组成系统,这些单元、组块和系统就是"图式"。借鉴到阅读教学中,学生头脑里原有图式与语篇中的文字信息进行比较,激活大脑中所储存的相关知识,寻找已有知识与语篇中所提供的信息之间的一致性以及差异性。当已有知识与文中所提供的信息一致时,就把这些信息同化到自己的图式里,反之则进行反复观察,或重新调整和组合图式,或继续寻找与观察对象相同的其他图式。这种过程是动态发展的过程,是学生对文章内容主动认知的过程。

学生对鲁迅作品已有图式和《非攻》的个性特征之间存在一定的认知落差,教师据此设计教学重点,体现这节课精华所在。钱理群《中学语文教材中的鲁迅作品解读》中指出,如果说"故事"(神话、传说、史实)是我们民族历史早期对外部世界及自身的一种认识,"新编"就是身处20世纪二三十年代的作者对这种认识的再认识——我们今天读《故事新编》,所要注意的正是鲁迅怎样把握古今的相通,在古老的"故事"中注入了怎样的时代的与个人的"气息"。课堂上,这种独特的古今相通之处是在学生的体悟中,在对语言的品读中充分展开的。学生关于鲁迅时代的认知图式与墨子时代的认知图式交融、延伸,关于鲁迅杂文或其他小说的认知图式与《非攻》的认知图式交融、延伸,关于《非攻》的认知图式与《故事新编》的认知图式交融、延伸,最终形成新的组合图式,并且尝试利用新图式去阅读《故事新编》里的其他作品,通过"这一篇"的学习,促进"这一类"的阅读学习水平提升,而这就是阅读教学的真正价值所在。

二、　细处着眼，打开教学创意思路

于漪老师说,课堂的"堂"是由"土"上加个"尚",意思是立足于祖国文化的土壤之上,培养具有高尚情操的中国人。因此,语文老师面对课堂,怎能不诚惶诚恐,精心设计?"佳作并非冷美人,清词丽句总传神。莫轻形象空说教,感悟终须文本沉。"文本的细微之处蕴藏着许多精彩的故事,教师应引导学生讲好这些故事,并以这些故事为突破口进行创意教学设计。布鲁克斯认为,文本语言的功能和意义可以体现为意思、感情、语气和意向等几个方面,准确把握语言的这些因素,才能够解读作品的意义。

(一)讲好"语"中故事,找准教学突破口

话说后现代某地有一城堡,无以为名,世称"文本",数年来各路英雄好汉闻风

而来,欲将此城堡据为己有,遂调兵遣将把此城堡团团围住,但屡攻不下。从城墙放眼望去,但见各派人马旗帜鲜明,符旨符征样样具备,各自列出阵来,计有:武当结构派、少林解构派、黄山现象派、渤海读者反应派,把持四方,更有"新马"师门四宗、拉康弟子八人、新批评六将及其接班人耶鲁四人帮等等,真可谓洋洋大观。文本城堡形势险恶,关节重重……各路人马早已在城堡前混战起来,各露其招,互相残杀,人仰马翻,如此三天三夜而后止,待尘埃落定后,众英雄(雌)不禁大惊,文本城堡竟然屹立无恙,理论破而城堡在,谢天谢地。

以上的故事引自李欧梵的《世纪末的反思》,故事以"城堡"喻文本,讽刺各种文章解读理论,看似高大上,实际上对解读文本根本没有作用,比喻生动形象。至少说明了两个问题,第一,文本如城堡一样,天衣无缝,难以进入;第二,一般的读者只是游离于文字表面,没有找到攻破城堡的突破口,更不用说登堂入室了。高中语文阅读教学也要面对同样的问题:面对课文,我们如何找到教学设计的突破口呢? 仔细研究,认真思考,课文中有些语言细节就可能成为某个教学环节甚至整个教学设计的突破口。

1. 文章内容的突破口

2016 年上区级公开课《游褒禅山记》,课堂导入环节怎么突破更为科学? 我两易其稿。开始以《登飞来峰》引导,性格决定命运,王安石有首诗:"飞来山上千寻塔,闻说鸡鸣见日升。不畏浮云遮望眼,只缘身在最高层。"可以说诗中"不畏"和"最高"两词是王安石一生追求的写照。点关键词"日"(理想),"不畏"(意志),"最高层"(目标),意图引导学生了解王安石的为人以及本文的主要精神;接着提供一段王安石熙宁二年前后拜相、罢相,推行改革和潜心学术的补充材料,意图说明他在朝为官是锐意改革的政治家,退隐江湖是学术创作的文学家,并且做学问是为推进改革服务的,政治和学问是紧密联系在他的性格中,为后面的课堂研讨做铺垫。材料如下:

宋神宗熙宁二年,主持推行熙宁新法,史称王安石变法,国力增强。5 年后罢相,重新研究儒家经义,独抒己见创立新义,进《三经新义》为推行新法提供理论依据。复拜复罢,2 年后退居江宁,潜心学术创作。10 年后保守派司马光执政,新法尽废,忧愤而死。可见王安石进而为政,退而著文。在政治与文学间锐意追求。

这个导入设计通过课外材料引入新课,看似有所拓展,其实先入为主,束缚了学生理解作品的思路。有两个问题要反思:第一,导入为什么是这首诗,而不是王安石另外的诗? 或曰勇攀高峰的精神与文意契合,那么《元日》中"总把新桃换旧符"是否与追求创新局面的文意契合? 用得很牵强不如不用。第二,"进而为政,退而著文"的材料将"为政"与"为文"人为分割,可能使学生阅读文本时先入为主,生硬地将课文划分为做学问和做政事两个部分。其实,王安石尽志尽力、深思慎取的精神是和谐交融在他一生的轨迹之中的。如《宋史·王安石传》所述:二年二月,拜参知政事。上谓曰:"人皆不能知卿,以为卿但知经术,不晓世务。"安石对曰:"经术正所以经世,但后世所谓儒者,大抵皆庸人,故世俗皆以为经术不可施于世务尔。"做学问正是用来从事政治事务的,深刻独到的学问为"尽吾志也"的政治抱负提供了理论依据。因此这样割裂的解读实际上是用老师的解读来代替学生的感悟,很不可取。导入最好还是从课文语言的细微之处寻找突破口。

本文教学中有个常被忽略的段落:"四人者:庐陵萧君圭君玉,长乐王回深父,余弟安国平父、安上纯父。至和元年七月某日,临川王某记。"通常认为这段文字只是游记体文章的题中之义,毕竟古代游记结尾处通常要交代记游时间、同游之人和作者籍贯姓名等信息,这些信息对于文章理解和阅读一般没有影响。《小石潭记》结尾仅有同游之人:"同游者:吴武陵,龚古,余弟宗玄。隶而从者,崔氏二小生:曰恕己,曰奉壹。"《岳阳楼记》仅有记游时间:"时六年九月十五日。"《登泰山记》仅有作者籍贯姓名:"桐城姚鼐记。"《黄州快哉亭记》则兼有时间和作者信息:"元丰六年十一月朔日,赵郡苏辙记。"相比之下,《游褒禅山记》结尾的信息最为完备,尤其是对四个同游者的介绍,具体到籍贯身份、姓甚名谁,这是为什么?

我以这个问题为突破口,提示学生阅读全文,在字里行间寻找四人的身影。首先,学生可以最直观地发现作者的"悔"因这四人而起。"余与四人拥火以入",本来小伙伴们省亲途中难得的放松,愉快地游玩,进入一个神奇的涵洞探险,谁知有驴友胆怯害怕,"有怠而欲出者,曰:'不出,火且尽。'遂与之俱出。"游览了可能不到十分之一,就扫兴地出来了,出来之后自然相互责怪,闹得很不开心。作者自己也后悔跟着他们一起出来,没有按照自己的意愿尽兴地游览到底,受到他人的影响干扰到自己的行为。其次,认真研读可以发现作者的"叹"也因这四人而起。作者感叹奇伟之景、难能之事若非有志者是绝对不能达成的,转念一想,还有一个重要因素,就是"不随以止也""而又不随以怠",光有意志和力气恐怕还不行,最关键的是不受"猪队友"的影响(阻扰、干预等)而停止、懈怠甚至胆怯,联系到王安石当时的政治抱负,隐喻之意是不言而喻的。再次,通过反复朗读还可以发现作者的"悲"也是与四人有关。由"华山"到"褒禅山"命名的考证,由"花山"到"华山"的讹传,作者一叶知秋地感慨"后世之谬其传而莫能名者,何可胜道也哉",反复地朗读这些段落我们不仅能感受到王安石对读者的殷殷告诫,也仿佛看到作为兄长和益友的作者对三人语重心长的教导。

因此,最后的补记,除了是这篇游记的体式之外,意蕴还相当丰富:四人成虎的谣传会影响个人的正确决定;人多势众的阻挠会干扰正确的行为;而相互劝勉的忠告会在分享中终生铭记;彼此见证的旅途要做好详细的记录,见证这次半途而废,未能尽兴的游览,也见证此次失败经历的刻骨铭心。这是一个隆重的纪念仪式,所以作者把它写得这么详细,记得这么清楚。

2. 语言风格的突破口

正如前面章回里提到的,品味语言,从细微的语言变化中体味作者情感变化才是语文课之真章。而一篇文章的语言现象很多,需要教师根据教学设计的重点去挑选最典型的、学生乐于接受的语言现象,以点带面展开鉴赏。我把《师说》的教学重点确定为对韩愈语言风格"韩如潮"的感受和理解,由此抓住教学突破口:将原文中"三人行,则必有我师"和注释中"三人行,必有我师焉"进行对比,切实地感知到韩愈之文不容置疑、摧枯拉朽的强大气势。

"文本语言的特色"泛指文本语言使用的风格和技法。"文为心声",文章是作者用来抒写自己情感的,由于作家不同,表现情感的特质不同,文本语言呈现出来的风格也是不同的。因为《故都的秋》表现的是"淡淡的喜悦"和"淡淡的忧郁"双重情感,所以作者在用词造句,运用技法时也体现了独特性。五幅画面,作者抓住"故都之秋"的特点,紧扣"清、静、悲凉",以冷和淡的色调渲染一种落寞和悲凉的心境：写"庭院读秋"，突出故都之秋的"清"；写"清晨踏秋"，突出故都秋的"静"；写"秋蝉啼秋"，连用"衰弱""残声""啼唱""嘶叫"四个词，把秋的"悲"渲染得淋漓尽致；写"闲人叹秋"，天灰、风凉、雨歇、云卷、天晴，突出沉重凄凉；写"柿枣映秋"，让故都之秋"悲"且"壮"，平添了一份眷恋向往之情。在景物的着色上特别偏爱冷色，如"碧绿的天色""牵牛花的蓝朵""淡绿微黄枣子颗儿"，柳阴下的丝丝日光，这些单的、纯的、淡的、暗的色彩，无不与作者的情感体验有关。

然而，如此解读还是太笼统，缺少语言的实践性，缺少"真实的语言情境"，要设计更具体、可操作的教学突破口来让学生自主感悟郁达夫"淡淡的忧郁"的语言风格。可以用修改并比较原句的形式让学生分析，以第一幅图画为例：

原句：在北平即使不出门去吧，就是在皇城人海之中，租人家一椽破屋来住着，早晨起来，泡一碗浓茶，向院子一坐，你也能看得到很高很高的碧绿的天色，听得到青天下驯鸽的飞声。/改句：在北平即使不出门去吧，就是在皇城人海之中，住在一椽破屋中，早晨起来，泡一碗浓茶，坐在院子里，看很高很高的碧绿的天色，听青天下驯鸽的飞声。

原句侧重动态，改句侧重静态，原句在动态中流露出郁达夫式的忧郁。"租人家……来住"，不是自己的房子，"我打江南走过"而已，"我"不是归人，只是一个过客，平添一丝漂泊感；"你也能看得到……听得到……"简洁舒缓的语言产生了一种共情，读者已然感同身受乃至身临其境，被代入到这个画面之中，很容易具体而细腻地感触到郁达夫独特的体验和忧郁的情怀。而改句描述的纯粹的个人所见所闻，很难把这种落寞传递给更多人。顺着这个思路，还可以让学生比较下列语言的变化：

原句：说到了牵牛花，我以为以蓝色或白色者为佳，紫黑色次之，淡红色最下。最好，还要在牵牛花底，教长着几根疏疏落落的尖细且长的秋草，使作陪衬。/改句：说到了牵牛花，我以为以淡红色为佳，紫黑色次之，蓝色或白色者最下。最好，还要在牵牛花底，长着几根疏疏落落的枯黄的秋草，使作陪衬。

首先，关于牵牛花颜色的评判，自然渲染了作者的主观感受。每个人对花朵颜色的喜好都不相同，视乎当时的心态，也就形成了当时的语言格调。原句蓝白为冷色，表现淡淡的萧索，语言呈现为淡泊清雅。紫黑也是冷色，但是过于浓烈，颜色过深，不符合作者淡泊清雅的审美情趣和语言格调，故"次之"。淡红在彼时的语言情境中肯定显得俗艳，故非佳品。改句就全然相反了，就不是郁达夫的牵牛花了。其次，关于秋草的形容，一般人怎么形容秋草呢？无外乎颜色或数量等词语，如枯黄、苍青、一片、数丛等。"尖细且长"是秋草的形态，可以试着让学生描画出来，多有画面感，配上"疏疏落落"的状态，这里几根，那里几根，长短不一，披离而落寞的意境自然呈现，"教长着"说明这"尖细且长"的秋草是作者意念中秋草的最佳状态，是他心目中描画出来的理想的秋草，是他主观营造出来的画面和意境，字里行间带着独具个性的生命体验。这样的方法将语言品鉴放在具体的语言实践当中，落在实处，学生比较容易接受，容易得出可以感知的体验。顺着这种方法，就可以解决课文中难以理解透彻的地方：

　　像花而又不是花的那一种落蕊，早晨起来，会铺得满地。脚踏上去，声音也没有，气味也没有，只能感出一点点极微细极柔软的触觉。扫街的在树影下一阵扫后，灰土上留下来的一条条扫帚的丝纹，看起来既觉得细腻，又觉得清闲，潜意识下并且还觉得有点儿落寞。

　　帚痕看起来何以"细腻""清闲""落寞"？是如何"看"出来的？这历来是课文解读的难点。落蕊遍地之景寻常可见，但如果是行色匆匆的世俗之人走过恐怕不会有多少具体的感受，必须是极其悠闲之人在极其清静环境中"一点点"的感悟才会有微细柔软的触觉。现代水泥森林中灰土上扫帚的丝纹已非寻常可见，必须是空旷静谧的树下土地，长久无人经过，才能留得住这一条条帚痕；必须是清闲自在的人以他超级细腻的观察和体验才能觉察得到；周遭空寂，四下无人，只有阑干的帚痕布满树荫之下的地面，寡淡、空灵、冷落。这是郁达夫的观感，也是郁达夫的心情，还是郁达夫的审美。他享受这一刻的清闲与落寞，正如朱自清在淡淡的月光下，一个人享受那无边的荷香月色一样，他享受这样的独一无二的清静和落寞的秋之况味。

　　3. 思想感情的突破口

　　汉代扬雄说："言，心声也；书，心画也。声画形，君子小人见矣。"意思是根据其人表现出来的言语与书法也就是文学和艺术判断其人的思想倾向和道德品质。鲁迅在《集外集拾遗补编·文学救国法》中也有类似的说法："案言为心声,岂可衰飒而俗气乎?"语言是思想的载体,透过文本语言的细微之处,我们可以感受作者的思想情感,甚至牵一发而动全身,带动全篇的理解,教学设计也可以由此找到具体而微的切入口。

《白莽作〈孩儿塔〉序》通常的教学设计是理解关键词语"惆怅"是怎样统领全篇感情的,从而体会作者炽热、深沉的思想感情,包括对进步青年的爱和对反动派的恨。具体分析时往往按部就班:首先分析天气与心境:时局动荡、身患重病;时值暮春、寒意料峭;雨声淅沥、感时伤怀;这种境况之下要为亡友白莽遗诗写序,不免产生惆怅。其次,由信的开首而回忆起白莽,"热天穿着大棉袍,满脸油汗,笑笑的对我说道:'这是第三回了。自己出来的。前两回都是哥哥保出,他一保就要干涉我,这回我不去通知他了。……'"音容笑貌再现眼前,却已经是阴阳两隔,已故多年了,有思念又有悲愤,于是更加惆怅。然后,作者急切地想要使亡友的遗文流布,但白色恐怖下不能详加评析诗稿,想说的话无处可诉,想讲的道理无处伸张,这使作者还是不能扭转自己惆怅的心绪,依然惆怅。最后,《孩儿塔》的出世,把我带到别一世界,那里充满战斗的豪情和战友的关爱,充满光明和希望,于是"我"最终走出惆怅。我总觉得这样的解读与设计不仅缺乏新意,而且不够准确。

"惆怅"意思是因失意或失望而伤感、懊恼。《楚辞·九辩》有"廓落兮,羁旅而无友生;惆怅兮,而私自怜。"陶潜《归去来兮辞》有"既自以心为形役,奚惆怅而独悲。"苏轼的《梦中绝句》写道:"落英满地君方见,惆怅春光又一年。"可见"惆怅"一词更多的是表示一种落魄伤感、自怨自艾、不知如何是好的心理情绪,往往剪不断理还乱。《白莽作〈孩儿塔〉序》中"惆怅"是有的,但绝非主旋律,一是因为鲁迅被尊为"民族魂",他的杂文的品质是针砭时弊的匕首投枪,较少有"儿女情长英雄气短"之态,一是本文的战斗号角的力量和如同"一团火"一般的赤子之情。可见,抓"惆怅"为关键词去解读文本,一开始在源头上就搞错了文章的思想感情。还是要找到更加具体生动的语言细节。

文中有一段话可以作为理解文章思想感情的突破口:"这哥哥才是徐培根,航空署长,终于和他成了殊途同归的兄弟;他却叫徐白,较普通的笔名是殷夫。"这里,教师可讲讲先生《白莽作〈孩儿塔〉序》手稿的故事①,由手稿文字看,这句话是经过修改而来,原句表述为"他的哥哥才是徐培根,航空署长,终于和他成了殊途同归的兄弟;他叫徐白,较普通的笔名是殷夫。"对比发现有两处改动:"这"代替了"他的",白莽与哥哥之间没有了手足关系,说明兄弟两个由于阶级信仰、人生追求各不相同而各奔一方互不相关的事实;加了一个"却"字,强调了白莽与"这哥哥"划清界线,选择了与哥哥完全不同的人生道路,同时也表现了先生对白莽坚定无畏意志的赞赏之情。一个"却"字,看似不动声色,其实非常坚决地表明立场,显豁态度。这是两个阶级的斗争,是两个阵营不可调和的矛盾冲突,这种矛盾冲突贯穿全文。

在两个阵营的冲突中,作者的态度是怎样的?"我所惆怅的是我简直不懂诗,也没有诗人的朋友,偶尔一有,也终至于闹开,不过和白莽没有闹,也许是他死得太快了罢。现在,对于他的诗,我一句也不说——因为我不能。"这段话中的"不过"与前文的"却"异曲同工:"我"和其他御用文人不是朋友,即便短暂交往,也由于立场不同水火不容而"闹开"。"我"与白莽始终志同道合不离不弃,更顺势一击,"死得太快"是对反动政府的强烈控诉和对白莽的强烈想念。但对于同志的诗作,"我"不能发表任何意见,"可是在中国,那时是确无写处的,禁锢得比罐头还严密"。② 在此,作者的情感更多的恐怕不是"惆怅",而是"出离的愤怒"吧。

"忍看朋辈成新鬼,怒向刀丛觅小诗。"虽"不能说",但毅然决然还是要说。作者满怀激情地继续写道:"这《孩儿塔》的出世并非要和现在一般的诗人争一日之长,是有别一种意义在。""一切所谓圆熟简练,静穆幽远之作,都无须来作比方,因为这诗属于别一世界。"现在"一般的诗人"与"别一种意义"的鲜明对立,此一世界和"别一世界"的鲜明对立,将之前的矛盾冲突奏出时代的最强音。殷夫书写着与人民大众同甘共苦,随着时代前进的真情实感的诗,开拓了诗歌新的思想境界,新的风格方向,正如他在《血字》中宣告的,"我是一个叛乱的开始/我也是历史的长子/我是海燕/我是时代的尖刺。"此外,还可以跟《别了,哥哥》的文本相结合,联系

---

① 范飚:《"却"字引起的思考:关于课文〈白莽作《孩儿塔》序〉》,《语文学习》2015 年 01 期。
② 参见鲁迅杂文《为了忘却的纪念》。

题记"算作是向一个 Class 的告别词吧"以及诗中多处使用的转折词语"但",加深学生对白莽形象的理解,对《孩儿塔》精神的理解,对鲁迅情怀的理解。

4. 艺术技巧的突破口

很多老师教散文时总是先分析"文眼",再从景物描写当中提炼典型意象,分析其中蕴含的情感,进而鉴赏散文的整体意境,最后再整合出这篇文章的艺术手法。一招一式交代得非常清楚,也非常全面。好像面面俱到,但最后学生的阅读兴趣在这样割裂的分析中丧失了许多,阅读体验和印象都不深刻,收获也比较少。实际上,散文阅读鉴赏的以上几个方面是一个整体,还是要立足于具体的语言现象,将以上的分析和谐交融于一处。艺术技巧应该是在水乳交融式的阅读体验和感悟中自然而然地得出,而不是以教师的概括总结代替学生的习得。

《草莓》是波兰诗人伊瓦什凯维奇的作品,我教本文的突破口落实在课文的六个字"一切都没有变"上。首先关注第一段的"一切基本上都没有变",围绕这句话作者描绘了第一幅秋景图。九月的自然景观和六月"夏意正浓"时的自然景观相比,"一切都没有变":葱茏茂密的枝条,晶莹璀璨的天空,生机盎然的树木,欢歌笑语的村庄。然而"基本上"三个字要引起重视,暗示着还是有变化的,只是变化不太明显。透过"略见疏落""颜色稍淡""难以发现"等语句可以发现这种不易察觉的变化。

自然而然,接下来进入学生阅读视野的重点语句就是第三段的"我以为一切都没有变,其实只不过是一种幻觉!"草莓是触发作者这一觉悟的形象媒介。作者无意间在九月的原野品尝到一颗"硕大""晚熟"的草莓,香甜沁人心脾,真乃稀世佳品,六月草莓最盛时是绝对品尝不到这种感觉的,九月毕竟是九月了,"秋之气息"逐渐显现了,没有完全显现只是没有到达临界点罢了。这里作者适时地描绘了第二幅秋景图,并运用省略号启发读者形象思维:

树木是绿的,但只须吹第一阵寒风,顷刻之间就会枯黄;天空是蔚蓝的,但不久就会变得灰惨惨;鸟儿尚没有飞走,只不过是由于天气异常温暖。空气中已弥漫着一股秋的气息,这是翻耕了的土、马铃薯和向日葵散发出的芳香。还有一会儿,还有一天,也许两天……

　　我让学生根据这段文字的情境补写一段省略号后面的内容。这个不难,无外乎运用形象思维,展开想象联想,写出秋天典型的肃杀萧条之感。诸如冷空气来袭、秋雨淅沥、黄叶满地、荒草披离之类。重点是作者为什么省略不写? 要引导学生创造性思考:本文的重点不在悲秋引发的悲凉之感,而在于要表现那种"难以发现"却又"无论如何也不能隐瞒"的自然观感的变化,同时不能破坏两幅图画中充满诗情画意的渲染。

　　顺着常态阅读的规律往下看,可以显而易见地发现第三处:"一切都没有发生任何的突变。""突变"就是"突然的变化",什么没有发生突然的变化呢? 作者以为"妙龄十八的青春"和三十一岁的自己没有任何变化,从"爱好"到"思想""感情"都完全一样。然而读一封"青年时代的书信"这个触媒让作者觉得这种想法"何其荒诞"。以此为契机,我们豁然开朗,发现文章前后关照多么严密:我们明白为什么第一句一定要强调"基本上没有变",因为"略见疏落""颜色稍淡"正是我们年过三十之后"不同的色彩和形态";我们明白了作者描写草莓时为什么要强调"硕大""晚熟"以及沁人心脾的香甜,因为时光流走,使我们的心性和容颜、思想和情感臻于成熟的顶峰,而又未见衰老;我们更深刻地明白了为什么作者用省略号而不是直接写出深秋来临之景,因为我们"还很年轻",而"只不过是还很年轻"! 当岁月更多流逝,人生经历了再一阵寒风,也许……还因为"若明若暗"的青春期之后是更加明朗的人生规划,日益丰富的人生经验,积极进取的人生态度,何来的秋之萧杀?

　　至此,本文由自然到人生的联想过程自然呈现,这样的联想比兴手法就呼之欲出了,教师不需要将它单列出来机械地概括。但这并不是全部,面对"似水流年",作者辩证地阐述了自己的看法:虽然"有所剥夺",但更多的是"有所增添",表现出对待人生变迁时豁达坦然的态度。那么文章到此该结束了,最后一段又怎样理解呢? "然而,六月的气息已经一去不返了。它虽然曾经使我们惴惴不安,却浸透了一种不可取代的香味,真正的六月草莓的那种妙龄十八的馨香。"这个结尾表达了作者什么样的情绪呢? 引导学生关注"一去不返""不可取代"和"真正的馨香"等语句的含蕴。子曰:"吾十有五而志于学,三十而立,四十而不惑,五十而知天命,六十而耳顺,七十而从心所欲,不逾矩。"从理性角度看,人生每个阶段各有不同的精彩,因此面对青春逝去,时光流走的现实,我们应该积极乐观豁达坦然地面对,但从诗意的情感角度看还是有些不舍有所遗憾的,从道理上很容易说服自己接受,从感情上还是留恋不舍的,毕竟青春太美好。于理可说,于情不堪啊！这样作者的情感就更真实更丰富也更合情合理了。文章诗情画意之景、坦然乐观之理和依恋不舍之情交相辉映的艺术特色也就在生动真实的语言实践中自然呈现出来,不需要照本宣科地罗列了。

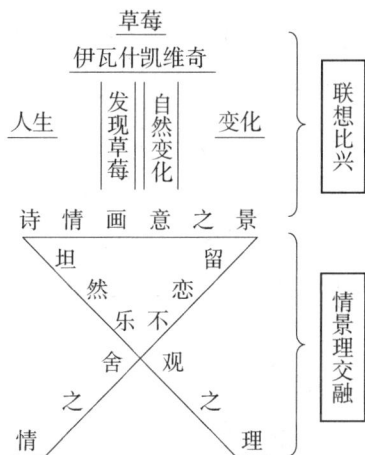

图5-2　《草莓》板书设计图

图5-2是我本节课的板书设计。值得一提的是,以上的板书也并非在分析结束之后再集中一起演示出来的,而是与课文解读同时一步步呈现出来的,既包括文章的思想内容,又包括作品的艺术技巧。最后,当我用线条将板书各部分连接起来,黑板上呈现一个斗大的"变"字时,全班学生发出惊呼,继而是热烈的掌声。说明这个由暗而明的"变"已经在无声无息中深入学生的心扉,他们这是完全心领神会了。语文教学就应该这样通过具体的学习任务在潜移默化中达成教学目标,而不是灌输。

（二）讲好"文"中故事,把握教学重难点

凡是已有定评的大作家,他的作品,全部就说明着"应该怎样写"。只是读者很不容易看出，也就不能够领悟。因为在学习者一方面，是必须知道了"不应该那么写"，这才会明白原来"应该这么写"的。这"不应该那么写"，如何知道的呢？惠列赛耶夫的《果戈里研究》第六章里，答复着这问题——"应该这么写，必须从大作家们的完成了的作品去领会。那么，不应该那么写这一面，恐怕最好是从那同一作品的未定稿本去学习了。在这里，简直好像在对我们用实物教授。恰如他指着每一行，直接对我们这样说——'你看——哪，这是应该删去的。这要缩短，这要改作，因为不自然了'。在这里，还得加些渲染，使形象更加显豁些"。①

以上的故事引自鲁迅的《不应该那么写》，朱光潜和克罗齐也说过类似的话。朱光潜先生说："读诗就是再做诗。"克罗齐说："要了解但丁，我们必须把自己提升到但丁的水准。"有了作为作者的想象，才有可能突破封闭在文本深层的历史积淀和唯一性的生成奥秘。② 虽然那"未定的稿本"未必容易得到，但是这些大师的话提示我们：在阅读作品时，既要以读者的身份个性化地理解文本，更要以作者的身份与作品对话，深入理解作品篇章、段落、语言当中的精妙安排和良苦用心，讲好文中的故事。

1. 以作者的身份来解说作品

要打开文章深层的奥秘，教师要尝试站在与作者等同的高度深入解析文章的字词句篇，尝试向学生（或者引导学生相互之间）解说作者为什么"这么写"而不是"那么写"。经过长期这样的实践训练，才有可能提升到或者接近"但丁的水准"。下面以《训俭示康》为例，从这一角度讲讲文中的故事。

开篇第一段就可以让学生朗读交流，请学生说明以何种语气来读，为何以这种语气来读，语气有何变化。"吾本寒家，世以清白相承"两句统摄全篇"训"的内容，语气舒缓深沉，谆谆教导之意自然流露。接着，作者以父亲的身份回顾了自己年轻时起一直以来的"以俭素为美"的志趣追求，娓娓道来，与儿分享，语气亲切质朴略有自豪之意，拉近了父子之间的心理距离，奠定了全篇殷殷劝导的基调。然而在引述圣人之言反驳"嗤吾固陋"者时，语气应该是严肃有力的，一方面体现对

---

① 文载《且介亭杂文二集》，参见《鲁迅全集》第六卷，人民文学出版社，2005 年 11 月，第 321 页。
② 孙绍振、孙彦君著：《文学文本解读学》，北京大学出版社，2015 年 4 月，第 34 页。

圣人之言的崇敬，另一方面突出圣人之言作为评判标准的权威性，使自己的训导占据道德高点，"示康"拓展为"示世"，具有普世价值，不容置疑。此外，文中一些关键词语的朗读也值得玩味，可以采用分角色朗读或对比朗读等活动形式加以落实。例如文中谈到张知白官升宰相后依然节俭如初时写道：

> 张文节为相，自奉养如为河阳掌书记时，所亲或规之曰："公今受俸不少，而自奉若此。公虽自信清约，外人颇有公孙布被之讥。公宜少从众。"公叹曰："吾今日之俸，虽举家锦衣玉食，何患不能？顾人之常情，由俭入奢易，由奢入俭难。吾今日之俸岂能常有？身岂能常存？一旦异于今日，家人习奢已久，不能顿俭，必致失所。岂若吾居位、去位、身存、身亡，常如一日乎？"

除了"公孙布被"典故外，此段文字浅显易懂。可让学生模拟规劝者语重心长以及阐述者真心诚意的语气朗读，读出发自肺腑的声音，比任何分析都好；再请同学去掉文中加点词前后对比朗读，对比朗读的意图是揣摩作者加上这些词语的用意：着一"少"字，张公严谨自律跃然，着一"常"字，张公深谋远虑尽显，其余"举家""一旦""顿""必"等各有委婉，对比之后，高下立显。

《训俭示康》第三段，列举了李沆、鲁宗道、张知白三位大臣身居高位，节俭清廉的故事，学生结合注解读懂不是问题。但我问的问题难倒大家了：为什么列举顺序是李沆、鲁宗道、张知白，而不能打乱？显然凭司马光之严谨治学，随机列举是解释不通的，那么他为什么要"这么写"？

李沆的例子有一句话的意思像隐藏在海平面之下的冰山，"为太祝、奉礼听事已宽矣"，由注释"太祝、奉礼，主持祭祀，往往让功臣的子孙担任"推知言下之意有两层：一是节俭的家风会一直流传下去；二是世代建功效忠朝廷。简言之即为"俭而忠"，故放在开首；鲁宗道的例子有句话值得玩味，"上以无隐，益重之。""无隐"即"诚"，此例强调鲁宗道"俭而诚"，故放在"忠"之后；这两个人节俭的故事侧重于一时一事，故笔法简洁，篇幅不长。张知白的例子强调无论地位如何、无论生死存亡、无论何时何地，节俭的传统要几十年如一日地保持，"岂若吾居位去位身在身亡常如一日乎？"突出一个"常"，即"俭而常"，唯其恒常，更显可贵！故此例描写细致，篇幅最长，放在最后加以突出。这样立足于作者的高度，才可能揣度出作者的写作意图,才可能让学生对文言文阅读产生更为浓厚的学习兴趣。

文言文根据表达方式的变化,语言风格也会各异,这也要引导学生关注。例如《训俭示康》前三段表达方式为描写、记叙,说了很多节俭的例子,对比了前代的俭与当代的奢。到第四段,顺理成章,该议论总结提炼一下了,该用精炼深刻的语言,朗朗上口的警句体现"训"的特征了,其文曰:

御孙曰:"俭,德之共也;侈,恶之大也。"共,同也,言有德者皆由俭来也。夫俭则寡欲,君子寡欲,则不役于物,可以直道而行;小人寡欲,则能谨身节用,远罪丰家。故曰:"俭,德之共也。"侈则多欲,君子多欲则贪慕富贵,枉道速祸;小人多欲则多求妄用,败家丧身;是以居官必贿,居乡必盗。故曰:"侈,恶之大也。"

整段议论采用整句,语势铿锵节奏鲜明,四字短语两两相对,先总后分对比强烈,阐述了节俭带来的好处和奢侈带来的危害,给人以强烈的震撼和深刻的启示。这种语体与前文的描写记叙的风格迥异——看开头连续的三个判断句,简短有力不容置疑,总领全段甚至全文;"皆"言无一例外;"丰"言节俭使家庭富足之外暗指节俭好处丰富;"速"言奢侈招致祸患之外暗示祸事来得飞快;两个"必"字强调奢侈之人的必然下场! 意蕴深厚呀!

再看最后一段。这段文字列举了七个例子,其中正例两个,说的是正考父和季文子因节俭而有善终;反例五个,管仲、公叔文子、何曾、石崇以及寇准,这些人因奢侈或被人鄙弃、或家道中落、或家败人亡。有三个作者"为什么这么写"的问题要理解清楚:第一,何以前文已有例证此处还要举例,是否累赘? 前文李沆、鲁宗道、张知白等例为详述,用途前已备述,此段举例一笔带过,紧承第四段紧迫的语势,进一步充分论证"俭,德之共也"和"侈,恶之大也"的观点,触目惊心。第二,何以正例只有两个而反例却有五个? 增强"训诫"效果,"训"的目的是"诫",告诫世人相对于"以俭立名者"而言,"以侈自败者"数不胜数,要引以为戒,切不可掉以轻心! 第三,何以本段举例都是一笔带过? 这要与作者精心挑选的一个"聊"字相结合去理解,"聊"只是姑且列举而已,随便举举就那么多,世上因奢侈败家丧生者比比皆是啊,句式简短节奏飞快,突出奢侈危害之大,没有严谨的作风和坚强的意志很难防备!

事实上,在文本阅读过程中,作者主体与读者主体的对立是在封闭和开放的反复搏斗中不断转化的。理想的作者,是以理想的读者的眼光来决定自己应该怎么写、不应该怎么写的,而理想的读者则是把自己当作作者,设想其为什么这样写而不那样写。[①]

2. 以读者的身份来批评作品

文章承载着作者的思想情感,这种思想情感通过特定的言语形式呈现出来,受到当时特定的历史条件影响,表现出不同的个性特征,也或多或少有一定的时代特征。语文课堂引导学生以一个专业读者的身份,发现文本中的时代特性以及一些看起来悖谬、矛盾、逻辑混乱等问题,讲好批判性思维的故事,可以激励学生创新探索,发现文本内外的新问题。

《琵琶行》中有学生质疑"江州司马与商人之妇偶遇浔阳江上"的可能性,教师顺势而为,参考《赤壁赋》"主客问答"的思路,"琵琶女"这个客体是否存在不重要,关键是这个客体的命运影射着诗人这个主体的命运,进而探究传统文化中的"弃妇"传统,编拟探究提纲,让学生查阅并阐述《诗经》《楚辞》、魏晋诗文以降的此类故事,解读《琵琶行》的独特个性,在讲故事中丰富师生学养,创新教学模式。

一般来说,教师强调"同是天涯沦落人,相逢何必曾相识"是全诗主旨句,于是师生共同探求琵琶女和白居易之间的相同命运,不外乎得出以下结论:琵琶女当年艳冠群芳,艺压京城,人妒人捧,年年欢笑;而今年老色衰,门前冷落,委身商人,独守空船。白居易当年诗酒流连,丝竹不绝,高朋满座,其乐融融;而今谪居卧病,有酒无乐,送客惨别,其情凄凄。

以上的分析没有问题,也抓住了教学重点。但难免碎片化,属于孤篇独立的鉴赏,像《琵琶行》这样的优秀诗篇,这样的主旨表达方式在文学史上并不会孤立地存在,教师应从学科内容之间的关联角度拓宽教学视野,把《琵琶行》的主旨放在整个高中语文教材序列中,甚至置于整个中国文学史的大背景中加强审美体验,从而追问以下问题:作者为何以"琵琶女"作为全诗主体? 为什么不是别的人

---

① 孙绍振,孙彦君著:《文学文本解读学》,北京大学出版社,2015 年 4 月,第 36—37 页。

物？（正如《前赤壁赋》要有"客"存在一样）这是作品的独特个性所在，不能回避。所以课堂可以做以下探究：有分析认为"琵琶女"是白居易假想出来的借以抒怀的艺术形象，那么为什么作者要把自己比作失宠的弃妇？你能探究一下这方面的文化背景吗？

文学中的弃妇形象是以曲折笔法表达自己政治意见的手法。文人在帝王的无上权威下，产生一种永恒的无力感，与弃妇心态形成同构关系。于是便大量运用"弃妇"作为其情感展示的旗帜，这个古老的意象，从诗经中就有雏形，自楚辞始又暗喻君臣关系，至此成为中国古代诗人消解自身欲求功名而不得的矛盾心理的手段，是具有典型中国文化特色的一个文学意象。在那个没有言论自由的时代，怀才不遇的诗人慑于文字狱的阴影不敢直言不满，不说又憋得慌，于是便想了一个比较折中的办法，这就是弃妇文学。从这个意义来说，文学作品中一系列"弃妇"形象的确"同"是天涯沦落人。

教学应该以发展学生的核心素养为目标，探索多样、适切、灵动的教学形态，优化教学方式，实现师生之间的良性互动。在提出以上追问，引发学生探索兴趣之后，教师可以和学生一起探讨，编写一个题为"'同'是天涯沦落人"的探究目录，让学生分小组探究：（1）中国文学中很早就有自拟弃妇的抒情叙事诗出现，例如《诗经·卫风·氓》。（了解"氓"的形象，了解其始乱终弃的过程等）（2）中国文学向来有左迁之臣自比为弃妇，将君王比作夫君的传统。（学生举出适切的示例）（3）屈原《离骚》中"美人"是典型意象。如"众女嫉余之娥眉兮，谣诼谓余以善淫"。屈原通过自比弃妇来抒发遭群小嫉恨，遭君主疏远流放的激愤忧伤。（4）屈原的"香草美人"意象，对后世作品影响非常深远。（考查《离骚》中"香草美人"意象的象征意义）（5）参看曹植《杂诗》其四，"南国有佳人，容华若桃李。朝游江北岸，夕宿潇湘沚。时俗薄朱颜，谁为发皓齿？俯仰岁将暮，荣耀难久恃。"探究曹植失宠的原因。（6）复习《前赤壁赋》"渺渺兮予怀，望美人兮天一方"中"美人"形象的内涵。（7）鉴赏朱庆馀和张籍的唱和诗《近试上张水部》和《酬朱庆馀》，思考其中"比"这种表现手法的具体内容。

学生借助信息技术，查阅相关材料，制作PPT，撰写小论文，进行系列互动，在资料准备、筛选、成果展示方式等环节发挥自主能动性，课堂互动在更广阔的空间中发生。在课堂现场交流中，探究小组代表发言，不仅图、文、音、画等教学情境多样，而且探究互动的内涵深刻，聚焦于高阶思维。一系列的探究可以摆脱教参和教材束缚，教师不局限于照本宣科，学生了解传统文化的渊源，促使学习经历转化为核心经验，在潜移默化中发展了学生的核心素养。

课文是个例子，通过这个例子，学生举一反三，运用它去解读历史人文经典，去解读生活万象、人生百态，这样的语文课才能提高学生的综合素养。在充分探究"弃妇文学"之后，不妨进一步扩大探究的外延，巩固学习成果，为学生的认知发展提供帮助。教师让学生课堂练笔，题目是"就是那一个美人"，由"弃妇"推及"伊人"，运用以上习得的认知方法去思考写作。学生的答案丰富多彩：有的写《桃夭》——"春日草长莺飞，一位女子站在那里，她是那样美丽，仿佛太阳一般炫目耀眼，没有谁不愿意与她共结连理吧"；有的写《题都城南庄》——"人面不知何处去，桃花依旧笑春风"；有的写《青玉案》——"那人却在灯火阑珊处"，不同流俗的美人形象寄托着作者政治失意后，不愿与世俗同流合污的孤高品格，寄托着作者的理想人格；有的写若即若离的"蒹葭伊人"；还有的说戴望舒笔下的"丁香姑娘"，其实也是"伊人"审美形象的源远流长。

这样的语文课是有吸引力的，有丰富的内涵，高阶的思维和智慧灵动的教学方式；有自主问题的设置，有师生合作、小组合作的探究，有认知发展的反馈呈现。学生的核心素养可以在这样的尝试中通过课程、教学和评价的不断完善得以发展。虽说"一千个读者就有一千个哈姆雷特"，但是"一千个哈姆雷特，还是哈姆雷特，不可能是李尔王或者贾宝玉"。[①] 引导学生以读者身份批评作品，不是将"哈姆雷特"批评成"李尔王或者贾宝玉"，而是合理地质疑，辩证地思考，以求认识到一个更加立体丰满、栩栩如生的"哈姆雷特"。

3. 以听者的身份来反思作品

假如你是一位木商，我是一位植物学家，另外一位朋友是画家，三人同时来看

---

① 赖瑞云著：《语文课程理论与应用》，海峡文艺出版社，2008 年 5 月，第 113 页。

这棵古松。我们三人可以说同时都"知觉"到这一棵树,可是三人所"知觉"到的却是三种不同的东西。你脱离不了你的木商的心习,你所知觉到的只是一棵做某事用值几多钱的木料。我也脱离不了我的植物学家的心习,我所知觉到的只是一棵叶为针状、果为球状、四季常青的显花植物。我们的朋友——画家,什么事都不管,只管审美,他所知觉到的只是一棵苍翠劲拔的古树。我们三人的反应态度也不一致。你心里盘算它是宜于架屋或是制器,思量怎样去买它,砍它,运它。我把它归到某类某科里去,注意它和其他松树的异点,思量它何以活得这样老。我们的朋友却不这样东想西想,他只在聚精会神地观赏它的苍翠的颜色,它的盘屈如龙蛇的线纹以及它的那股昂然高举、不受屈挠的气概。①

　　以上的故事来自朱光潜的《我们对于一棵古松的三种态度——实用的、科学的、美感的》,这个故事生动形象地说明,在理解文章的过程中,由于人们自发的实用和科学的理性,导致文章形象的审美价值经常被曲解,因此,我在听其他教师上课时,经常以一个听者的身份去反思这种可能存在的曲解,思考如何打破科学理性和实用理性对文章审美价值的遮蔽。

　　听《黄州快哉亭记》时,我就在思考以上的问题。授课教师以"不雄不放不兄弟,有诗有酒有人生"为主线,强调作者雄健奔放、坦然自适的胸怀,结合全文分析"快哉"二字的内涵和层次。这样的教学设计当然很有依据,吴楚材、吴调侯《古文观止》卷十一评价本文"前幅握定'快哉'二字洗发;后幅俱从谪居中生意。文势汪洋,笔力雄壮。读之令人心胸旷达,宠辱都忘。"过珙《古文评注》卷十评价本文:"因'快哉'二字发一段议论,寻说到张梦得身上,若断若续,无限烟波。前半极力叙写'快'字,后半谪居寻出'快'字意来,首尾机神一片。文致汪洋,笔力雄劲,自足与长公相雁行。"当真是"雄奇奔放""宠辱都忘"吗?我以为这只是从实用性的角度看到了文章的"表",而没有深入审美的内核。谪居文人诗酒自娱的目的性很强,正常情况下,遭受人生波折之后的反应是哀伤和怨愤,"今宵酒醒何处? 杨柳岸、晓风残月",这种虚弱和委屈是常态。"接舆髡首兮,桑扈裸行。忠不必用兮,

---

① 朱光潜著:《朱光潜美学文集(第一卷)》,上海文艺出版社,1982年2月,第448页。

贤不必以"，这种牢骚和愤懑也是常态。但是发牢骚不但没有用，反而会带来祸害，永无翻身出头之日。柳永落得"奉旨填词"羁旅终老，屈原最终"披发行吟"怀石沉江。最实用的方法是加强自我心理建设，坦然接受，豁达面对，苦中作乐吧，这样既免除一味哀怨的痛苦，或许还有重获赏识重归庙堂的机会。这一方面苏轼是个中翘楚："休对故人思故国，且将新火试新茶。诗酒趁年华。""人有悲欢离合，月有阴晴圆缺，此事古难全。""回首向来萧瑟处，归去，也无风雨也无晴。"弟弟苏辙"不以物伤性"也就不难理解了。"快哉""雄放"的深层思想内核其实是悲酸哀伤——"不然，连山绝壑，长林古木，振之以清风，照之以明月，此皆骚人思士之所以悲伤憔悴而不能胜者，乌睹其为快也哉！"不这样自我安抚，那么如此人生际遇下的悲伤憔悴是根本不能承受的，谈何"快哉"，谈何"雄放"？

教师继续从技术层面分析：前半部分写景，后半部分议论。全文融合议论、抒情、叙事、写景为一个整体。整句和偶句间杂运用，错落有致。通篇构思布局，由叙事而写景而议论，要皆环绕"快哉"发挥，故"快"字共出现七次。于直叙之中，自见俯仰顿挫、一唱三叹的抒情韵味。与坦然自适的旨趣，是相得益彰的。以上的分析紧扣文本，非常专业非常精到，体现了教师高超的专业水平，可惜太过冷静，似乎是一个文学评论家在从科学技术的角度解读作品，并没有与苏辙同呼吸共命运的深刻体验。于是我忍不住提笔，边听课边写了一篇短文《怎一个"快"字了得》，试着从审美情怀的角度去重读这个作品。

"一点浩然气，千里快哉风。"《黄州快哉亭记》的确体现了文人的大格局大胸怀，但仅仅以一"快"字去解读文本，恐怕还不够深刻。余秋雨在《文化苦旅》中说："中国文化中极其夺目的一部分可称之为贬官文化。"仕途衰，文章才会兴。由于被贬谪居，心中难免会有所不平和愤懑，所以此类文章都含有一股独特的力量和一种现实与理想的矛盾与冲突。苏轼因"乌台诗案"被贬黄州，苏辙因上书求情也谪居筠州，再加上谪居齐安的张梦得，三人天涯沦落，同病相怜，抱团取暖，顾影自安。

文章开头"江出西陵，始得平地"，一"始"字已见人生仕途之艰辛不易，历经艰险之后好不容易才平顺一点。"滚滚长江东逝水，浪花淘尽英雄"，水势凡三变，已见人生际遇之变幻无常，与下文"涛澜汹涌，风云开阖"相照应。"与海相若"的浩瀚旷远的背景下之,形单影只、茕茕子立的张君梦得出场了,形象逼真地体现了"吾生之须臾"与"长江之无穷"的落差,张梦得的形象正如"天地"之中的"一粟"。好在还可以建亭,还可以"览观江流之胜"以自娱。

再看看亭上所览之"胜"。波澜汹涌,鱼龙悲啸,但见凶险,但闻悲鸣,乌睹其为快? 变化倏忽,动心骇目,成败转瞬,触目惊心,乌睹其为快? 草木行列,烟消日出,举目所及只有渔夫樵父之舍,桃源望断无寻处,乌睹其为快? 长洲之滨,那一片废墟之地,一时多少豪杰,而我辈早生华发,诗酒自娱之外,乌睹其为快? 一个"快"字之下多少绝望,多少辛酸和悲哀。不难发现,宋神宗年代的大家之作皆是"醉翁之意不在酒"。

情绪在积累发酵,不吐不快! 幕后当朝统治者的昏庸无能是"黄州三子"人生"不遇"与"忧伤"的根源,但是不能直接讽刺,于是借楚庄王的典故来影射,借题发挥。与其说"玉之言,盖有讽焉",不如说"辙之言,盖有讽焉",但无济于事,一通牢骚解决不了实际问题,改变不了人生境遇,怎么办? 只有加强自我心理建设,做到内心强大,方可不为糟糕的境遇与情绪击倒。"使其中坦然,不以物伤性,将何适而非快?"逻辑很质朴也很实用,麻醉悲伤,感受快乐。与其兄苏轼"盖将自其变者而观之,则天地曾不能以一瞬;自其不变者而观之,则物与我皆无尽也"逻辑相类,与范文正公"不以物喜,不以己悲"逻辑亦相类。

"长安不见使人愁。"文章结尾部分明白刻画出贬谪之人的生活现状,读来令人酸楚,居"蓬户瓮牖",对"连山绝壑",看不到一点希望,照不到一点光明,"悲伤憔悴"而"不能自胜","发愤"之意溢于言表。不雄不放不能自已,不旷不达不成兄弟。文章以"黄州快哉亭记"为题,以"乌睹其为快也哉"结尾,子瞻尝云"四海相知惟子由,天伦之中岂易得?""快"字背后的情感况味也许只有其兄弟真正了解吧。

三、见篇知类,体察课文个性魅力

课文解读应该有三个价值层面:一是"规定性"的认知价值。有助于形成认知层面的基本积累。如文学常识、文化常识和文本中涉及的其他知识,其所涉及的是相对宏观意义上的基本概念等;二是"类"的能力养成价值。从文章学的角度看内容与形式,有助于实现"类"的认识与把握,帮助读者举一反三,形成"类"的解读能力。如关键词句背后意义的品读和挖掘,情景交融、虚实相生的表现手法等;三是"个性"独具的审美价值:文本独特的情感、思想及其独特的表现形式,这在语文教师的阅读中往往被忽略,实际上却可能是语文学科最核心的价值。因此,阅读教学的基本路径可以概括为通过指导学生学习"这一篇"课文,积累基本常识,唤起、补充学生的生活经验;举一反三,形成新的阅读方法;掌握文章个性魅力,分享和交流审美体验和独到的发现。

（一）根据流派看作品,根据作品悟流派

《左忠毅公逸事》为桐城派创始人方苞的作品,通过本文的学习,学生可由"这一篇"了解"这一类",直观感知桐城派的写作特点。本文常态下的阅读教学应该先诵读课文,初步感知主要内容,再细读课文,探究语言形式、篇章结构的独特之处,最后深读课文,体会作者情感思想的个性特征。课堂小结时提炼这些个性特征,让学生自然生成对桐城派作品的感知印象,进而生成认知规律。然而一般的教学现状仍然是教师介绍方苞、桐城派及其特点,然后解说全文,字句翻译,文言训练。"文"与"言"分离,文章的物质形式与文章的精神内核分离,文章的章法内容与桐城派特色分离,这种教学方式应该引以为戒。

桐城派的创作基础是方苞提出的"义法"说。方苞说:"《春秋》之制义法,自太史公发之。而后之深于文者亦具焉。义即《易》之所谓'言有物'也;法即《易》之所谓'言有序'也。义以为经而法纬之,然后为成体之文。"可见"义法"说既注重文章内容的精当深刻,也要求文章遵循特定体例和写作规范。要之,方苞从文学的主体性出发,在文章内容方面,强调"言有物",在文章形式方面强调"言有序",并且认为内容决定形式。以下结合《左忠毅公逸事》,从三个方面来谈谈教学中如何紧扣文本,体现桐城派文章"义法"说的特征。

1. 看似琐碎之事却言之有物

本文选材为"逸事",即正史未曾记载,不甚为世人知晓,流传于民间的事。这些事情看上去不成体系,缺少逻辑关联。写左光斗,不选东林党与魏阉之间惊心动魄的斗争,而选担任学政,微服私访,为国选才,以及被捕下狱,身受酷刑,怒骂学生之事;写史可法,不选督师扬州,与多尔衮激战,最后以身殉国,衣冠葬于梅花岭上的可歌可泣,而选探视老师,亲自预警,造左公第,侍候起居等"小事"。这恰恰符合"义法"说中文章体裁对写作内容的要求和限制。方苞说"夫法之变,盖其义有不得不然者。"每篇文章,脉相灌输,而不可增损,就是说写作的内容必须符合文体要求,以这个角度而言,本文选材严格遵循了"逸事"的文体特征。

再从"逸事"本身来看,《左忠毅公逸事》所选之事不在于表现个人性灵,而在于表现左公为他人、为朝廷,置个人性命于不顾。这就是方苞所说的"言有物"之"物"。孙绍振认为,"物"的内涵是"阐道翼教""助流政教",属于文以载道的正统。纵观全文,二人三事,主次映衬。第一件事,冒风雪严寒,为国选才,爱惜有加,视若亲生。表现的是左公急当世人才凋敝之忧与众里寻他觅得人才之乐,忧乐之间蕴含了范氏"忧乐天下"的格局情怀,凸显的是一个"忠"字;第二件事,狱中遭受酷刑,怒斥学生。左公忘记自己承受的冤屈和非人折磨,忘记了自己"旦夕且死",胸怀天下的大义超越了生死,超越了师生情谊,凸显的表面看是"铁石铸造"的"毅"字,但仔细揣摩,深明大义,忠于朝廷才是"毅"的前提条件。"忠"是"毅"的缘由,"毅"是"忠"的表现。第三件事,史公奉檄守御,尽忠职守,爱护将士,不敢少休,以史公的忠毅侧面表现左公的忠毅,忠毅合二为一。这是一种庄严的传承,又是一种含蓄的升华,凛然正气犹如衣甲上迸裂的冰霜,在读者心中闪着耀眼的寒光,响着铿锵的音律。

2. 看似随意之文却言之有序

桐城派"义法"中的"法"就是强调"言有序",从字面上看就是文章讲究结构条理。然而,仔细阅读可以发现这个"讲究"很有特点。其一,文章看似娓娓道来,行文随意,实际上章法严整,布局精心。开篇"先君子尝言",点明文体"逸事"特征,交代所写之事真实可信,又与结尾"亲得之于史公云"首尾呼应。第一段召拜夫人,目为亲子的情节,体现了左公对于人才的深爱与寄托的厚望,又与文末史公躬造左府,侍候起居的情节呼应,突出史可法无愧于老师重托以及左史之间精神的传承。除了这些形式上的布局之外，文章内容上的安排也极其讲究，如第一段刻画的是一个身居高位的朝廷重臣，他不畏严寒微服出行。第二段刻画的是一个身陷囹圄的狱中钦犯，他备受摧折不忘初心。两个形象身份以及形貌上反差巨大，但精神上却是如此统一，如张文节所云"居位去位，身在身亡，常如一日"也。再如第一段左公对素昧平生的学生青眼有加，爱护备至，呈现的是慈父一般的长者之情。而到第二段左公对前来探视他的学生目光如炬，厉声怒骂，表现的是无比愤怒与怨恨。然而爱恨情仇，其致一也，都以"天下事"为评判准则，这种前后文之间的强烈落差和剧烈冲突隐含在文章朴素的语言中，暗流汹涌，给读者强烈的冲击，这也是方苞"言有序"的重要特征之一。

　　其二，"讲究"还体现在对文章材料详略安排有严格要求。方苞认为文章"虚实详略"必须与人物的身份相符，即由"义"来决定"法"。方苞在《与孙以宁书》中说："古之晰于文律者，所载之事，必与其人之规模相称。太史公传陆贾，其分奴婢装资，琐琐者皆载焉。若萧曹《世家》而条举其治绩，则文字虽增十倍，不可得而备矣。故尝见义于《留侯世家》曰：'留侯所从容与上言天下事甚众，非天下所以存亡，故不著。'此明示后世缀文之士以虚实详略之权度也。"为什么本文最核心最详细的部分是史可法狱中见左光斗的场景呢？首先还得说左光斗的身份，他是"万历六君子"之一，东林党主要领袖，朝廷御史。看《明史·左光斗传》，舍命建言、重振朝纲、与阉党斗争是其一生主要事迹。所以在详略处理上，本文虽为逸事，但所写终究是历史人物，依然遵循了史家记事记言之准则，重点突出左光斗在监狱中的言和行，读者自然可以想见他与逆阉一系列政治斗争你死我活的激烈程度，也自然可以想见他刚毅不屈舍生取义之崇高精神。其次，对左光斗崇高精神的赞颂，由史可法之口出之："吾师肺肝，皆铁石所铸造也！"这依然符合历史承继之准则，史可法现场直击了恩师形貌言行，该是何等震撼，恩师用鲜血与生命给予的最后的垂范定当令其永世不忘。浩然正气的代际传承就如同星星之火，光照古今。这也许就是方苞写作本文的最终意图吧。

　　3. 看似简朴之言却雅洁有情

　　方苞对语言的要求近乎苛刻，主张"语言雅洁""澄清无滓"。提出"五不可入"

的语言规范，即不可入语录式口头之语，不可入魏晋六朝藻丽之语，不可入汉赋铺排之语，不可入诗歌抒情之语；不可入轻佻不庄之语。总之就是反对华丽辞藻、铺排堆砌、抒情感叹，除掉这些杂"滓"，文章才能清新脱俗，简洁不繁。本文的"雅洁"首先体现在句法上，全文最长的句子是结尾的一个十二字句"谓狱中语乃亲得之于史公云"，另有四个十字句。其余句读简短，停顿以二言（"一日"等）、三言（"卒感焉"等）、四言（"老夫已矣"等）、五言（"或劝以少休"等）居多，间以杂言，节奏变化。全文直述其事，极少修饰，几乎不加连接词语，逻辑承接尽在意中，风骨情感也尽在意中，作者不言，全靠读者体会。如"风雪严寒"的极端天气，左公依然轻衣简从外出，可以想见其平日处理国事之勤。"微行入古寺"，何以史公入住古寺？难道左公目标如此明确，知道古寺里一定有他所需之人？非也，此处省去了左公寻访过程之繁复艰辛，也可让读者想见史公赴京备考过程之困厄。再如"呈卷，即面署第一"，难道当时的考试制度如此粗疏？其他考官的意见需要看吧？其他考生的文章怎么样呢？因为这些不是本文题中之"物"，所以过程都略去了。

　　本文的"雅洁"还体现在用词上，词语浅近平凡但蕴藉丰富。方苞认为文之工致，不在辞繁言冗，而在于"情辞动人心目"，要以真情来打动人心。本文动词的使用可谓洗练传神。如"叩之寺僧"的"叩"字本义为"击打、敲打"，此处解释为急切地询问，可能是问这个书生是谁？哪里人士？为什么会在这里？到这里多久了？连珠炮式的提问，由一个"叩"字可传急切之情，可表求贤若渴之意。再如"公瞿然注视"的"注视"本义为"专注地看"，这里侧重表现重视与关注，对史视若国宝，即后文之"天下事"的"支拄者"，眼神一刻不敢游离，体现左公识才爱才的情怀。又如"因摸地上刑械作投击势"中"摸"和"作"的动作细节，可使画面浮现眼前，刑余之身摧败虚弱，面额焦烂，目不可开，趴在地上摸索半天才抓到刑具，作出击打史可法的样子，有没有力气打，往哪里投，都不重要，但轻重缓急，攸关国运的情势已经在这一"摸"一"作"之间呈现。

　　本文副词和形容词用得不多，但表现力极强。如"久之，闻左公被炮烙"，时间副词"久之"表明狱中与外界壁垒森严，消息不通，呼应上文"防伺甚严"，体现群小生杀予夺，只手遮天。（杨涟等人死后六天不可下葬，铁钉贯耳，烂尸狱中）再如

"微指左公处",程度副词"微"表现出狱卒提心吊胆,动作轻微,用眼神暗示加手指暗指的方式告知史可法被探视之人的处所,气氛阴森可怖,令人窒息,狱中一片血腥,无从辨识。又如"怒曰"中的"怒",不是一般的怒,而是怒不可遏,是对史可法"轻身而昧大义"的极度失望和粗暴斥责,史可法以私情废公义,轻入虎穴,万一陷落,国家之事的希望,伸张正义的希望就全都破灭了。怒之重,责之暴也正体现左公希望之深。《论语》"造次必于是,颠沛必于是",盖此之谓也。此外,文章极少使用语气词,偶尔用到语气也十分克制。如"唯此生耳"的"耳"寄托殷切厚望,"筋骨尽脱矣"的"矣"表现刑戮之烈,"此何地也"的"也"棒喝这里是天罗地网,各有委婉,需仔细感悟。

总之,教学中须引导学生从篇章结构到材料取舍,从详略安排到词语运用等各方面把握文章与众不同的个性特征,从而感知桐城派"义法合一""雅洁无滓"的独特魅力。

（二）根据整本看单篇,根据单篇悟整本

查阅《香菱学诗》的一些教学设计,听过《香菱学诗》的公开课,发现多数教学目标和设计确定在香菱学诗和林黛玉教她学诗的过程,强调香菱学诗的恒心毅力,"苦志学诗,精血诚聚";强调黛玉是诲人不倦的好老师,耐心细致地引导香菱逐步掌握作诗精要。这样解读很显然是把这篇课文脱离到整个《红楼梦》之外,仅仅去揣摩课文本身最容易揣摩的故事和情节,而这只能是教学中一小部分的内容,绝对不能变成整个教学的主要内容,或主要的教学目标。

从课文解读的三个层面来看,本文第一个层面是静态客观的知识呈现。教师可以介绍香菱其人——香菱,原名甄英莲,是乡绅甄士隐的独生女。五岁元宵节观灯走失,几经拐卖,最后被呆霸王薛蟠强买作侍妾,年纪轻轻即得重病而亡。这样一个苦命女子在《红楼梦》里却不同凡响。她进入薛家后被薛蟠呼来唤去,饱受折磨。正巧薛蟠外出做生意,薛宝钗便将香菱带进了大观园。可以划分香菱学诗的过程——苦听,苦读,苦作;可以分析黛玉煞费苦心的教授过程——立意要紧,多读经典,鼓励练笔,严格要求;可以分析三首作品的优劣所在,等等。第二个层面强调学生举一反三的能力。小说在塑造香菱这一人物形象上，既正面描写了她苦志学诗时的苦学、痴学，又通过侧面描写宝钗、宝玉对她的评价，烘托出她学诗的执著和苦心，揭示出"天下无难事，只怕有心人"的道理。教师可以指导学生抓关键词"苦"，关键句"苦志学诗，精血诚聚"，从而举一反三找出并理解其他关键词句。可以让学生举一反三深入理解"天下无难事，只怕有心人"的示例和道理等等。

　　然而，只有这两个层面却只是阐述了文本的共性，求同是为了存异。教材不仅仅是个例子，更是以文化化育学生的重要凭借，每篇文本背后就是一个独特的灵魂。《红楼梦》是曹雪芹的政治宣言，所以我们要把这篇课文看成是整部小说的节选，在此基础上进行第三个层面——个性化的解读。

　　1. 解读人物个性化的性格

　　美国哲学家威廉·詹姆斯说："一个小人物的救助永远是一种伟大的救助，最伟大的因素正是由于他的渺小。"香菱为什么要矢志不渝地学诗？可以理解成一个小人物在颠沛多舛的命运中的自我救赎。香菱是不幸人群中最不幸者之一，父母给她起的名字叫甄英莲（真应怜），被人贩子拐走就没名字了，被薛蟠抢去为婢，起名叫香菱，薛蟠之妻夏金桂又改其名为秋菱（"菱"到了秋天，自然只能渐渐枯落了，可见她的悲苦结局）。她被吃人的社会剥夺得精光，一无所有，连个名字也任由人改来改去。但这样无法喘息的悲苦中，香菱始终保持着对美好的向往、对高尚完整人格的追求和对屈辱自我的美丽救赎。

　　"我常弄一本旧诗偷空儿看一两首。""常"和"偷空儿"是矛盾的表达："常"说明她寻常生活常自修，学诗并非一朝一夕的心血来潮；"偷空儿"说明她卑微的身份和恶劣的环境不允许她读诗学诗，她只能偷偷摸摸偶尔抛开生活烦忧当一回"文艺青年"。终于，她万般不幸的人生偶然出现一次契机，就是薛蟠远行，她随宝钗住进大观园的短暂时间，有了一个相对自由宽松的环境，有幸接触到黛玉、湘云、探春等才女。她意识到学诗的凤愿机不可失、失不再来，要好好把握与珍惜，做回一次自我。"博得嫦娥应借问，缘何不使永团圆"，她咏月就是咏自己的身世，她一肚子苦水向谁倾泻，唯有诗才是她的精神家园。恩格斯说："一个人物的性格不仅表现在他做什么,而且表现在他怎样做,追求什么,拒绝什么,反映人对现实的态度。"

但是再美好的环境与理想也改变不了她卑微的现实,在找到契机急切热望之余她因为身世卑微而心怀忐忑却矢志不渝。在拜黛玉为师之前她就想拜更为亲近的宝钗为师,但遭婉拒。试作比较:

"宝钗笑道:'我知道你心里羡慕这园子不是一日两日了,只是没个空儿。就每日来一次,慌慌张张的,也没趣儿。所以趁这机会,越发住上一年,我也多个做伴的,你也遂了心。'香菱笑道:'好姑娘,你趁着这个工夫,教给我作诗罢。'"宝钗是同情和了解香菱的,为她创造了住进大观园的机会,她并不是不想教香菱,只是认为作诗并非初来乍到的香菱的第一要务,要她"缓一缓"。但香菱理解错了,"好姑娘",引为知己;"趁着",机会难得;"罢"语气中充满恳求,我们可以想见宝钗拒绝后"香菱应着才要走时"失望失落的表情。但香菱绝不会放弃这样一个机会,于是:"此时黛玉已好了大半,见香菱也进园来住,自是欢喜。香菱因笑道:'我这一进来了,也得了空儿,好歹教给我作诗,就是我的造化了!'"黛玉的"欢喜"发自肺腑,源于寄人篱下的感同身受。香菱的话少了寒暄却加重了恳求,因为她了解黛玉本性质洁却心气颇高。原来的"偷空儿"变成"得了空儿"。"好歹"加重了无论如何的恳请,因为她怕再次遭拒。"造化"并非妄言,而是出于真诚,黛玉这样的才情教她确是"造化"。到黛玉爽快答应之后,香菱恢复了女孩子家的本色,与黛玉的话中已经有些"闺蜜"的意思了:"果是这样,我就拜你为师。你可不许腻烦的。"这时的香菱已经由一个卑微的奴婢变成一个开朗的、与黛玉平等的对话者了。

2. 解读小说个性化的冲突

舒芜认为:"《红楼梦》既是女性的颂歌,又是女性的悲剧。悲剧产生于两个选择的不一致。"宝玉越来越发现黛玉是唯一的知己,虽宝钗也可爱可敬,但心灵上总有一层隔膜。贾府的当权者们则越来越发现宝钗符合贤惠儿媳的标准,黛玉的性格气质却隐含某种叛逆性;宝钗能把对宝玉的爱克制在礼法的范围内,黛玉却往往作了执著的表露。悲剧产生于两个选择的权威性大相悬殊:爱不爱谁,宝玉坚持了自己的选择；但娶谁做妻子，宝玉一点权利也没有，一切取决于父母之命。于是悲剧就成为不可避免的结局。

这种独特的预示整篇小说悲剧结局的"不一致"同样贯穿《香菱学诗》的文本始终，具体体现在宝钗和黛玉对香菱作诗的态度和评价上。先看态度，香菱进园之后，第一时间就提出要宝钗教她作诗。对此，宝钗说了这样一段话："我说你'得陇望蜀'呢。我劝你今儿头一日进来，先出园东角门，从老太太起，各处各人你都瞧瞧，问候一声儿，也不必特意告诉他们说搬进园来。若有提起因由，你只带口说我带了你进来作伴儿就完了。回来进了园，再到各姑娘房里走走。"

对这段话有许多先入为主的偏见：宝钗维护"女子无才便是德"的封建标准，人情练达、圆滑世故。其实不然，以身份和地位论，香菱本是薛家买来的丫头，如果宝钗反对她学诗，断不会发生后来的故事。宝钗劝香菱"瞧瞧""走走"也是出于当时自身和香菱处境考虑的：小说里多次特别点明薛姨妈母女是"客"，香菱头一日进大观园，初来乍到应该先去认识问候一下长辈邻里，这是人之常情。这段话符合宝钗虑事周全、通情达理的性格，这种性格显然是贾府这样的豪门大户和谐发展所看重的，是家族传承的优良基因。

黛玉在接到香菱的请求后却是这样回答的："既要作诗，你就拜我作师。我虽不通，大略也还教得起你。"因为香菱的身份和自己的自信使得她可以这么说。但是层层设防，退路早就准备好了。因为香菱跟黛玉是不错的关系，于是她又可以这么自抬身份一下。富有才情的林姑娘的精神生活的一部分就是读诗、作诗，文学这片广袤的土地可供这位寄人篱下、冰清玉洁的孤弱女子自由翱翔。她与香菱同命相怜，对香菱的同情、热情很自然质朴、纯粹简单。纯粹简单的诗的世界与虑事周全的现实世界形成了"不一致"。

两个世界的"不一致"也导致了对香菱评价的"不一致"。宝钗说香菱："本来呆头呆脑的，再添上这个，越发弄成个呆子了。"前两个"呆"字是对香菱平素讷于言辞，羞于交际等个性的评价，但绝非讽刺批评。庚辰本夹批："'呆头呆脑的'有趣之至！最恨野史有一百个女子皆曰'聪敏伶俐'，究竟看来，他行为也只平平。今以'呆'字为香菱定评，何等妩媚之至也。"后一个"呆"，实乃寓褒于贬，是用欣赏的眼光在看待香菱的执著和痴迷,体现对香菱的嗔怪和怜爱。应该说这大体符合曹雪芹在作品中给香菱的定位。黛玉与宝玉对香菱的评价却相一致。黛玉的评价:"你又是一个极聪敏伶俐的人,不用一年的工夫,不愁不是诗翁了!""聪敏伶俐"在上下文论诗中皆有照应。宝玉笑道:"这正是'地灵人杰',老天生人再不虚赋情性的。我们成日叹说可惜他这么个人竟俗了,谁知到底有今日。可见天地至公。"评价的不一致源于评价标准"俗"与"不俗"的不一致。到宝钗笑道:"你能够像他这苦心就好了,学什么有不成的。"话里有话,"学什么"大有乾坤。"宝玉不答"四字留白丰富,将这种"不一致"完全显现出来。

3. 解读作者个性化的思想

席勒说:"真正的价值并不在人生的舞台上,而在我们扮演的角色中。"曹雪芹将他人生的价值和思想寄托在自己塑造的小说角色之中。除了从整部作品来看,这个章节有着间接塑造林黛玉形象的作用外,作者对香菱有着特别的钟爱,尤其是学诗这一段,给香菱的美好涂抹了最亮丽的一笔。香菱不同于袭人、晴雯、平儿和鸳鸯等人,她憨厚隐忍之间,还有一份读书人的慧根,且有好学勤奋的精神,可以说她是作者较为理想的女性形象之一。

曹雪芹说:"今风尘碌碌,一事无成,忽念及当日所有之女子一一细考较去,觉其行止见识皆出我之上,我堂堂须眉,诚不若彼裙钗;我实愧则有余,悔又无益,大无可如何之日也。"他为了这个目的来写,也写得成功。香菱是其中之一,不仅仅美丽聪明,而且首先是有思想、有感情、有意志、有独立人格的人。然而,香菱的命运在作者笔下又是极为苍凉的,作者为什么要写她学诗呢?原来,美好的香菱正可以同苦难的香菱做个强烈的对比。还是老天不公啊,这样的一个人竟落得"残花败叶付东流",直让人唏嘘不已。鲁迅说:"悲剧是将有价值的东西毁灭给人看。"没有学诗的香菱在小说中等于花鸟玩物,她的毁灭顶多能博得几声叹息罢了。

"诗穷而后工",作者苦难的人生生发美丽梦幻,大观园就是他心中的"桃花源"。整部小说中"盛极而衰、劫数难逃"的思想是个无法逆转的命题,香菱的毁灭只是作为"千红一窟,万艳同杯"里的一声啜泣,是自由理想投射在苦难现实中的一抹亮色。

四、读写结合，检查课堂教学效果

"读写结合"，包括远距离的"结合"，所谓"熟读唐诗三百首，不会作诗也会吟"，"读书破万卷，下笔如有神"。但语文教学中所讲的"读写结合"主要是近距离的，体现在一篇课文的教学之中。①《普通高中语文课程标准（2017 年版）》"必修课程学习要求"中对"读写结合"的关系和做法有明确阐述：②

1. 多读多想多写，多角度地观察生活，多方面地增进语文积累，丰富自己的精神世界、生活经历和情感体验，完善自我人格，提升人生境界。培养广泛的阅读兴趣，努力扩大阅读视野。2. 理解文本所表达的思想、观点和感情。努力从不同的角度和层面进行阐发、评价和质疑，对文本作出自己的分析判断。3. 阅读实用类文本，能准确、迅速地把握主要内容和关键信息，对文本所涉及的材料有自己的思考和评判。4. 自主写作，自由表达，以负责的态度陈述自己的看法，表达真情实感，培育科学理性精神。书面表达观点明确，内容充实，感情真实健康；思路清晰连贯，能围绕中心选取材料，合理安排结构；进一步提高记叙、说明、描写、议论、抒情等基本表达能力，并努力学习综合运用多种表达方式，力求有个性、有创意地表达。

可见，阅读教学，主要通过阅读范文来提高理解语言的能力，提高阅读能力，吸收思想营养和写作营养。写作教学，主要通过作文来练习表达思想感情，提高写作能力。阅读是吸收，写作是表达，两者相辅相成。在读写教学中，自觉地以读促写，以写促读，二者结合，才能有效地提高读写能力。

（一）以写促读，写作介入阅读

1. 写故事来辅助理解

课文里难以理解的语句如果抽象地讲解恐怕会事倍功半，很难说清。这时候

---

① 王荣生著：《阅读教学设计的要诀：王荣生给语文教师的建议》，中国轻工业出版社，2015 年 5 月，第 93 页。
② 中华人民共和国教育部制定：《普通高中语文课程标准（2017 年版）》，人民教育出版社，2018 年 1 月，第 32—33 页。

需要与学生一起建立起形象思维的画面，这往往需要借助故事，让抽象的道理形象鲜活，有利于学生的精神顿悟。华东师大版高三下学期课文《〈论语〉七则》有段话难以理解："君子无终食之间违仁，造次必于是，颠沛必于是。"大意是君子没有片刻离开仁德，即使仓促之间，即使颠沛困顿时都会坚守仁德。词句的疏通固然重要，但是学生的理解还是表层的，缺少形象感悟和人格修炼，这时可以让学生随文写故事，在写故事读故事的过程中，君子不违仁德，仓忙、困顿，这些关键词的意蕴自然就会十分生动地传递出来。以下是学生写的两个故事：

2017 年 2 月 5 日凌晨，河南郑州学生陈奕帆骑电动车撞上停在路边的宝马车，导致宝马车倒车镜损坏及多处划痕。车主不在现场，该生留下一封道歉信，信里包着身上全部的 311 元现金，粘在宝马车左前门的把手内侧。车主薛战民发现后十分感动。通过警方寻找到学生，将钱还给对方并资助其一万元"助学金"。

2012 年 5 月 29 日，吴斌驾驶大客车从无锡返杭州，车上满载旅客，无情铁块从对向车道飞来，击穿前挡击中吴斌腹部。危难关头，他强忍剧痛将车缓缓停下，拉手刹开双闪，完成系列安全停车措施，又以惊人毅力艰难起身告知乘客注意安全。之后瘫坐座位再没醒来。

一切尽在不言中，这句话的内涵教师不需要再多讲，这是儒家思想对于仁德修炼的要求，程度更深一点地理解，哪怕走投无路、万劫不复也要坚守仁道。对现代人来说这的确难以理解也难以实现，即便在当时，儒家的仁道也是处处碰壁的。也难怪颜回由衷赞叹老师的学问和道德，使我仰望高峰，仍觉高不可攀，使我如临深潭，仍觉深不见底。也难怪公孙丑恳求孟子：老师，您的道又高又美，好像登天一样。这么高的理想我怎么做呢？你能不能稍微降低标准呢？那么，以今天的眼光来看，我们又该如何辩证地继承孔门的这种精神呢？我也讲了一个故事供学生参考讨论，请你对这一事件发表合理的看法。"生死亦大矣"，这个故事中"死的猝然"和"生的困厄"确实让人产生沉重的思考，因此，"君子无终食之间违仁，造次必于是，颠沛必于是"这句话的重量远非文字表面说的那样轻松。这也为后文理解孔子求仁的过程"发愤忘食，乐以忘忧，不知老之将至"以及求仁的道路"仁以为己任，死而后已"做好了准备。

1972 年 10 月 13 日，一架载有 45 人的客机从乌拉圭飞往智利，但因为遇上风暴坠毁在 3900 多米高的安第斯山脉上。机上 45 名乘客中包括乌拉圭的橄榄球手及其家属，21 人当场丧生，其余 24 名幸存者中，8 人在逃生中被雪崩夺去生命，16 人于同年 12 月 22 日之前陆续走出雪域而生还。幸存者为了在冰天雪地的恶劣环境中存活，被迫以遇难者的人肉果腹。真相被世人知晓后，这些幸存者被人们指责为"杀人犯"，终其一生生活在心理阴影中。

2. 写故事来增强形象

诗歌教学中意象意境、思想感情的深入理解也可以借助读写结合。诗歌是用高度凝练的语言，形象表达作者丰富情感，集中反映社会生活并具有一定节奏和韵律的文学体裁。因为诗歌语言有高度凝练的特点，所以诗歌形象和作者情感往往具有跳跃性，没有其他文学体裁的连贯性，因此给读者的理解带来障碍，借助读写结合，将高度凝练的语言用更加具体形象的方式加以呈现，可以促进学生更具体、形象、深刻地理解诗歌。屈原的《国殇》是替为国捐躯的战士招魂的祭歌，描写了一幅雄壮惨烈的古战场画卷，突出战士们浴血奋战、视死如归的英雄形象，讴歌他们生的伟大、死的光荣。我让学生借助注解和工具书自学课文，然后选自己感触最深的四句，加入想象细节，将它们改写成 100 字左右的片段描写。以下是学生选择的原句和改写的内容：

"操吴戈兮被犀甲，车错毂兮短兵接。旌蔽日兮敌若云，矢交坠兮士争先"。

这是一场车战。在敌人十倍于我的情况下，楚国将士披坚执锐如潮水一般直突敌阵，在广阔无垠的原野，一开始双方就短兵相接，猛烈厮杀。敌方人多势众，像天上的乌云一样势不可挡地压来，但楚国将士毫不畏惧，仍然冒着箭雨奋勇争先。夺命的嘶吼、金属撕裂肌肉的残声、骨骼折断的声响令人毛骨悚然。

"凌余阵兮躐余行，左骖殪兮右刃伤。霾两轮兮絷四马，援玉枹兮击鸣鼓"。

敌人如成群的丧尸，任凭将士们如何斩杀也杀不尽，他们像没有生命和畏惧感一样不断冲进我们的阵地。我们的一辆战车，左边的骖马被砍死，右边的骖马也被砍伤。战车的两轮就像被埋住一样不能滚动，拉车的四马吐着鲜红的口沫伏地挣扎。但是将军仍以他残存的臂膀挥动鼓槌，擂响进攻的战鼓。

"出不入兮往不反，平原忽兮路超远。带长剑兮挟秦弓，首身离兮心不惩"。

尸体静静地散布在原野上，气氛肃穆而悲凉。战士们虽然身首分离，但腰上仍然配着长剑，手中牢牢攥紧强弓，英武之气凛然未灭，这简直是精心刻画的雕像。战场上一片死寂，天幕低垂、阴风阵阵。这与战斗进行中的场面构成动静相衬，进一步丰满了楚国将士的忠勇形象：生是英勇，死是壮烈！

通过这样的想象扩写，相信学生对诗歌的语言形象和情感内涵有了更加深入的理解，但是似乎还缺少一个情感的升华和一种理性的思考。诗歌教学出乎凝练而又入乎凝练，最后对勇赴国难的亡者应该油然而生崇高的敬意，我提供范例，让学生小组合作讨论，以凝练的语言撰写一副挽联，歌颂与哀悼这些为国捐躯的英雄。

示例：铁马金戈，铿锵万里声似虎；热血头颅，炳耀千秋气如虹。

作品：青春年华，首身分离无姓字；汗青史册，神武刚强永流传。

吴戈犀甲，军容严整迎敌阵；勇武刚强，死士英豪赴天庭。

哀其不幸，不忍少壮成新鬼；怒其不争，未必家国是鱼腩。

出而不返，走上一条不归路；死犹未悔，留下几多未亡人。

3. 写故事来立德树人

语文是"育人"的课程，语文课要讲好"做人"的故事。上海高中语文教材关于人的成长的主题单元有"生命体验""杰出人物""传统美德""思想的力量""品位与格调""浩然正气"等，贯彻单元整体教学意识，讲好课本内外的故事，是学生感悟、沉浸、修炼美好品质的重要途径。以高三下学期"浩然正气"单元为例，先讲好单篇课文内的故事：《论语》里孔子反复强调"贤哉回也"是什么原因，引领学生做一个"贤哉回也"的小探究，系统梳理孔子与颜回的故事以及相互评价，讲述"在陈绝粮"时颜回的表现与其他弟子有何不同，让学生真正理解颜回"居陋巷而乐"的精神追求：学道不止，至死方休。《鱼我所欲也》中开篇的类比传递的精神实质是君子"舍生取义"与普通人"舍鱼取熊掌"一样，是顺乎自然的选择，是"人之初心"，但因为世俗名利的诱惑，有些人丧失了"初心"。这时候引导学生结合"不忘初心，牢记使命"的故事深入理解作品里的"本心"，可以使学生明确传统文化的当代价值。

然后讲好多篇关联的故事，《我善养吾浩然之气》中"是集义所生，非义袭而取"为理解难点和思想精华，借助《〈指南录〉后序》中文天祥"毁家纾难"，"虽九死其犹未悔"的故事，准确理解凛然正气不是偶尔的意气用事，而是长期积累形成的道理。再通过分类整理细化《正气歌》中一系列恢弘壮烈的故事：在齐太史简，在晋董狐笔，在秦张良椎，在汉苏武节……直观感知浩然正气是凝聚了古往今来无数仁人志士的万千气象于一身而形成的，学生在潜移默化中感知了民族脊梁的形象，浸染了伟大的民族精神，树立了使命担当意识。

怎样感悟先贤的崇高思想？怎样更加深刻地浸染这种思想？还是通过写故事的方法来落实。以《鱼我所欲也》为例，文章里面的"生死观""道义观"并不很容易理解。"生亦我所欲，所欲有甚于生者，故不为苟得也；死亦我所恶，所恶有甚于死者，故患有所不辟也。"光从字面来看有点像绕口令，显得枯燥而纠结，课堂或者课后可以让学生写一些事例来表达其中的思想。有学生摘录了《明史》中方孝孺的故事，阐述他为了君臣家国的道义，绝不苟且偷生，为了维护国家纲纪，反对乱臣贼子，不避凌迟株连的灾祸，铁骨铮铮，誓死不屈。

成祖发北平，姚广孝以孝孺为托，曰："城下之日，彼必不降，幸勿杀之。杀孝孺，天下读书种子绝矣。"成祖颔之。至是欲使草诏。召至，悲恸声彻殿陛。成祖降榻劳曰："先生毋自苦，予欲法周公辅成王耳。"孝孺曰："成王安在？"成祖曰："彼自焚死。"孝孺曰："何不立成王之子？"成祖曰："国赖长君。"孝孺曰："何不立成王之弟？"成祖曰："此朕家事。"顾左右授笔札，曰："诏天下，非先生草不可。"孝孺执笔愤而疾书"燕贼篡位"四字之后，投笔于地，且哭且骂曰："死即死耳，诏不可草。"成祖怒，命磔诸市。孝孺慨然就死，作绝命词曰："天降乱离兮孰知其由，奸臣得计兮谋国用犹。忠臣发愤兮血泪交流，以此殉君兮抑又何求？呜呼哀哉兮庶不我尤！"时年四十有六。

此时教师会引导学生对方孝孺这个人物做更为丰富的评价。"忠愤激发，视刀锯鼎镬甘之若饴，百世而下，凛凛犹有生气也！"这大概是后人对方孝孺的最贴切的评价了，也无疑是对方孝孺节操、风骨的最高概括。说此言者是清朝杰出政治家、著名历史学者张廷玉。胡适说："方孝孺是一个了不起的人。外人常说中国很少殉道的人，或说为了信仰杀身殉道的人很少；但仔细想想，这是不确的。我们的圣人孔夫子在 2500 年前，就提倡'有杀身以成仁，毋求生以害仁'，这是我们的传统……方孝孺就是为主张、为信仰，为他的思想而杀身成仁的一个人。"（《胡适之先生晚年谈话录》）鲁迅在《为了忘却的记念》一文中，有这样一段间接评价方孝孺的话，当时鲁迅写这篇文章是为了纪念"左联五烈士"的，写到柔石时，他提到方孝孺。文中说："他（指柔石）的故乡，是台州的宁海，这只要一看他那台州式的硬气就知道，而且颇有点迂，有时会令我忽而想到方孝孺，觉得仿佛也有些这模样的。"

　　这就涉及古今对"仁义"内涵的理解差异。孟子认为"仁义礼智，非由外铄于我也，我固有之也，弗思耳矣。"（《孟子·告子上》）因此，"舍生取义"也是一种与生俱来的善性，是"不学而能"的"良能"和"不虑而知"的"良知"。这种唯心的性善论是为其推行王道仁政的政治主张服务的，这里的"义"是指符合儒家礼义道德行为而言的，包括君君臣臣、父父子子等封建纲常。方孝孺的骨头是最硬的，没有丝毫的奴颜和媚骨，但是方孝孺身为帝师无条件维护皇家正统的迂腐恐怕也是不能不说的。我们现在说的"仁义"多指仁爱与正义。仁爱，就是宽仁慈爱；正义即公正。简而言之就是为了国家和人民的利益而产生的正确的思想和行为，还要引导学生写当代的故事，写出"舍生取义"在现代社会的思想升华，写出"不忘初心"在我们身边的感天动地。

　　生 1：2006 年，李剑英完成训练任务驾机返航，突遭鸽群撞击。此时，飞机高度 194 米，跳伞就能保住生命。从鸽群撞击点到飞机坠毁点 2300 米跑道延长线的两侧 680 米范围内，分布 7 个自然村。如果跳伞后飞机失去控制，坠入村庄，后果不堪设想。16 秒的时间内，他毫不犹豫地选择了迫降，壮烈牺牲。星陨大地，魂归长天，他有 22 年飞行生涯，可命运只给他 16 秒！他是一名军人，自然把生命的天平向人民倾斜。飞机无法转弯，他只能让自己的生命改变航向。

　　生 2：2019 年 5 月 16 日，新闻联播出现动人一幕，"排雷英雄"杜富国向总书记敬上特殊军礼。他的故事感染了千家万户。杜富国是南部战区陆军云南扫雷大队的一名战士，在一次边境扫雷行动中，保护战友，英勇负伤，失去了双眼和双手。"你退后，让我来！"六个字铁骨铮铮，以血肉挡住危险，哪怕自己坠入深渊。

无法还给妈妈一个拥抱,无法再见妻子明媚的笑脸。杜富国是红色老区培养出的优秀儿女,是用生命担当使命的新时代英雄战士。

为了让学生感知"舍生取义"其实并非高深莫测,而是生活中的日常,课后,我布置了一个情景写作:生活中经常听到"我宁愿死也不要……"之类的话,请以这句话为线索,设计一个场景,突出舍生取义与生俱来的主题。总之,以写促读教学的主要目的是学习阅读。在阅读教学中,语文教师穿插图表、摘要、提要、概述、摘抄、缩写、改写、扩写、续写、读后感、评论等写作活动,促进学生更好地理解和感受课文。

(二)以读促写,阅读延伸写作

1. 课文是仿写的对象

邓彤老师认为:"写作教学必须教给学生一些知识,但这些'知识'不是由教师自身创生出来的,也不是从写作教科书上'移植'到学生头脑中的,而是在分析写作样本、了解学生实际需要的基础上确定的。"[①]这时,课本的价值就是典范性的写作样本。喜欢宋词的学生绝不仅仅是因为学习了课内的几阕词而产生兴趣的,他可能是课外阅读了"泪眼问花花不语,乱红飞过秋千去"而深有感触,也可能读出了"二十四桥仍在,波心荡,冷月无声"的凄美况味,可能感受到"滚滚长江东逝水,浪花淘尽英雄"的历史沧桑,也可能沉浸于"醉里挑灯看剑,梦回吹角连营"的沉重心情。让学生填词,对所有学生而言都是第一次全新的学习体验,《沁园春·长沙》第二课时教学时,我给学生布置了课堂作业:根据课上学到的词的相关知识,以"沁园春"为词牌,自拟题目,作一首词,注意韵脚、过渡以及情景关系,平仄不做严格要求。

沁园,园林名,为东汉明帝女沁水公主所有,建初二年被窦宪所夺,后泛称公主的园林为"沁园"。北宋真宗时驸马都尉李遵勖于大中祥符间尚万寿长公主,据宋人文莹《湘山野录》卷下,记李遵勖府第"沁园东北滨于池",则此北宋初年之沁园。"沁园春"词调当以北宋京都之沁园为名,此调四字句为主,多用对偶,配以八

---

① 邓彤:《写作教学:起点在哪里?》,《语文学习》2014 年 03 期。

字、七字、六字、五字等句，用平韵，调势活泼生动，可平可仄之字极多，较为自由，有和谐流畅之特点，适用于言志、议论、谐谑、叙事、酬赠、祝颂等题材。此调名篇极多，可细细体味其语势与对偶及句法特点。毛泽东的《沁园春·长沙》一改前代词人的柔婉词锋，把"沁园春"的词牌写得波澜壮阔，重点在于言志与议论。1925年，群众运动风起云涌，革命斗争如火如荼。一方是工农革命运动蓬勃发展，一方是反动势力的疯狂镇压。谁将成为主宰中国未来发展方向的力量，成为这首词言志与议论的核心。

我设计了三个任务。任务一：观赏湖南长沙"橘子洲头"巨幅雕像的图片，结合"独立寒秋，湘江北去，橘子洲头"的意境，说说橘子洲头的雕塑能准确表达词意吗？

任务二：观赏"万山红遍"的图片，结合"看万山红遍，层林尽染；漫江碧透，百舸争游。鹰击长空，鱼翔浅底，万类霜天竞自由"等词句，运用想象、比喻等多种手法将上片写景的词句改写成散文片段。突出"看"这个领字的作用，可提供以下写作样例：

远看："万山红遍，层林尽染。"作者不仅看到了眼前岳麓山的枫林，也可能联想到了北京香山的黄栌和祖国无数山岳中由绿变红的乌桕、水杉、槭树、槲树、黄连木……那一重重山，一层层树，让自然之神彩笔一抹，晕染得一片嫣红，比二月笑放的春花还要艳丽，比六月飘舞的彩霞更加瑰奇。近观："漫江碧透，百舸争流。"秋水澄澈，脚下的湘江，在秋天更加清澈晶莹，如碧绿的翡翠，如透明的水晶。江面上，千帆竞发，百舸争渡，静中有动，生气勃勃。仰视，"鹰击长空"，万里无云的秋空，雄鹰奋振健羽，自由飞翔。俯瞰，"鱼翔浅底"，因透明而清浅见底的江里，鱼群摆动鳍尾，任意遨游。作者以短短几句诗，描绘出一幅立体的寥廓万里、绚丽多彩的江南秋景。

任务三：阅读全词，探究上下片相同位置有何关联？（上片："看万山红遍，层林尽染；漫江碧透，百舸争流。鹰击长空，鱼翔浅底，万类霜天竞自由。"下片："恰同学少年，风华正茂；书生意气，挥斥方遒。指点江山，激扬文字，粪土当年万户侯。"）通过课堂谈论交流，学生对"沁园春"的主体结构、主要内容以及上下片内容逻辑关系有了更加直观的理解，关系梳理如下：

首先是因果联系，由"看"到"恰"：看到眼前大好江山，面对谁主沉浮的惊天一问，自然想到我辈青春激昂，风华正茂，恰逢其时，大有可为。其次是象征联系，由物到人：雄鹰展翅、锦鳞游泳，充满昂扬向上的生命活力，自然象征青年意气风发、奔放有力的战斗豪情。最后是呼应联系，由景到情：面对祖国山河，青年们既赞叹其壮美，又悲愤其沉沦。发表文章，抨击黑暗，宣扬真理，鄙视当时的反动军阀。

以上几个阶段的教学任务的驱动，为学生填写"沁园春"做好了充分的准备。学生形成了以下的共识：用韵上应该以"ou""iu""an""ang"等语调悠扬的韵为主，多用平声上声，这样语气显得舒展大气、从容不迫，适于表现自由开阔的抱负与情怀。风格上应该波澜壮阔，表达豪情壮志，语调活泼生动，和谐流畅；内容上应该贴合时代言志与议论，表达年轻人开阔的襟怀；方法上应该情景交融，由景到人，由物到人，建立起比较合理的逻辑联系，并且上下片都有相应的"领字"引领句式完全相同的两个部分。以下是部分学生填写的"沁园春"作品：

沁园春·乒乓

国球乒乓，世界称雄，举世无双。看老将继科，谢幕之演；冷面诗雯，再续辉煌。十年一剑，修成正果，振东今朝终封王。抬头望，三面五星旗，高高飘扬！

国球如此盛强，我中华后生当发扬。然田园中人，无所问津；课外社团，竟无此项。愿携球友，共同商议，定让田园球声响。待日后，我田园中人，共扬乒乓。

沁园春·观钱塘潮

秋高气爽，簇拥潮头，钱塘大江。观水势磅礴，排山倒海；猴窃神针，万层雪浪。千军过境，战马奔腾，浪里淘沙多涤荡。忆往昔，叹如画江山，谁敢担当？

七月南湖流淌，有志者革命好儿郎。论英雄谁敌，中华年少；繁星之火，不畏寒霜。百炼千煅，颠覆人间，扬帆当今太平航。经年后，我阔步钱塘，河山清旷！

2. 课文是写作的方法指引

在散文教学中往往有一个孤立的"品味语言"环节，实际上是把"个性化的语句章法"仅仅当作学生写作时可借用的表达技巧。

"走到课文之外"，也就走到了"语文"之外，所谓"把语文上成了非语文"。这是因为抛弃了作者的"语文经验"——把作者的语言表达当作跳板，或者仅仅关注其"所指"，而漠视其独抒机心的章法、个性化的表达方式、流露心扉的语句；或者把章法、表达方式、语句与"个性化的言说对象""独特的认知情感"分割开，而演变为语言表达的所谓"知识""技巧"。①

　　散文阅读教学中，孤立地分析品味语言，进而孤立地、突兀地让学生去仿写课文中语言的修辞技法、句式特征或者语体风格，这是常见的读写结合的方式。把《荷塘月色》的教学价值定位于比拟的修辞手法、叠词的运用、散文语言的锤炼或者如何做到情景交融都是可以的，重要的是朱自清笔下的荷塘月色何以如此朦胧神秘美丽动人？一切源于"心里颇不宁静"，此刻，月下荷塘成了作者暂时的心灵栖居之地，他说的是完全不等同于"白天一定要说的话"，是独居的呓语。于是作者就将刚脱逃时的"参差的斑驳的黑影"的比喻自然发展为"梵婀玲上的名曲"的通感，再到情不自禁地"想起《西洲曲》里的句子"的引用和联想。教师不能只是技术化地让学生无病呻吟地仿写这样的句式，更要深入体会作者遣词造句的根源所在——有朝一日，当学生也有类似的情感经历时，这样的优美动人的表达也许就会成为必然。

　　《世间最美的坟墓》是华东师大版《语文》高三上学期的一篇散文。这是一篇以简约节制的文字来表达深沉丰富的情感内涵的文章。托尔斯泰这样伟大的人物，坟墓竟然那样朴素平凡，毫不起眼，令人内心产生强烈的震撼。作者茨威格把这种震撼用一种极为节制的笔法和朴素凝练的语言写出来，同样引起读者的强烈震撼。因此本节课重点是探讨关键词句背后的深刻意蕴，这也正是文本解读的关键。另外，高三现代文学习应贯彻新旧勾连的学习法，体现高三学习温故知新的特点。学生对托尔斯泰只是略知一二，因而可能无法理解作者对他的高度称颂，也无法理解课文中所涉及的"幸福""逼人的朴素""纪念碑式的朴素"等关键词，更无从理解作者字里行间隐含的情感，因此适度补充托尔斯泰的史料非常必要，这样一来，学生可以有全面的了解也会丰富自身的文学积累。

　　教学过程以任务驱动。任务一：圈划出直接描写坟墓特点的句子并写出关键

① 王荣生主编：《散文教学教什么》，华东师范大学出版社，2014年8月，第11—12页。

词。学生很容易圈出下列语句：(1)这块将被后代永远怀着敬畏之情朝拜的尊严圣地，远离尘嚣，孤零零地躺在林荫里。(2)这只是一个长方形的土堆而已。无人守护，无人管理，只有几株大树荫庇。(3)它只是树林中的一个小小长方形土丘，上面开满鲜花，没有十字架，没有墓碑，没有墓志铭，连托尔斯泰这个名字也没有。紧接着师生品读加点词语蕴含的深刻思想和情感，追问可用文中哪个词语总结这些加点词？这个总结词语之前有哪几个定语？据此揣摩此墓主人有何品质？学生不难找到"朴素"以及它前面的两处定语"逼人的"和"纪念碑式的"；学生可能回答的人物品质有淡泊名利，平凡自然，宁静致远之类，言之成理即可。同时为下面的研讨设置悬疑："朴素"前的定语在文中分别何意？有何联系？并且由补叙可知，托翁墓地的朴素并非年久失修或生前穷愁潦倒所致，而是托翁自己的意愿，这里是"幸福的所在"，那么托翁的幸福的标准又是什么？

　　任务二：圈划出对坟墓直接发表议论和抒发感情的句子，并点出关键词。可以比较集中地找到下面的句子：(1)我在俄国所见到的景物再没有比列夫·托尔斯泰墓更宏伟、更感人的了。(2)他的坟墓成了世间最美的、给人印象最深刻、最感人的坟墓。(3)然而，恰恰是不留姓名，比所有挖空心思置办的大理石和奢华装饰更扣人心弦。(4)人们重新感到，这个世界上再也没有比这最后留下的、纪念碑式的朴素更打动人心的了。品读这些加点词语，追问作为伟大作家，墓地极其简陋确实动人，但作者评价是否有些言过其实？有什么根据吗？请阅读补充材料《托尔斯泰的痛苦与幸福》(笔者选编)，深入了解托尔斯泰。结合画线句思考托翁有什么？没有什么？托翁的人生充满哪些辩证统一？

　　以世俗眼光看，"幸福"对于列夫·托尔斯泰来说，似乎是与生俱来的。他出生在贵族庄园，命中注定只能做尊贵的伯爵。19岁，他成为拥有1470俄亩土地和330个男性农奴的大地主。约30岁，他凭借文学天才又将自己的财富翻了两番。34岁，他与比自己小16岁的索菲娅小姐步入婚姻殿堂，生育了13个儿女。他的身躯似乎是上帝在心情最好的时候特别制作的：坚实、灵敏、健康。"游泳像一条鱼，骑马像一个哥萨克，收割像一个农民"，70岁穿着冰鞋灵活地飞驰在滑冰场；76岁好奇而兴奋地学骑自行车；82岁，即将与死神共舞，还威风凛凛地扬鞭驰骋。不论是一天伏案写作 10 小时,还是像农人那样一天耕田 10 小时都不会疲惫不堪。当然,上帝不会忘记赋予他绝顶的智慧才华。他 16 岁考入大学,因为觉得听教授们讲课不及自己读书有意思,19 岁就退出了大学课堂。4 年后,这位跟着哥哥来高加索战地寻求刺激和浪漫的青年军官产生了创作冲动,开始在炮火的缝隙间写小说,他的一部部名作:《少年》《青年》《战争与和平》《安娜·卡列尼娜》《复活》等如滔滔洪水,奔涌而出。他的名字响彻俄罗斯、响彻欧洲、响彻全世界。不少与他生活在同一个世纪的俄国文豪,因为批判现实而遭到沙皇政府的残酷迫害——普希金被流放;陀思妥耶夫斯基曾经身着白色的尸衣被绑在死刑柱上;高尔基多次被捕等等。托尔斯泰对现实的批判比谁都激烈,可是因为名气太大,残暴成性的沙皇从来不敢动他一根毫毛。托尔斯泰伯爵可用不着委屈自己的思想感情,他一辈子都在独立自由地呐喊。沙皇的御用文人苏沃林曾在日记里哀叹:"我们有两个皇帝,一个是尼古拉,一个是列夫·托尔斯泰。他们两个中间谁更有力呢? 尼古拉二世拿托尔斯泰毫无办法,不能动摇他的宝座一下,而托尔斯泰,毫无疑问,却正在动摇尼古拉的宝座和他的皇朝。"

　　身份、地位、财富、爱情、家庭、健康、天分、成就、声誉,托尔斯泰拥有这一切,但是他一生中的多数时光都浸泡在追寻幸福而不得的痛苦中。他说,"对幸福的渴望"是"构成我的生命之本质……但这幸福不是我个人的,而是整个世界的"。"只有爱和自我牺牲才是真正不受环境影响的惟一幸福!"显然,他已经拥有的一切都不过是"来自命运"的虚假幸福,而他这一生孜孜以求的是让"整个世界"都充满阳光的"行善者的幸福"。

　　"难道不能永远离弃当老爷的庄园吗? 难道不能搬到农舍里同劳动人民一起生活,像农民一样吃饭,像农民一样工作,用自己的劳动,用自己的劳动果实来养活自己?"他充满向往地写道:"这才是生活! 这才是真正的名正言顺的幸福!"托尔斯泰打算将庄园和土地分给农民,将作品的版权奉献给全社会,劝说妻儿子孙都放弃财产,过朴素的、自食其力的劳动生活。但妻子和一部分儿女始终没能理解更没有接受他的思想。原本恩爱的夫妻因此而频繁地争吵,原本和睦的家庭因此而矛盾日深。在极端的痛苦中,1910 年 10 月 28 日清晨,82 岁高龄的托尔斯泰终于离家出走。这位与普通农民同坐三等车厢的老人在途中病倒。病危中,面对救助他的医护人员,托尔斯泰叹息:"而农民呢? 农民是怎样死的?"弥留之际,他对身边的亲人说:"大地上千百万的生灵在受苦;你们为何大家都在这里只照顾一个列夫·托尔斯泰?"1910 年 11 月 7 日清晨,这颗深爱着"整个世界"的心停止了跳动。

现在重新理解第一段"幸福"的意义,并理解"朴素"之前的两个定语"逼人的"和"纪念碑式的"的特定含义和逻辑联系:托翁的"幸福"是指过朴素的、自食其力的劳动生活;充满爱与自我牺牲的奉献;众生平等的理想世界。"逼人的"即震慑人心的,托尔斯泰伟大人格震慑人心,托尔斯泰坟墓的朴素震慑人心,两者的反差强烈震慑人心,人们怀着神圣之心不敢轻举妄动。"纪念碑式的"即让人永远缅怀歌颂的永驻心间的宏伟灵魂永垂不朽。两个定语之间可以理解成分总关系,震慑人心的种种表现汇总成人们心中永远的丰碑,也可以理解成因果关系,因为有各种打动人心的朴素,所以才形成永垂不朽的丰碑。可见,两个定语虽然都是修饰"朴素",但是在文中的位置不能互换。

任务三:圈划出文中侧面烘托的语句。侧面烘托的段落非常直观:"残疾者大教堂大理石穹隆底下拿破仑的墓穴,魏玛公侯之墓中歌德的灵寝,西敏司寺里莎士比亚的石棺,看上去都不像树林中的这个只有风儿低吟,甚至全无人语声,庄严肃穆,感人至深的无名墓冢那样能剧烈震撼每一个人内心深藏着的感情。"分享加点词语的赏析之后,追问作者为何这么说? 难道这些人不够伟大吗? 因为物质的宏伟始终会湮灭,只有精神的宏伟才会不朽。最后总结,请说出课文标题中"最美"的原因。这样一来,大家就会领悟到:大音希声,大象无形,朴素的外在蕴含着崇高的精神和伟大的人格,这样的精神力量绚烂极致归于平淡,如夏花灿烂归向秋叶静美。

以上的任务驱动把文章的章法、表达方式、语句与"个性化的言说对象""独特的认知情感"融合起来,试图剖析作者心扉深处,这为本文的以读促写的训练做好了充分的准备,这样的读写结合才算是把语文上成了语文,而不是单纯地分析语言特色和表达技巧。在此基础上提出任务四,学习以上的三种表达方式,从已经学过的所有课文中寻找写作素材,写一篇题为"世间最美的_____"的短文,要求学习文章写法，抓住事物特征，提炼伟大人格。有写"最美苏武节"（《苏武传》），有写"最美瓦尔登"（《瓦尔登湖》），有写"最美常春藤"（《最后的常春藤叶》），有写"最美丽告别"（《告别权力的瞬间》），有写"最美丽小溪"（《小溪巴赫》），有写"最美丽瀑布"（《晨昏诺日朗》），有写"最美丽书斋"（《项脊轩志》）等，既能牵一发而动全身，体现高三课堂的复习与拓展功能，同时，学生可以通过写作训练重温这些经典课文的伟大灵魂，将学到的语句、章法等表达技巧与这些灵魂相融合，重构成注入了"我之情感"的新认识。以下为习作一例：

世间最美的竹杖

　　三千里西伯利亚的雪窖冰天，苏武无论走哪一步，走到哪里，都牢牢攥紧那一支旄羽落尽，两端开裂的竹杖；十九年羁留西域的茹毛饮血，苏武无论过哪一天，无论行坐起卧，都牢牢抓住那一支竹节光亮，竹竿笔直的节杖。（直接描写）这根破败的竹竿无声地诉说着青丝白发沧海桑田的感慨，这根神圣的竹竿豪迈宣告着坚贞不屈始终如一的坚持。（抒情议论）受命于天的皇帝玉玺早已失去往日光华，镶金嵌银的法老权杖已然腐朽得无处寻觅，只有苏武牧羊的那一支竹杖至今存留在每一个华夏子民的心中，化作了无声的泪水与感动！（侧面烘托）

　　3. 课文是写作读者意识的诱因

　　从写作角度看，所谓读者意识，就是写作中的对象意识，是指写作时心中存有倾诉或交流的对象。接受美学家伊瑟尔提出，作者创作过程中始终存在着"隐在读者"。这一"读者"存在于作者创作的任何一个环节，实际上，它是"读者的需求或审美期待在作家头脑中的反映，是读者的存在与作用内化生成于作家心中的一种意识"。近些年，"读者意识"成为写作教学领域中的一个热词。上师大中文系郑桂华教授认为，所谓读者意识，就是写作时心中有特定的阅读对象和明确的表达目的，并据此选择材料、确定观点、运用语言，也就是让表达回归交际功能。这在写作观念上是一个微小的调整，但对写作教学来说，则意味着前进了一大步。①

　　20世纪30年代，我国著名语文教育前辈阮真就曾经提出，"有实际生活需要的

---

① 郑桂华编著：《中学语文教学设计》，高等教育出版社，2019年6月，第244页。

机会我们要利用,没有实际生活需要的机会,我们也要假设环境,造成机会,去做问题设计"。他还提出了获得生活话题的具体途径:(1)利用学生实际需要事项;(2)利用读物;(3)利用定期刊物;(4)利用校内服务事项;(5)利用社会服务事项。①

　　读写结合,学生在研读课文时往往有独特的阅读体验,在此基础上有感而发,这时的写作就会"心中存有倾诉或交流的对象",也就有了"特定的阅读对象和明确的表达目的",这时的写作是趁热打铁,是阅读的有效延伸,有利于培养学生写作时的读者意识。将写作的题目情境化、生活化、任务化,最大的好处是使学生在写作时能像面对日常生活情境一样有话可说,它所带来的是写作兴趣的提高、训练效果的提升以及写作水平的提高。

　　我教《老王》时,借鉴了肖培东老师的方法设计了最后的几个教学任务。② 任务一:拷问,拷问社会的良知。老王死了,"我也不懂,没多问"。只是没问不代表无问,"不懂少问"的背后是杨绛无言的隐忍的冷冷悲凉。面对身裹白布凄然离世的老王,作者最想追问的是什么? 这个问题让学生替杨绛发问,点燃了学生的思维火花。"谁,该为老王之死埋单?""为什么,只有死亡才能换来唯一的一次公正?""老王,你在那里还有这如许多的不幸吗?"……这些问题使得从"不幸"到"愧怍"间的课堂推进有了一座自然的桥梁。任务二:追问,追问世道的不公。面对老王品德善良为人厚道但命运多舛的现实,我提出一个问题:佛教认为:"善有善报,恶有恶报。"诗人北岛却说:"卑鄙是卑鄙者的通行证,高尚是高尚者的墓志铭。"你更相信哪句话? 请举例说明。课堂上,同学的思维积极开放,引经据典,从岳飞、秦桧这样的朝廷大员到窦娥、董永这样的市井小人。"好人是否有好命"这个题目激发很多同学讲出了自己的真实想法,有的同学认为:"老王其实也有善报,因为杨绛写文章纪念他,许多年后我们还可以读到他的事情,他可以永垂不朽,这就是他生命的价值。"这一追问使教师对"愧怍"的分析不至于因突兀深刻而居高临下,"愧怍"之义才推向更深层。

　　以上的两问撩拨着所有课堂参与者的情感,使学生有了表达的欲望,读者意

---

① 郑桂华编著:《中学语文教学设计》,高等教育出版社,2019 年 6 月,第 246 页。
② 肖培东:《读问之间思"愧怍":我教〈老王〉》,《语文学习》2014 年 02 期。

识渐趋强烈,这为下面的写做了铺垫。由此,我设计了任务三:请为老王写一段纪念性的文字,融入个人情感和个性创意,200字左右。以下是两位学生的作品:

你不用担心你的眼睛

　　风停了,空气中还残留着你的气息;雨停了,泥土里还深印着你的脚步。你的三轮是通向天国的灵车,你那一双眼睛竟能够一眼万年。你的背影停留在了那个炎热的夏季,和你在一起的是超大的冰块和那辆破车。天堂的路可好走,老王,那里四季光明,你不用担心你的眼睛,老王,那里没有你的过去,只有你善良的心,踏着努力,踏着朴实,走出新的光辉。

　　【点评】文题新颖,一下抓住了老王的特征,也抓住了读者的共鸣;语言规范整齐,整句运用合理,符合“悼词”文体特点;情感真切,对逝者的告慰渲染贴切。你是一个很有才情的学生。

你,就这样轻轻地走了

你,就这样轻轻地走了
轻轻地,犹如一小片雪,
即使你是那么小,
即使你是那么脆弱,
可你却为这美丽的雪景,
付出了自己全部的纯洁。

你,就这样安静地走了
安静地,就像一片树叶,
即使你是那么小,
即使你是那么脆弱,
可你却让那凉爽的秋风,

将你吹到了天涯海角。

你,就这样安心地走了
安心地,似那一滴雨水,
即使你是那么脆弱,
可你却坚信那太阳,
终会将你蒸发重返天堂。

你,虽然就这么走了
可你的品质却永留我们身边,
就如空气,在我们看不到的地方,
却如此重要。

　　【点评】首先感谢你的积极创意,用诗歌的形式来悼念老王;其次你所选意象“雪花”“树叶”“水滴”很符合老王的身份特征,运用托物言志的手法,情感深沉而含蓄,深得中国文化之妙,你的大胆尝试已经取得了成功。

第六回　世事洞明皆学问　人情练达即文章
——写作教学课的创意故事

王荣生老师提出：写作课程应当基于学情，这是变革写作课程的极为重要的取向。序列在学生碰到的问题和困难中，序列只能在学生的写作行为中去找。

因此，当你开始批阅学生习作之前，请务必默念下面几句话：

你不是简单地为学生的作文评判等级，你是通过批阅作文了解学生的学情，你应该从中发现学生的写作症结所在，你将据此确定一个有针对性的写作教学目标和教学内容展开你的写作教学指导。①

写作教学很重要，历来研究和成果很多；写作教学很困难，众说纷纭莫衷一是。王荣生老师的看法很中肯：写作教学要基于教学体制的现实，基于学情，具体问题具体分析，没有现成的法则可循。对教学来说，老师们很关心提升学生的写作能力，尤其是提升学生的应试能力，并且我们知道，越是应试越要研究学情，这是个规则。我们的教学对象是高中生，现实的教学目标是高考，高中生写作不能完全等同于社会写作实践，不能简单地把一般写作理论平移于中学写作教学。这是因为：中学生无论年龄特征、生活环境、经验积累等各方面都和成年人有很大差异，他们还处在准备阶段，因此应该有与社会写作实践不同的教学要求和系统；写作教学是一种教学行为，它通过有计划的训练来达到自己的目标，因此需要有与社会写作实践不同的教学途径和方式。②

这一章谈的是我的写作教学故事，是根据个人多年任教高三、指向高考的教

---

① 王荣生主编：《写作教学教什么》，华东师范大学出版社，2014 年 7 月，第 18 页。
② 章熊等著：《和高中老师谈写作》，人民教育出版社，2012 年 5 月，第 5 页。

学实际摸索出的个性化的教学序列,是根据我校普通高中学生生源的现状整理出的一些教学方法和途径。学校之间、学生之间个体差异很大,这会导致我的写作教学故事没有足够的弹性而失去适应性,只是督促自己不断摸索下去,只是希望读者有万一之得。

一、写作素材: 学养和积累

写作是思维活动,也是文化活动,第一步当然是挑选和收集广泛而适切的写作素材,所谓"巧妇难为无米之炊",没有食材,再好的厨师也整不出精美的餐食。王荣生老师认为"长期以来我们的写作教学忽略'为交流的写作'而偏重'为抒发的写作'。这是值得商榷的。'为抒发的写作'其能力主要依赖一个人的学养和积累。"[1]当前情况下,这个现状尚难改变。普通高中学生的学养和积累是有限的,文章的内涵普遍浅薄,这除了因为思维品质较差外,还与学生的写作素材匮乏和陈旧紧密相关。同时,他们通过自身努力提升学养和积累的意愿和能力也是有限的,所以,教师要利用自己的学养和积累帮助学生增加学养和积累,这在普通高中尤为重要。

此外,作文,尤其是考场作文,本质上是一种"急就章"。是拿昔日储备在规定时间、规定地点所做的兑换和变现,它是快餐性质的,是服务性质的,它考查的是你的日常积累和快速反应,是你的主题定位能力、素材编织能力、语言组织能力和逻辑搭建能力。[2]试场如战场,写作是战略高点,素材好比是弹药,我常告诫学生:空枪上阵十分危险! 但是告诫往往只能激励极少数学生的行动,教师一定要在这方面给学生做点什么才行。

(一)挑选和收集

说故事、写故事主要功能之一是提升表达能力。作文里故事必不可少,或为

---

① 王荣生主编:《写作教学教什么》,华东师范大学出版社,2014 年 7 月,第 24 页。
② 王开岭:《素材的个性占有与拓展》,《语文学习》2017 年 12 期。

论据材料，或为类比、对比、比喻论证的过程，这些故事使说理更加形象丰富、雄辩有力。古往今来，优秀的作品都在讲述着优美动人的故事。为此，近年来我开了5节写作教学公开课，引导学生用精炼的故事来说理。写作2017年高考作文"预测"，指导学生提升境界，有学生写了"预测100％失败的前提下，真的猛士依然义无反顾"的故事，阐述了崇高的生命情怀；写作2018年高考作文"需要与被需要"，指导学生讨论"需要与被需要的关系"时，讲讲"修己与达人"的故事，讲讲《论语》中"己欲立而立人，己欲达而达人"的故事。指导学生讨论"被需要体现哪些价值"时，讲讲张玉滚、刘传建等人的故事，讲讲张载先生的"横渠四句"的故事，学生对材料的核心思想就有了更深刻的理解，对价值的思考就有了丰富的层次。

面对纷繁的人类文化遗产，鲁迅鼓励我们"占有、挑选"。在有限的教学时空中，教师要帮助学生构建写作素材库。市面上"写作素材"一类的书很多，但是作用不大，一方面学生没有时间占有和挑选，另一方面不一定切合学情，比不上自己的老师亲自设计的"配方"。教师提供的配方会根据社会热点、命题实际和学生的发展阶段不断地调整材料的新陈代谢、组合方式和运用范围，并且在关键的时间节点组合成有针对性的资料库。

2019年高考之前，我根据今年高考命题特点和优秀作文的审美标准整理了20则高考写作素材故事，分为"传统文化""现代经典""当代精神""西方哲学"四个主题，每则素材又分为"名言""阐释""立意思辨"三个部分，旨在让学生有备无患、有话可说。高考语文考试结束后，有学生主动向我反馈使用了其中的两个故事，阐述接触异域文化，对"中国味"有更深认识时，讲了"贝聿铭设计苏州博物馆"的故事，评价其"设计百年，保持中国底色"。阐述"认识事物"的方法时，讲了李叔同"近人情，体物性"的认知规律和文化自信。写作的方法千万条，关键的一条就是恰当地讲好中国故事，说好中国道理，阐明中国价值。与2019年高考相关的两则材料案例呈现形式如下：

贝聿铭——设计百年，归来仍是少年

1. 名言

对我来说，中国印记从未完全消失。现在我在美国住了七八十年，仍然觉得自己是中国人。我给了自己新的外表,但内心的一切早就存在了。

2. 事迹

贝聿铭每周的周一、周三、周五到办公室从下午 1 点工作到 6 点,而周二、周四、周六则处理各种文件,这样的工作节奏与习惯,他一直保持到 95 岁那一年。虽然他比较在意外界对他的评价,但是他一直不愿意接受'大师'这个称呼,对于他来说,一个认真的职业生涯才是他的人生本色。

贝聿铭曾说,苏州博物馆是他的"小女儿",更是他人生的自传。他把自己的对故土的热爱、对中国血统的认同,全部贯穿在了这栋建筑之中。苏州博物馆扎根于传统,在中国风的基础之上,贯通了西方的现代设计理念。这种气质,和贝聿铭的一生亦相匹配。身处异国,他却常引用陶渊明的诗来比喻人生:木欣欣以向荣,泉涓涓而始流,善万物之得时,感吾生之行休。

3. 立意

A. 坚持勤勉的学习工作态度,"靡不有初,鲜克有终";

B. 中西贯通、博采众长,吸取各种文化精华;

C. 保持内心纯净,不忘初心,保持谦逊本真。

李叔同——近人情、体物性

1. 名言

不近人情,举足尽是危机;不体物性,一生俱成梦境。

2. 事迹

"二十文章惊海内"的近代国学大师李叔同说——不近人情,举足尽是危机;不体物性,一生俱成梦境。大意是,性情乖张不通人情世故,则举步维艰;自行其是不顾客观规律,则一事无成。《红楼梦》中的名联与这句话异曲同工——世事洞明皆学问,人情练达即文章。世事洞明便是"体物性",人情练达便是"近人情"。性格乖张的贾宝玉终日依红偎翠,不知外出交游人情往来,可谓"不近人情";深居侯门不问世事只知读死书,可谓"不体物性"。贾宝玉一生步步逢魔,终至落魄出家,果然举足尽是危机,一生俱成梦境。

3. 立意

A. 有崇高追求也不能脱离实际生活；

B. 清高脱俗与参悟世事要相辅相成。

（二）联系和拓展

光懂得收集素材还不行，那只是物理性的采集，你必须识别素材，你要与素材之间发生深刻的反应，就像化学实验室里发生的那种"热反应"，如此，你才算是完成了个性化的"占有"，但光占有似乎还不行，你最好再进一步，让素材与素材之间发生某种聚合反应，这就叫"拓展"。①《普通高中语文课程标准（2017）年版》指出："在已经积累的语言材料间建立起有机的联系。"没有联系的素材是一个个孤立的点，建立起联系的素材群才能构成一个有机的网络。黄剑老师认为，这种联系包括三种形态：观念与事实之间的纵向联系，观念与观念之间、事实与事实间的横向联系。提升思维水平，主要依托观念与事实之间、观念与观念之间的联系。②

怎样具体操作呢？首先是简单地归类。根据上海高考强调思辨的特点，贴合自己学生的实际情况，挑选素材并整合归类。如前所述，2019 年高考 20 则素材的"现代经典"部分，现代经典很多，长篇大论学生记不住，考场也不好用，短小又富有思辨哲理的作品莫过于现代著名诗歌或其中的句子了。在这个主题下，我为学生推荐了 6 则素材：(1)永远的《断章》，世间人与事相互依存、相互作用。有学生在 2018 年高考"需求与被需求"作文中用到。(2)把握当下，感受美好的《门前》，片刻的美好时光，也许要用几十年的等待和挣扎来换取，头脑清醒的人决不会天真地去崇拜未来。(3)不忘初心的《我是一个任性的孩子》，追求一个纯净、和谐，没有矛盾，使人心情愉快的世界。(4)遇见陌生的自己的《陌生人》，青年应该有自我意识觉醒，在觉醒中建立起不断超越自己的勇气和信心。(5)《回答》追求真理

---

① 王开岭：《素材的个性占有与拓展》，《语文学习》2017 年 12 期。

② 黄剑：《议论文素材积累，要重"事实"，更要重"观念"》，《语文学习》2019 年 01 期。

的质疑与担当,怀疑与思考就是一个寻求意义的过程,就是人生价值和尊严的所在。(6)祈求与寻觅的哲思《远和近》,人们的眼睛可以熟视无睹,视而不见;也可以极目无穷,见人所未见。

优秀的素材肯定不是一个个的,而是一串串的,像糖葫芦或羊肉串。接着我引导学生思考,试着在以上6则材料之间建立起联系,将它们组合成一个整体,更加有利于记忆和运用。6则材料实际上组合成人们认识世界、为人处世的完整过程:认知世事规律——保持美好情怀——勇于超越自我——追求真理,敢于担当——拥有睿智的眼光。很符合逻辑的思维过程,本身就充满思辨色彩,学生也感受到发现的乐趣。同样,"传统文化"主题下我也选了5则素材:(1)近人情、体物性的李叔同,性情乖张不通人情世故,则举步维艰,自行其是不顾客观规律,则一事无成。(2)自省慎独的曾子,不断检查自己的言行,使自己修善成完美的理想人格。(3)《论语·卫灵公》的求诸己与求诸人,如果没有深入查找自己的修养,怎能发现不足,修正自己呢?(4)《论语·雍也》的修己与达人,如果自己没有站稳,又谈何把别人扶起来。(5)《静者居记》的出世与入世,居庙堂之高则忧其民,处江湖之远则忧其君。这5则材料又有什么联系呢?实际上是"仁者"养成的过程:掌握世事规律——不断修炼自己——在自己和世事之间建立起崇高的关系——不以物喜,不以己悲。

仅止于此还不够,还要学会"召唤",用一个事实召唤另一些事实,用一个观点召唤另一些观点,用一个观点召唤一串事实。比如针对上文所述《论语·卫灵公》"君子求诸己,小人求诸人"的观点,现代社会有哪些事实能与之相联系?它有何现实意义?从千变万化的人情世故中,抓住不如意之事发生的瞬间,去领悟因果关系,不是修炼提升自己的难得机会吗?就算不是我们的错,养成"凡事先找自己的原因"这样的习惯也是自我负责的态度。现实社会与之相关的惨痛教训比比皆是,例如2018年重庆公交车坠江事故造成15人死亡,起因只是乘客刘某错过站点因而与司机激烈冲突,事发之前,如果刘某、司机、车上其他乘客任何一方本着"反求诸己"对自己负责的态度,而不是推卸责任、撇清关系、事不关己,悲剧就不太可能发生。

再如我在"西方哲学"的主题下列举的素材《乌合之众》，古斯塔夫·勒庞试图探索这个问题：当个体融入整体，我们确实会变得更无私，更有牺牲精神，但代价是理性的消退与责任感的丧失。因为判断是大家共同做出的，个人不用承担结果，于是群体更容易采取极端的解决方案。例如2012年因钓鱼岛事件引发的抵制日货游行事件，最终发展为打砸日系车辆、日资商场，并伤及无辜群众等恶性事件，平时守法的公民们由于强烈的情感形成一个心理群体，群体意志取代了个人理智，形成了群体无意识行为。

此外，针对勒庞《乌合之众》的某些观点，也可以横向联系，拓展与之相关的观点。例如勒庞认为："没有传统就没有文明；没有对传统的缓慢淘汰就没有进步。困难在于，如何在稳定和变动之间找到一个恰当的平衡。"可联系赫伯特·芬格莱特《孔子：即凡而圣》中的观点："人类之所以有独特的力量和尊严，是由于人类能以明智的传统方式行动，而不只是出于本能冲动或者条件反射。"也可联系熊培云《重新发现社会》中的观点："人生而现代，却无往不在传统之中。"如此，学生就逐步建立起素材网络，素材不再是安静躺在笔记本里的物理存在，而是具有了学生思维的灵性，才称得上真正的"学养和积累"。

二、 写作范式： 与材料对话

学生写作文，最怕写偏题。教师教作文，更怕学生写偏题，每次考前辅导，总要千叮咛万嘱咐——宁可平淡不可偏题。虽然各类考试作文命题者反复强调不会在审题上为难学生，虽然教师不断指导学生如何"审材料、审提示、审要求"，但每年高考还是有相当一部分学生偏题。

对普通高中的大多数学生而言，高考作文能平平稳稳拿到50分左右，是完全可以接受的。然而有时候"宁可平淡不可偏题"的要求也不容易做到，一些学生的作文还是似是而非、飘忽不定甚至匪夷所思。要解决这个问题，方法有很多，我采用的方法是"与材料对话，不自说自话"。近年来上海高考作文题目类型均为材料作文，所给材料一般短小精炼、层次鲜明、具有思辨色彩。考生如果严格遵守"与材料对话"的原则,拿到基准分问题不大。怎样与材料对话呢?就是根据材料的每句话、每个层次提出自己的思考问题,然后按照议论文一般写作思路(是什么、为什么、怎么办)整理出这些问题的顺序,最后详略有序地逐一加以解答,组合成文。"与材料对话"最大的好处在于确保学生写作内容集中在材料范围内,且符合议论文的基本规范。

(一)概念的澄清

中学生议论文写作上的议论分散、中心不明、偏题跑题等,其病根很可能在于概念的混淆。因此,在一篇议论文中,概念要求具有相对的确定性,既不能把不同的概念等同起来,也不能前后用同一个语词形式来表达不同的概念。否则,就要犯混淆概念或偷换概念的错误。①

"与材料对话"的第一步当然是"是什么",我们的学生很少有概念意识,往往还没有对材料中的重要概念作必要的界定和诠释,就匆匆立论,草率论证,导致文章从源头上就出错。比如2019年上海春考作文题:"在阳光里生活,需要有步入阳光的能力。"这句意蕴丰富的话引起了你怎样的思考?对话的第一步自然是"什么是阳光?""阳光里的生活有什么特点?"显然"阳光"象征温暖和光明,"在阳光里的生活"指的应该是温暖幸福、光明坦荡、公平正义、符合社会主义核心价值观的生活状态。明确这些概念是论证展开的基石,在此基础上才能展开下一步的对话:步入阳光需要哪些能力?这种能力和"阳光社会"之间有怎样的关系?然而,考场低分作文大多没有展开第一步对话,遑论后面的对话。实例如下:

例1:曾有过这样一句话,"在阳光里生活,需要有步入阳光的能力。"意味着有能力才能在阳光里生活。然而,如今的社会却越发地不注重能力,人们的注重点逐渐发生转变,对能力的注意力正在逐步减化。

例2:如今的社会就像阳光,它环绕于我们周边,想要在其中生活,我们必须

---

① 李凤:《概念澄清:应对偏题的有效策略》,《语文学习》2014年03期。

步入阳光。在我看来,步入阳光就像融入社会。而融入社会的过程中,我们必不可少的能力便是圆融处世,学会在适当的时候放手。

例3:阳光很多的时候,是幸福的代名词,大家对阳光的追求,很多时候就是对心中幸福生活的追求。但是想要在阳光下生活,我们就要有实力去充实自己,使自己能够找到幸福。

例1直接忽略"阳光"这个概念,强调在社会上生活要注重"能力",典型的自说自话;例2直接用"社会"替换"阳光",典型的偷换概念,还有用"环境""团体"等概念替换"阳光"的,强调要有适应环境、融入集体的能力;例3也注意到要阐释关键概念,但是阐释单一,"幸福"是阳光社会的特征之一,如果就此展开就变成议论"追求幸福"去了,典型的以偏概全。

澄清概念的方法之一是善用比较。一般来说,一个正确的概念的建立,总是在抛弃一个错误的概念同时完成的;对一个概念的准确理解,总是在与相似概念的区别中获得的。与"阳光"相近的概念,从社会而言有"温暖""光明""希望""幸福""公平正义"等,从个人性格而言有"积极向上""乐观开朗""活泼朝气""充满正能量"等;与之相反的概念有"阴霾""黑暗""抑郁""消沉"等,把这些概念稍加联系整理,可以形成基本清晰的"阳光"概念和基本准确的"步入阳光的能力"。再如2017上海高考作文题:"预测,是指预先推测。生活充满变数,有的人乐于接受对生活的预测,有的人则不以为然。请写一篇文章,谈谈你的思考。"有些考生就善用比较法来澄清"预测"这个概念:

例1:预测不是猜测,更不是臆测。预测不是天马行空的想象,而是有根据的推测。曹刿对于战争走向的预测,爱因斯坦对于黑洞的预测,现代科学对于天气的预测等,都不是无中生有的,不是靠想象力捏造的,而是基于无限知识的积累。正是因为其有根据有道理,预测才成为区别于猜测和臆测的一门智慧。

例2:预测不是试图对生活进行算命式的全细节预知,而是人们以全局的眼光、审慎的态度与清醒的头脑高屋建瓴地了解与探究外部世界与个体生命的大致走向,从而具备更从容应对生活中无时无刻不在的变数的能力。

澄清概念的方法之二是为写作对象服务。"我们写作的目的不是像词典专家那样去弄清楚概念的一般内涵……澄清概念，不是单纯地对概念进行解释或描述，而是为写作目的服务的，需要将其放在一个整体的系统中去思考。"[①]首先，概念的阐释必须符合整个材料的精神。比如2018年上海高考作文题："生活中，人们不仅关注自身的需要，也时常渴望被他人需要，以体现自己的价值。这种'被需要'的心态普遍存在，对此你有怎样的认识？请写一篇文章，谈谈你的思考。"主要概念是"需要"和"被需要"。如果不顾"生活中"的前提，不顾普通的"人们"的心理，直接引述马斯洛需求层次理论则不是十分切合，马斯洛将人的需求从低到高依次分为生理需求、安全需求、社交需求、尊重需求和自我实现需求。而材料中"体现自己的价值"这句话表明，这个"需要"应主要议论"自我实现需求"，这是材料的整体写作目的。如果把概念界定为低级的物质或者安全之类的"需要"，则既不符合生活现实，也不符合写作要求。

另外，当概念的外延缩小到具体现象的论证时，就要阐释清楚概念在这个现象中的具体内涵，为具体论证的目的服务。张玉滚的"被需要"心理和钱学森的"被需要"心理就不尽相同。张玉滚接过一根扁担扎根黑虎庙小学，十几年如一日坚守大山深处，只为改变山里娃的命运，托起大山的希望。他的"被需要"是个人理想、职责的坚守；钱学森面对美国的重重封锁，放弃优越条件回到贫困的新中国，他的"被需要"攸关国家振兴的前途命运。当然，在有些人身上，"被需要"则定义为"江湖义气""虚荣显摆""自私自利"等负面的心理。

（二）对话的展开

关注写作实践性，可以使写作课程与教学少走许多弯路。但是，我国写作课程忽略写作实践性的状况非常严重。我国写作教学中也有所谓的活动，但这些活动只是单纯的"活动"而非"写作活动"……

如果一堂写作课，教师用了很多"写"以外的活动，那么想通过这样的活动来

---

① 欧阳林：《澄清概念存在的问题及解决策略》，《语文学习》2016年02期。

较快获得写作能力恐怕是不现实的。①

　　我的写作教学主要以近年上海高考题为抓手，在课堂上引导学生一步步地与材料展开对话，在对话展开的实践活动中，提升学生的审题能力、分析能力、思维能力和表达能力。这样的活动既确保学生写作不跑偏，也确保实践活动是实实在在的"写作活动"。以下以 2017 和 2018 两年的上海高考题为例进行具体阐述。

　　2018 年上海高考作文题（前已呈现）的课堂训练，教师创设教学情境：题目大家可能有所耳闻，但并未深入思考。现在假定大家就在考场，请默读材料几遍，划出关键短语。多数学生能进入情境，划出"自身的需要""被他人需要""自己的价值"等关键短语。接着要求学生从材料中提炼问题。一下子提出所有的问题、展开所有的对话并不现实，面对这个材料，先看前两句话，常人在常态下的第一个问题会是什么？什么是"需要"和"被需要"？这是立论基础。"急就章"的考场，学生的答案比较粗浅："需要"就是你想得到什么，包括物质和精神上的；"被需要"就是能给他人提供某种帮助，获得价值成就感。表述粗浅没关系，关键是训练和形成概念阐释的意识。

　　接着该问什么问题？"需要"和"被需要"应该是什么关系？这个问题关乎思辨，很重要也很难讲清楚。学生的答案零散，需要教师在课堂生成后即兴整理：（1）被需要是一种精神上的需要。被需要本身也是一种需要。（一体两面，人之本能）（2）需要与被需要可以和谐统一。理想社会中人之需要可能是我之被需要，我之需要可能是人之被需要，比如志愿者或义工的身份转换。（人人为我，我为人人）（3）需要与被需要应该相互提升。正向的两者关系要避免低层次的物质追求，应该是精神上的相互促进。《论语·雍也》说："己欲立而立人，己欲达而达人。"（修己达人，实现价值）。学生自主整理到不了这个水平，但通过实践活动，可以引导学生形成在两个概念之间建立起某些关系的习惯。

　　对话的第三步该怎样问？看材料的后两句话："也时常渴望被他人需要，以体

① 王荣生主编：《写作教学教什么》，华东师范大学出版社，2014 年 7 月，第 25 页。

现自己的价值。"这里也出现两个概念"被需要"和"个人价值"。学生直观地认为第三个问题应该是"被需要体现了哪些个人价值"？这没错，从材料整体来看，这里是论证的重点。但要提醒学生，在进行这个对话之前还有一个概念要澄清——个人价值。个人价值是个人的行为展现出的才能，而这种才能可以给自己和社会带来种种利益，它包括个人的个体价值和个人的社会价值。在简要阐释这个概念之后，"被需要体现个人的哪些价值"这个问题才更容易整理出思路：（1）被需要实现个人的个体追求。在被他人需要的过程中，一个人的自尊自信的心理会得到满足，在对社会的仁爱、奉献中会感受到自己是个有用之人。比如退休教师积极参加志愿活动之类。（2）被需要体现个人的角色定位。父母之于子女、教师之于学生、医生之于患者等等。他们各尽其职，各有归属，其中有些人在自我价值实现的同时，感动了千万人，比如张玉滚、刘传建。（3）被需要担当个人的社会责任。卢梭在《漫步遐想》中说："只有在大家幸福时我才感到幸福。"张载有著名的"横渠四句"——"为天地立心，为生民立命，为往圣继绝学，为万世开太平"。他们的被需要实现的是神圣使命，天地情怀。这里主要要引导学生思考个人价值有层次的差异，使论证的推进更有层次感。

至此，一篇尚可的高考作文构思和写作在课堂实践活动中就基本完成了。但不要忘了"思辨"二字。以上的对话和分析都是建立在正向理想的基础上，"生活中"不可能都是正向理想的情况，肯定有许多反面的事实不能忽略。对话的最后一步尤其重要：以上情况有哪些可能的例外？（1）被需要并非实现个人价值的唯一途径。个人价值实现还可以通过个人的智慧创意或者奋斗坚守等方式来实现。（2）被需要也可能与需要矛盾对立。这时我们要杜绝无理的需要和无原则的被需要。（3）被需要也可能是为了追求错误价值。比如江湖义气、虚荣显摆、自私自利等，避免这些问题的核心在于全社会树立正确的价值观念。通过实例，引导学生学会在与材料对话中的追问，这样的补充论证十分必要，既显思辨，更显严密完整，是考场作文很讨巧的一种方法。最后，我请学生化用一个经典给文章收个尾，有学生化用《鱼我所欲也》写道：

要抵御宫室之美、妻妾之奉等物质需要的诱惑，拒绝所识穷乏者得我等被需要的虚名,就应该不丢失舍生取义的本心,坚持正确的价值判断,去担当更高尚的责任。

2017年高考作文题(前已呈现)的课堂训练实践活动也可以沿用这种"与材料对话"的写作范式。第一个问题肯定是:什么是预测?虽然材料中有"预测,是指预先推测"的界定,但比较笼统,需要进一步澄清(前文已有案例)。对话的第二步是:变数与预测是什么关系?(1)尊重变数的客观存在,根据变数不断调整预测。(2)变数暗含机遇,预测可以从变数中看到机遇,排除干扰。(3)因为充满变数,所以预测就更具有挑战性,更富有魅力。根据材料表述顺序对话的第三个问题很容易找到:人们乐于接受预测的原因是什么?(1)预测本身就符合人类对未知的探索精神,如哥德巴赫猜想。(2)预测是应对变数的方案,未雨绸缪,消灾减难,如天气地质预警等。(3)即使不能消灾解难,也能为人类决策提供参考基石,如借东风。第四问自然跟进:人们对预测不以为然的原因又是什么?(1)少了未知,所有事情摆在眼前,失去了对未来探索的乐趣。(2)明白世间的规律,不通过预测也可以做到趋吉避凶。(3)对大是大非的问题,持身正念,无需预测。如中美贸易战。对话的最后一步还是要补充论证:有哪些反向的看法呢?(1)不应囿于预测而对变数视而不见。(2)即使预测失败也能获取经验教训。(3)很多时候结果远没有过程重要。这些补充不仅使文章更严密,还是文章立意的高度所在,请看以下的学生习作片段:

生1:英国脱欧和美国大选产生了完全偏离预测的结果,也给当代政治研究提供了经典范本;全球合作拍摄到的黑洞照片证实了爱因斯坦的预测;中美贸易战走势的预测不影响我们对中国经济长期向好的信心,更不影响我们对改革开放再出发的信心。

生2:很多时候,结果并不重要,或者远没有过程重要。人做出的努力、人展现的奋斗精神才能体现"人"的价值,而与对结果的预测无关。在"明知不可为"的预测下"而为之"的意义何在?这是真的猛士,是人性光芒。不惧怕一切可能的或必然的失败,不因各种预测而左右自己的信念,相信主观努力带来的奇迹,这才是真正的"脊梁"。

三、写作思维：逻辑的推进

有人说，维也纳就如同一个圆。它的工业，它的喧嚣都一直在圆的边缘，从未再往前踏进一步。而圆的中间，是飘扬着优美音乐的小酒馆，是散落在城市各个角落的维也纳大学，是三万四千张音乐会和剧院每天座无虚席的位子……无论维也纳的石油和金子碰撞发出多大的声响，你依旧能听到城市中心斯蒂芬大教堂日暮时的钟声，依旧能看到弗洛伊德坐在沙发上向你微笑……①

这篇题为"维也纳的智慧"的高考满分作文却看不到"智慧"二字，没有任何关于"智慧"的思考，也就是没有思想。议论文是"用来阐释事理，论述主张，引导人们正确认识自然、社会与人的文体。"其核心是思维品质。但我们的学情是以举例代替说理，全文例子堆砌；以材料的观点为论证的终点，不敢越雷池一步，缺少理性或有效的分析。《普通高中语文课程标准（2017年版）》强调"重视发展学生的思维能力，发展创造性思维。"思维决定议论文的思想深度，也决定语言表达的丰富程度。

（一）无序到有序

人在说话之前，首先要整理思路，然后由大脑指挥发音器官把想说的语义内容用言语形式表现出来，这构成了言语编码和言语发出的阶段……然而在初期，你头脑中的顺序往往是流动易变、模糊可塑甚至是混杂并存的，你必须加以编码，使之条理化、序列化、系统化。②

简单地罗列、事例的堆砌、行文顺序缺乏基本逻辑是大部分学生写作的重点问题，解决的办法当然还是依靠课堂教学实践指导。教师要以学生的习作为基础组织写作教学活动，引导学生认识文中思维的缺陷，发动学生修改习作，使文章的思维渐趋合理。以下以2017年奉贤区高三一模作文题的课堂教学为例："趋利避

---

① 郑仁水：《思维才是议论文写作之利器》，《语文学习》2016年05期。
② 章熊等著：《和高中老师谈写作》，人民教育出版社，2012年5月，第3页。

害"是人生的一种常见形态,由于内容和方式等的差异,往往会有层次的区别。请写一篇文章,就这一现象谈谈你的思考与认识。

题目要求对"趋利避害"这种人生常态谈思考认识,既要谈出其"层次的区别",还要辨析"趋利"与"避害"的辩证关系。对于这样的人生常态,思考和认识应该很多,也可能更杂乱或者流于表面。怎样引导学生比较深入地运用辩证眼光,多角度有联系地说清楚这个问题,是这则材料训练的价值所在。

首先,挑选样卷。课堂要针对学生极具代表性的文章去讲评修改,现场指出问题才更见实效。因此教师课前的阅卷过程要认真挑选,把学生存在的问题归为几类,从每一类中找出最有代表性的文章,然后再判断学生最主要的问题是什么,确立课堂切入点,避免面面俱到。应该说这是一个艰苦的过程。阅卷过程中了解到,学生对"趋利""避害"这对概念能够理解,也能够理解"趋利避害"是有层次区别的,并能运用课文中的一些论据材料来证明观点。但是多数学生把"区别"写成两种极端:一种是见利忘义的小人,一种是舍生取义的君子,忽略了常人在常态下应该怎样"趋利避害",这样的"趋利避害"有怎样的区别和联系。这也是普通高中学生写作水平的体现。基于以上分析,我选了两篇文章:其一,把"区别"写成两种极端的(为辅,一带而过);其二,分析常态下的趋利避害却思路逻辑不清的(常见写法),展开具体指导分析。以下是其二原文:

谈趋利避害的几个层次

趋利避害,顾名思义,就是使事物向自己所期待的有利的方向发展,避免向对自己有害的不利的方向发展。人生的旅途中,只要能够权衡利弊,甚至于变害为利,将会避开很多的障碍,突破人生现有的瓶颈,达到一个新的高峰。趋利避害是人的天性,但不同的人在面对选择时做出的决定也不相同,我在这里将趋利避害分为三个层次。

"唯利是图",很多人在面临人生选择时一味地贪图利益,被金钱迷惑心智,不顾仁义甚至于违反法律,这样的例子屡见不鲜。葛朗台,文学史上典型的守财奴形象,为了金钱利益,将一切都置之脑后,人生唯有利。有这样一句话,如果有一半的利润,很少一部分人会去做;如果有一倍的利润,很多人趋而往之;如果有三倍的利润,很多人会背信弃义;如果有十倍以上的利润,那么人们纵使违背法律也在所不惜。这样的人在社会上比比皆是,但不能掌握金钱,反而沦为其奴隶,怎能在人生的旅途上远航?

其次是"权衡利弊",将利弊权衡,找到其间的平衡点,尽可能将利益最大化,损失最小化。《孙子兵法》中有这样一句话:"智者之虑,必杂于利害。"意思是智者在考虑事物时一定会分析其中的利害。权衡利弊,历史上楚国攻打晋国时,楚王问部下该如何抉择,一人说我们应该围而不攻,稳中求胜;第二个说我们应该先守后攻,在敌衰我盛时进攻;第三人说对面军队"久间不合",应该立即攻打,定能一举获胜。楚王在窥探对面军情后权衡利弊,决定立即攻打,最终一举得胜,奠定了发展的基础。只要我们能够权衡利弊,找到制衡点,那么许多问题将迎刃而解。

最后是"化害为利"。《庄子》中有这样一则故事:庄子的朋友惠施种葫芦,种出的葫芦有五石的容量,装水与酒进去,葫芦底立马就被冲破。惠施认为这五石大的葫芦虽然罕见却一无是处,庄子知道后说,这样大的葫芦在腰上围一围,做成腰舟,岂不就能在水中来去自如? 是啊,事物都有两面性,只要我们能将其有害的一面变为有利的,那么在人生的旅程中就能变废为宝,问题将不再是问题,而是机遇和挑战。

趋利避害,若是能权衡利弊,那么问题将迎刃而解,若是能转害为利,那么问题也将变为机遇,人生何愁不能一帆风顺。

接着,分析样卷。要求学生纵观全文,指出文章主体部分三个层次的思路在逻辑上有些什么问题。文章把趋利避害简单地分为"唯利是图""权衡利弊""化害为利"三方面,三个段落之间没有过渡衔接、小结整理。且三方面的逻辑关系凌乱,没有整体感,只是有局部思维的智慧。具体来说,其中"唯利是图"与"舍生取义"一样,是一种极端情况,是非常见形态,在澄清概念之后可以简要阐述这两种形态。文章主要应该论述常态下的"趋利避害"。常态下的"趋利避害"第一步当然是"权衡利弊",不"权衡"何以"趋避"呢? 但"权衡"和"趋避"终究是被动的面对"利害",因此"权衡利弊"之后论述"化害为利"是符合逻辑的,因为"转化"发挥了人的主观能动,的确在层次上更进一层了。只是两层之间要把从被动到主动、层次的高下区别之类的过渡说理讲清楚。再请学生思考：常态下有没有比"化害为利"更高的层次呢？"权衡"也好，"转化"也罢，都还停留在"术"的层次，如果是三观不正者，"术"越高明，造成的危害就越深远。因此，趋利避害要以"道"，也就是化利害为道义。利吾利以及人之利，害吾害以及人之害。

如此，原文三个杂乱无序的层次经过修改之后就变成"权衡利害""化害为利""化利害为道义"三个相对有联系的层次，且通过学生旁批增加过渡分析和段落小结之后，点明了三者的逻辑关系，文章就有了思路的推进，有整体感。

（二）整体到局部

写作的时候，为了捕捉稍纵即逝的思绪，我们只来得及把大的框架确定下来，这就是"整体构思"。在这种情况下，如果我们把一切细节都想好，反而会干扰思路。到了动笔的时候，我们才能够仔细推敲每个局部的内容，以及先说什么，后说什么，怎样说等等，这就是"局部构思"。[1]

在调整好文章的整体思路之后，就要寻找局部思路存在的问题。这时就要加强批判性思维和发散性思维的引导和训练。首先是局部缺少理性思维。我们观察上述例文"权衡利弊"这一局部，为何要权衡？怎么去权衡？无一分析，仅举"楚国攻打晋国"的事例代替说理，且事例中楚王权衡的依据为何、"利"在何处、"害"在何处均无体现。为什么要权衡呢？怎么去权衡？这就需要发散性思维了，要从不同角度进行分析，从正反两面进行比较，调动学生的思维活跃程度，产生新的思想。要"权衡利害"，第一步当然是要辨明利害，否则就会"趋利反受其害，避害反失其利"。这考验每个人的眼光和智慧层次。苏轼说："察消长之往来，辨利害于疑似"，这说明利害有时难以辨析，如果分辨不清则南辕北辙，趋利反受其害，避害反失其利。"辨别利害"之后当然还要比较利害，要权衡"利害"的大小、多少、长短、轻重等区别。这需要眼光和胸怀的层次。正确的趋避方法是"舍小利得大利，趋小害避大害"，"舍短利得长利，趋短害避长害"。辩证论述这些层次，文章的局

---

[1] 章熊等著：《和高中老师谈写作》，人民教育出版社，2012年5月，第34页。

部才有思维质量。确定好这些论证层次之后再考虑例证,例证要避免长篇累牍,概说就好。比如摩拜单车因包括押金在内的管理问题而倒闭可证明"趋利反受其害,避害反失其利";崇明生态岛建设,舍房产旅游开发之近利,谋蓝天碧水生态和谐之远利可证明可持续发展的层次远远超过涸泽而渔。事例的发散性思维在课堂上更容易打开,一个学生写出或者说出某个切合的事例,会引出更多好的例证。

　　其次是局部例证与观点相悖。再观察上述例文"化害为利"这个部分,同样没有论及为何要转化、怎样去转化、层次上有何进步等问题,而是直接举《庄子》中惠施种的大葫芦的例证代替说理。这时要加强批判性思维的引导,不是简单地批判这个故事用得不对,而是要批判地思考这个故事到底说明了什么道理。仅仅是说明"变废为宝"吗? 有学生认为这个故事阐述的是一个人境界的大小决定了他的思维方式。人们常用世俗的眼光墨守成规地去判断事物的价值,而只有大境界的人,才能看到事物的真正的价值。用在这里,最多能证明"变废为宝",根本不能说明"化害为利"的道理。指导学生添加必要的过渡、阐释,举出更加贴切的例证,有学生修改如下:

　　一味被动的"趋利避害"层次还是不高,是否可以化被动为主动? 化害为利岂不更好? 福兮祸之所倚,祸兮福之所伏。塞翁失马的故事也告诉我们利害可以相互转化,但是这需要更大的智慧和更高的道行。多少先贤利用这个规律,虽没有舍生取义,但也能造福社会。四川盆地十年九涝,李冰父子修了都江堰,化千年水害为天府之国。所以相对于权衡来说,转化是"趋利避害"的更高境界。

（三）残缺到完整

　　直到你动笔,你还常常会发现自己的构思还存在着一些疏漏。这是因为在构思的过程中,为了捕捉稍纵即逝的思绪,你头脑中闪现的往往只是主要、关键部分的一些片段,它很可能是不连续的、残缺不全的、有所疏漏的。还必须补充残缺、弥合断层,填补疏漏,你的表述才能完整。[①]

---

① 章熊等著:《和高中老师谈写作》,人民教育出版社,2012 年 5 月,第 4 页。

学生写作中能与现成的观点逐一展开对话，整理出相对合理的整体思路，注意各部分之间过渡时的逻辑推进，对局部的观点论述有了相对丰富的层次，关注到观点和例证之间的切合度，应该说这时写出的作文已经具备二类中以上的水准了，但是逻辑推进的思考上总应该再问自己一句：还有哪里没说完整吗？还有什么需要补充吗？以下以两节写作实践课为例加以阐述。

材料一：一位作家对窗子和镜子有过精彩的比喻："一个人面对外面的世界时，需要的是窗子；一个人面对自我时，需要的是镜子。"以上材料引发你怎样的思考？"窗子"与"镜子"的含义不难理解，学生对这两个概念的界定比较清楚。对作文的命题意图也把握得比较准确，透过窗子观察外在世界，拓展自己视野；透过镜子反思自己与外面世界的差距，促进自己发展进步。但这种理解不够深刻，论述流于浅近，且容易将"窗子"和"镜子"割裂。多数学生的思维仅止于这个层面，课前阅卷过程中发现主要问题有两个：一是简单的"三段论"思维，第一段写透过窗子开拓视野，第二段写透过镜子反思自己，第三段写将两者结合，看最好的别人做最好的自己。二是缺少具有文化底蕴的论据材料为全文的说理支撑，文章空泛，这也是普通高中学生写作水平的体现。好一点的学生能将"窗"与"镜"两者的关系一直交织在一起，逻辑推进也很明显，但只看到事物好的一面，没有从事物相互作用与反作用的多元角度考虑。这样的文章思想简单，肯定不足以脱颖而出。怎样把思路补充得更加完整呢？

首先，要引导学生突破常规思维，启示学生在第一步对话时多想一点：为什么我们面对外面的世界需要的是窗子，<u>而不是门</u>？隔着窗子朝外看还不如直接走到门外了解得透彻，为什么不直接走出去？因为外面的世界不都是美好的，有精彩也不乏污垢，站在窗边透过窗子我们就有一个鉴别、挑选的理性思考过程。如果直接莽撞地走出门外，我们浸染的就是良莠不齐的世界。如此过渡之后，学生不难总结出以下两个分论点：（1）见贤思齐焉，透过窗子看到外面世界的优秀，反观镜中自己的不足与卑劣。（2）见不贤而内自省也，透过窗子看到外面世界的污浊与缺陷，反观镜中自己的优点与美丽。这样就避免了"窗""镜"割裂，正反面的论证也比较充分。有哪些故事能证明以上的观点？当然很多：《论语·里仁》有"见贤思齐焉,见不贤而内自省也。"《论语·述而》有"三人行,必有我师焉。择其善者而从之,其不善者而改之。"《论语·学而》有"吾日三省吾身,为人谋而不忠乎? 与朋友交而不信乎? 传不习乎?"等等。

还有哪里没说完整吗? 还有什么需要补充吗? 这个追问尽可能多一点。以上的思路还是单向的,是"窗"与"镜"这些外物对我的作用,维度不够丰富。很少有学生能深入补充"我"对外物的反作用,不要忘记"人的全部尊严就在于思想","人"不可能听任外物摆布而无所作为。外面的世界可以引发我们反思自身的不足,那么自身的格局会不会反过来影响我们审视外面世界时的看法? 镜中形象的高尚与卑劣,直接影响我们观察外物的角度与性质,因此要不断提升境界,发现生活中更多的美好。镜子与窗子作用与反作用,相辅相成,成就最好的自我。师生共同研讨,明确以下的故事可以作为论证这个部分的材料:

论据一:王国维《人间词话》:"有我之境,以我观物,故物皆著我之色彩。无我之境,以物观物,故不知何者为我,何者为物。"

论据二:苏轼问佛印:"你看我像什么?"佛印说:"我看你像一尊佛。"苏轼飘飘然;佛印问苏轼:"你看我像什么?"苏轼调侃佛印:"我看你是一堆牛粪。"佛印默然。苏轼回家向苏小妹吹嘘。苏小妹说:"你的境界太低,佛印心中有佛,看万物都是佛。你心中有屎,看万物也都是一坨屎。"

论据三:顾城《我是一个任性的孩子》:"我想涂去一切不幸/我想在大地上/画满窗子/让所有习惯黑暗的眼睛/都习惯光明/我想画下风/画下一架比一架更高大的山岭/画下东方民族的渴望/画下大海——/无边无际愉快的声音。"

材料二:古语云"知行知止,知止而行",意思是要懂得"行",也要懂得"止",懂得"于止中行"。(2016 年黄浦区高三一模作文题)这是一个现象类材料,不能机械套用"与材料对话"的方法,对话的关键是在整体把握材料的基础上理清关键词语和它们的关系。辩证、逻辑是分析问题的核心价值所在,看待个人、社会的所有问题都应该具备辩证的眼光,多角度、有联系地说清楚。因此,这则材料依然具有训练价值。阅卷过程中可以了解,学生对"知止""知行"这对概念能够理解,也能够理解"止"对于"行"的作用的某些方面。但是这种理解可能是点滴的、片段的,看待问题不够深入。主要问题集中在不能多角度、逐层深入地讨论问题,不能举出有文学色彩的有说服力的论据材料来论证观点。且看以下学生习作片段:

生1:什么是"行"?什么是"止"?行,就是用尽全力,不留余地地做事,不"行"社会无法进步,个人无法发展。止,就是在前行中停下脚步,仔细反思自己的"行",不"止"错误无法修正,得失无法提炼。

生2:"止"字长得有趣,可以把它看成"上"字加上一竖,在向上的过程中要适时阻断;或把它看成"正"字去掉一横,也就是"止"加上一横便能成为"正",即"知止"便能接近正确的人生。

生3:"知行"和"知止"都建立在"止"的基础上,没有目的地"行而不止"只能是"南辕北辙",往往会向错误的地方越行越近,所以在"行"之前,我们需要认清方向,一旦发现有任何方向的偏离,都要"止"。这时的"止"一定要坚决,不能带有丝毫犹豫。

生4:有些人做一件事认定了一种做法就一定要坚持到底,这当然是一种良好的品质,可是当遇到困难,遇到瓶颈时,一味钻牛角尖就是十分愚蠢的行为,这只会让你在很长的时间内止步不前,没有进步。反而,如果你选择冷静地停下来,做一番休整和思考,也许转机就会出现。

第一、二两个片段有对概念的解说,也概述了概念的意义,并且还体现出一些创意思维,还是不错的,说明学生具备了澄清概念的意识。第三、四两个片段很有代表性,代表了学生论证"行止"关系时的两个主要分论点:"行"到错误处,当"止"而改之;"行"到困难处,当"止"而思之。这也不错,俗语云"行者常至,为者常成",此语只说对一半,如果"行"的方向方法出了问题,只会渐行渐远,背道而驰,所以要适时"止",以便正确"行"。古诗云"行到水穷处,坐看云起时","行"到一定境界,很难突破,超出自身能力范围,再"行"只会穷经皓首,忧劳无限,一无所获,所以要适时"止",以便反思接下来怎么"行"。这个思路就是目前学生具备的思维水平。有没有更好的补充?能否在逻辑上再推进一步?能否在立意上有所升华?

明确要求后,我给学生布置了一个填空题:在已知的两个分论点下填出第三个分论点。提示辩证法上有辩证统一的观点，"行"与"止"可否辩证统一呢？《大学》说："大学之道，在明明德，在亲民，在止于至善。"对"止于至善"，孔颖达疏："在止于至善者，言大学之道，在止处于至善之行。"朱熹解释："止者，必至于是而不迁之意。至善，则事理当然之极也。"可见"行"到一定极致之境，则自然返璞归真，臻于至善。"行"与"止"自然合二为一，所谓大音希声，大象无形。"浴乎沂，风乎舞雩，咏而归。"曾皙的春游图表面上洒脱无为，却是儒家治国太平之境的最高理想，可以形象说明"止于至善"的道理。至此，文章的第三个分论点就呈现出来："行"到卓绝处，当"止"而善之。文章的论证层次就相对比较完善了。最后，照例，学生写了一个化用经典的结尾：

行中有止，知止而行，是人生大智慧。人生如谱曲，跳动的音符中总适时出现休止号。既要有"银瓶乍破水浆迸"的"行"的激越；也要有"此时无声胜有声"的止于至善。行止合一，演奏出人生美妙乐章。

四、写作风格：思辨性表达

思辨是上海高考作文题的标签。注意思辨性是上海高考作文命题长期以来形成的特点，近几年更是不断加强。"概括地说，上海高考作文题主要有两根绳子，一根绳子联系着思辨，另一根绳子联系着生活，将理论与现实同时纳入题目之中，努力使作文题内涵丰富而不复杂。"①然而，实际教学中，部分学生在论述问题时思考简单，缺乏批判意识，仅仅停留在非黑即白的单环思维层次，常出现粗浅、狭隘甚至偏激的一元论和二元论的对立思维，常把本来有多种答案的问题说成只有两种对立的答案，把本来有多个角度的问题看成只有一个或两个角度。怎样改变这种现状？上文"与材料对话"的最后一步"还有什么可能的例外"以及"逻辑的推进"中最后的追问"还有什么要补充吗？"其实都论及了相关解决方法，本节，再讨论一些更加具体的原则和方法。

----

① 邹国平：《写思辨，也写生活：对近几年上海高考作文题的一点认识》，《语文学习》2016 年 02 期。

运用批判性思维进行议论文写作的基本理论预设是：在理性和逻辑面前，任何人或思想都没有对于质疑、批判的豁免权。一是任何思想都可以、并且应该接受质疑和批判；二是任何观点和思想都应该通过理性的论证来为自身辩护，任何思想都有为自己辩护的权利。①

（一）关注反方立场

作文是学生一个人安静地完成写作的过程，不像辩论有反方的辩手针对你的观点随时向你"发难"，这就需要你在写作的过程中始终拥有"读者意识"，即读到"我"作品的同学、老师和阅卷者看了"我"的全文、看了"我"的某个局部会有什么不同的看法？所以，写作时不能一味地"自说自话"，还要扮演"反对派"辩手的角色，通俗地说，既要唱红脸，还要唱黑脸。这样更容易发现隐含在论证结构中存在的问题，有利于相对完备地思考和讨论问题。

静者居记（节选）

今有人焉，处空谷之中，栖长林之下，干戈之声不闻，车马之迹不至，其居静矣。而利禄之念不忘于心，穷约之忧每拂乎虑，虽夷然而行，块然而坐，颠倒攫攘，无异奔骛于埃壒者，子谓其果静乎？又有人焉，游于邑都，宅于市里，邻有歌呼之喧，门有造请之杂，心倦乎应答，身劳于将迎，其居非静矣。而抱廉退之节，慎出处之谊，虽逐逐焉群于众人，而进不躁忽，视世之挥霍变态倏往而倏来者，若云烟之过目，漠然不足以动之，子谓其果非静者乎？盖静也系于人，不系于居。人能静则无适而不静，是居之静无与于人，人之静亦无待于居也。虽然，亦有待其居而静者矣，然非此之谓也。《传》曰：'居天下之广居。'广居，仁也。自克己以复之，主敬以守之，至于安重而不迁，渊靓而莫测，则其体静矣，故曰'仁者静'。

上文是明代高启《静者居记》的节选，讲的是作者的朋友张来仪在远离喧嚣处建了一座宅子，题名"静者居"。一日，作者跟另一个"客"去探访张来仪的居处，"客"很武断地感慨：多么幽静的居处啊，看来张君是个深得清静之道、超然恬静之

① 钟斌：《基于反方立场的自我校准：提升论证的思辨性与周密性的有效策略》，《语文学习》2015 年 02 期。

人呀。"客"就是典型的一元思维，这种"以貌取人"的思考方法是常见的：他选择这么一座幽静的宅子来住，一定是个超然世外、无欲无求的人。作者很不客气地反驳"客"："子何言之戾耶？"而且有理有据，体现了典型的反向立场：居处幽静之人就一定会淡忘功名利禄、狗苟蝇营？居处喧闹之人就一定不会抱廉守谦、萧然物外吗？所以人的超然恬静无关于居处，而在于内心的追求。真正的静处应该是仁德，最后得出"居仁而静"的最高境界。

古人尚且知道在作文时假设一个"客"，行文构成"主客问答"的方式，而这个"客"通常就是自己的辩论对手。这个材料很适合初学议论文思辨者学习，作者的反驳很有道理，但是也还不完备，要引导学生进一步反驳作者的看法。颜回住在"陋巷"，"陋巷"是什么地方？狭小简陋的居室。刘宝楠正义："颜子陋巷，即《儒行》所云'一亩之宫，环堵之室'。解者以为街巷之巷，非也。"古诗有"陋巷无车辙，烟萝总是春"，"贫突断炊烟，陋巷少行迹"。可见居处幽静与人心清静是有必然联系的，否则孟母为何要三迁呢？再有，以今天的眼光来看，"仁者静"这个"静"不一定指道家的清心寡欲、清静无为，孔子是仁者，他不追求功名利禄吗？"修齐治平"非功名利禄而何？追求功名利禄与内心的宁静并不矛盾。因此，"仁者静"这个"静"更多的应该是良心上的安稳，精神上的自得、丰盈和满足。

（二）运用多维思考

多维思考，指的是从多角度考虑问题。一般来说，人们很容易陷入思维定式，这是议论文大忌。当面对某一问题或者某种现象时，应尽可能从构成矛盾的双方或者多方的情况，设身处地地考虑，把问题放在发展过程中来辩证地观察，看待问题就会变得深透，能够有效避免简单化、单向化看问题的毛病。可以训练的思维方式有：换位思维、逆向思维、横向思维、发散思考、移植思维、推理思维、分解思维、形象思维……

贫乐庵记（节选）

君子之处贫贱富贵也，忧乐相半，未尝独忧乐也。夫君子之学道也，非为己也。吾君尧舜之君，吾民尧舜之民，此其志也。使一夫一妇不被尧舜之泽者，君子耻诸。是故君子之得志也,位足以行道,财足以博施,不亦乐乎!持盈守谦,慎终如始,若朽索之驭六马,不亦忧乎!其贫贱也,卷而怀之,独洁一己,无多财之祸,绝高位之危,此其乐也。嗟流俗之未化,悲圣道之将颓,举世寥寥无知我者,此其忧也!先生之乐,知所谓矣;先生之忧,不其然乎?……

夫子以为处富贵也,当隐诸乐而形诸忧;处贫贱也,必隐于忧而形诸乐。何哉?第恐不知我者,以为洋洋于富贵,而戚戚于贫贱也。

上文是宋金时代耶律楚材《贫乐庵记》的节选,是一个不错的多元思维写作的参考材料。也采用主客问答的行文方式,讲的是三修道人在城里租了座宅子,题名"贫乐庵",湛然居士去拜访他,问他乐从何来。他回答得很洒脱:我虽然日子贫困,但每天看书弹琴,没有患得患失、天下兴亡之忧,安贫乐道,很快乐。湛然居士又问他:"你也有忧愁吗",他还是很洒脱:"我乐天知命,忧从何来?"节选部分文字就是湛然居士对这个问题的多维思考。首先,他摆出自己的总观点:君子无论富贵还是贫贱,都应忧乐各占一半,不会只有忧或者只有乐。接着,他分别阐述君子在富贵时、君子在贫贱时各以何为忧、以何为乐,具体如表6-1所示:

表6-1 《贫乐庵记》多维论证概要表

总论点	君子处贫贱富贵,忧乐相半。	
分论点	得志富贵	乐:位足以行道,财足以博施
		忧:难以持盈守谦,慎终如始
	贫贱困顿	乐:独善其身,无多财之祸,绝高位之危
		忧:民风未化,圣道将颓,举世无有知己
表现形式	得志富贵	隐诸乐而形诸忧
	贫贱困顿	隐诸忧而形诸乐

思维定式下,得志富贵之人肯定是快乐的,贫贱困顿之人肯定是忧愁的。上表形象表现看问题的多维角度:得志富贵之人位高权重可以便利推行仁道,财产丰富可以便利救济苍生,以此为乐。他们时刻担心靡不有初鲜克有终,自己的信念难以贯彻始终,以此为忧;贫贱困顿之人能够独善其身,不担心因权钱利益而招

灾引祸，以此为乐。他们也有匹夫有责的担当，感叹人心不古，自己不被人知，以此为忧。这个论述只是古人站在"君子"的立场得出的，从精神境界讲，人可以分三六九等，我们还可以沿着这个思路去思考，常人在两种生活条件下以何为忧以何为乐，小人在两种生活条件下以何为忧以何为乐。从生存现状讲，富贵得志恐怕是少数，贫贱困顿可能更多，但最多的还是普通人家，不至于饥寒交迫，也不至于大富大贵，那么这些人又可能存在哪些忧哪些乐呢？条件变了，实现忧乐的手段就会跟着变化，结论就会完全不同。

[目标前提：达成 A 是我的目标；手段前提：为了达成 A，我必须生成 B；结论：因此，我必须生成 B。]在评估此类论证形式的可靠性时，批判性思维学者认为需要提出五个批判性问题以帮助评估者作出准确的判断：[1. 替代手段问题：除了 B，有实现 A 的其他手段吗？2. 可接受/最佳选项问题：B 是一个可接受的（或最佳的）选择吗？3. 可能性问题：主体实施 B 是可能的吗？4. 否定性副作用问题：主体应考虑因产生 B 而存在的否定性副作用吗？5. 冲突目标问题：除了 A，主体有与实现 A 可能冲突的其他目标吗？][①]

（三）谨慎得出结论

查农说："合理证明的核心是诚实；不要歪曲你的思考去证明你一心想要证明的；不要夸大其词得出不适当的结论，也不要只因为某个想法与你平素相信的不一致就冲着天空大声喊叫它是错误的。要怀疑那些说话不合常理、不合逻辑的人；要小心那些以逻辑之外的基础为依据想要骗你接受某些事情的人。"[②]在议论文阐述与分析的过程中，过程呈现严密，观点不断修正，立场回归理性，知识得以甄别，"伪论证"和"伪思辨"也许会减少。

还以《贫乐庵记》为例，文章结论："夫子以为处富贵也，当隐诸乐而形诸忧；处贫贱也，必隐于忧而形诸乐。"意思是身处富贵的时候，应该把快乐隐藏起来，表现

---

① 肖炳生，温振雄：《任务驱动型作文审题立意与批判性思维》，《语文学习》2016 年 06 期。
② 乔尔·查农著，汪丽华译：《社会学与十个大问题》，北京大学出版社，2009 年 6 月，第 2 页。

出忧愁的样子；身处贫贱的时候，应该把忧愁隐藏起来，表现出快乐的样子。为什么要这样呢？只怕不了解我的人，看到我富贵之时高兴，就认为我因为富贵而洋洋得意；看见我贫贱之时忧愁，就以为我因为贫贱而忧心忡忡。这还是"忧"呀，看不到"乐"：富贵时要藏着掖着，贫贱时要强颜欢笑，多憋屈呀，没有必要这样。依照上文君子的忧乐标准这个结尾可以有更为合理的结论：别人的情绪是应该照顾，富贵时不可小人得志之态，贫贱时不可痛不欲生祈求别人同情之状。而君子富贵时不是不能表现快乐，而是要更多地选择居安思危，殚精竭虑。所谓"居庙堂之高则忧其民；处江湖之远则忧其君。是进亦忧，退亦忧。然则何时而乐耶？先天下之忧而忧，后天下之乐而乐！"贫贱时不是不能心怀忧戚，而是要更多地选择安贫乐道，乐以忘忧。所谓"发愤忘食，乐以忘忧，不知老之将至云尔。"这是主体的自觉选择，别人的看法是其次，自己内心有了崇高的理想追求，就可以乐中预见忧，也可以忧中望见乐。

"才德全尽谓之'圣人'，才德兼亡谓之'愚人'，德胜才谓之'君子'，才胜德谓之'小人'。凡取人之术，苟不得圣人，君子而与之，与其得小人，不若得愚人。"（司马光《资治通鉴》）战国时期，春秋的晋大夫智伯被杀，国家灭亡。宋代政治家司马光在总结其历史教训时，发了一通很长的议论。他说："智伯的灭亡，原因是才能胜过了德行。德行胜过才能的人被称为君子；才能胜过德行的人被称为小人。自古以来，国中的乱臣贼子、家中的败业后人，大多是才能有余而德行欠缺……"

以现代观点看，虽说司马光对德的强调并不为过，至今仍有现实意义。理想的情况当然是选拔德才兼备之人，但在很多情况下，当管理者不得不面对选择时，就需要考察主事者是否具备敬德爱才的特质和智慧，避免"弊于才而遗于德"。但是司马光将复杂的人性作了过于简单化、标签化的处理，评价人物显然不可落入非君子即小人的窠臼。智伯的灭亡固然与其性格有关，但也有更深层的历史原因。历代史家更多的是看到了智伯性格的缺陷，对其大加批判，对于韩、魏临阵反水的行为却视为义举，对于韩、赵、魏三家瓜分晋国的逆行却赞赏有加，实在令人费解。这种用成王败寇的观念来评价智伯的方法颇失公正。况且，智襄子是否真如文献所记载的那样不仁、狂妄，也是不得不让人怀疑的，明末大思想家李贽在

《史纲评要》中即发出这样的疑问："智伯贤而不仁,乃能得国士,异哉! 贤之与愚,其亡一国也,然而愚主断不能得国士矣。"

圣人、君子、愚人、小人的分类本身就不够严谨,把对人的评价标准限定为"才"和"德"两个方面更是粗放,才能胜过了德行从而招致杀身之祸的结论简直就是无稽之谈。对这样简单武断得出结论的说法要引以为戒。

五、写作创意: 个性和匠心

教学活动中,学生的创新是一种特殊的创新,它不同于社会领域中的其他创新;对学生来说,是指他创造了他个体世界中前所未有的东西。著名心理学家米德(G. H. Mead)说:"一个 20 世纪儿童发现,在直角三角形里,勾股边的平方之和等于弦边的平方,那么,他就完成了跟毕达哥拉斯一样的创造性劳动。尽管这个发现对于文化传统来说等于零。"[1]

创新是民族活力的源泉,新课标中有"促进深刻性、敏捷性、灵活性、批判性和独创性等思维品质的提升"的要求。"创新"是指探求世界上还没有出现过的观念和事物,如果以这个标准来要求普通高中师生的创新,那么只能让人望而却步。米德的话很形象地说明对于一个高中生的创新要求: 有创造和发现的热情,能在当前条件下独立发现或创造新颖的、有价值的事物和规律。这就难能可贵了,教师应该热情鼓励学生的创新意识,善于发现他们细微的创意,肯定表彰他们独具个性的创意作品。另一方面,教师自己要大胆创意,通过新的教学形式或内容引领学生的创造精神,写出自己的创意作品引领学生在写作中写出新意。如此,在写作教学中才会相互启发,才有可能出现"天光云影共徘徊"的佳境。

（一）发现新的视角

近年上海高考作文题都带有生活的普遍性,涉及的外延内涵都比较大,让各

---

[1] 章熊等著:《和高中老师谈写作》,人民教育出版社,2012 年 5 月,第 386 页。

个层次的考生都有话可说,思辨性地发表看法,这是命题人的宗旨。也正因为题目带有普遍性,在高考考试性质的压力下,考生的思维和写作带有明显的趋同性,追求平稳,思路不敢创新,导致千篇一律的现象比较常见,具有创新思维的令人眼前一亮的创意文章不多见。而鉴于高考作文评卷本身的特点,眼前一亮的作文往往得分就会一枝独秀。基于此,我以 2015 年上海高考作文题为例,具体阐释日常教学中如何引导学生用创意思维,发现新的写作视角。

"人的心中总有一些坚硬的东西,也有一些柔软的东西。如何对待它们,将关系到能否造就和谐的自我。"(2015 年上海高考作文题)材料要求对"坚硬"和"柔软"这对看似矛盾的"人的心中"的东西谈思考认识,既要谈出如何"对待它们,造就和谐的自我",还要辨析"坚硬"与"柔软"的辩证关系。这对概念涉及的范围很大,界定起来有一定难度,思考和认识应该很多,也可能更杂乱或者流于表面。多数学生对"坚硬"和"柔软"概念界定不清晰,导致一篇文章里选材五花八门。思维出现一种简单的"三段论"模式:第一段写心中的柔软,第二段写心中的坚强,第三段写应该刚柔相济。据说考场曾有连续多份考卷以《心有猛虎,细嗅蔷薇》为题,也曾有连续十几张考卷写的是"人生三境界",趋同色彩很浓。以下是我以此为题的教学案例:

教师引导学生的第一步应该是化大为小、大题小做,裁剪写作角度,从更具体的视角切入,更容易写出不一样的作品。针对关键词语概念范围很大的情况,首先应该引导学生认真全面地界定概念,理出可以着笔的写作角度,只有罗列出大致可以落笔的写作角度,你才能预测其他考生可能会写什么角度,自己从哪个角度出发才有可能不落俗套。经课堂研讨,大致梳理出能够想到的写作角度:

A. 从为人性格(内在性格的坚硬和柔软)角度出发:

性别差异、身份转变、职业特征等都存在软硬辩证的和谐关系;

B. 从处世方式(外在表现的坚硬和柔软)角度出发:

语言表达、办事风格、思考方式等都存在软硬辩证的和谐关系;

C. 从写作素材(写作素材中坚硬和柔软)角度出发:

现实世界、文学作品、虚拟空间等范围去寻觅软硬辩证的和谐关系事例。

……

写作角度不同，"坚硬"和"柔软"的含义就不相同。规划罗列之后就是选择问题，选择哪个角度要看自己擅长什么，更要看哪个角度更有可能写出新意，体现创新思维。第二步我将以上视角中的某一个点"性别差异"来引导学生打开视野：思考女性的"坚硬"与"柔软"有哪些具体表现？可以收集和挑选哪些素材？因为这个角度比较小，容易把握，学生掌握的素材比较多。更重要的是，多数人不容易想到把写作角度切得如此小，这个视角就可能产出独特的作品。接着我让学生讲与视角相关的故事，引导学生用故事打开思路：花木兰替父从军，对父亲关爱的柔情与毅然从军的决绝体现刚与柔的和谐；刘兰芝对自由爱情追求的似水柔情与身赴清池的誓死抗争体现刚与柔的和谐；李清照南渡前后大家闺秀时的甜蜜与国破家亡时的坚毅……虽然这些故事彼此孤立没有联系，需要以新颖的形式和立意来加工，但是在这些新视角下构思出的作品，本身就比前文所述的简单的三段论模式的文章更有创造价值。

（二）化用新的形式

形式是作文的外衣，如果运用得合理贴切，可以先声夺人。作文的形式包括整体构架的形式、语言呈现的形式、内容组合的形式、思维发展的形式。中外文化艺术中优秀的形式很多，优秀的作者善于从中汲取营养，为我所用创建自己作品的写作形式，这样的作品往往令人耳目一新。《诗经》中的重章叠唱、屈原创新的楚辞"骚体"、直到新诗（如《再别康桥》）中的建筑美，自不必细说。教师在写作教学中也不能光说不练，要多下水写作，以自己的创新作品引导学生的创意写作，敢于把自己的作品拿出来给学生借鉴或者批判。

2017 年，我校陆振权校长出版新书《办学空间学》，从想象、物质、精神、思想、心理、课程、课堂、虚拟和校外等九个空间维度阐述自己的办学经历。是对他在旧校区办学 14 年的深情回顾、总结和反思。作为校长的同龄人，作为和校长同一年入职田园高中的老师，我认真读完全书，写了一篇读后感，标题《因为对这片土地爱得深沉》借用了艾青《我爱这土地》里的诗句，是对陆校长在田园耕耘 14 年的心血和关爱、赤诚与匠心的一个总括。主体部分借用王冕《墨梅》里的四句诗，把校长办学的九维空间提炼成四种境界：吾家洗砚池边树（校园诗情画意的物理空间）；朵朵花开淡墨痕（注重学生个性成长的发展空间）；不要人夸颜色好（务实进取的教育教学空间）；只留清气满乾坤（注重人格修炼的抱负境界空间）。应该说，以这四个小标题为主导的读后感准确地概括了陆校长办学思想的觉悟、思考的方向、智慧的创造、行动的热情以及坚守的信念，也热情地叙述了他一言一行亲力亲为的一个个感人瞬间。这篇文章获得了《现代教育》杂志论文评比书评类二等奖。教师此类鲜活的写作案例可以在"书评单元"阅读和写作中运用，也可以启发学生创新写作的思路。

回到2015年上海高考作文题的研讨。如前所述，把写作视角切入"女性性格"这个点，讲述了大量女性刚柔统一的素材之后，可以引导学生思考：这些素材能这样简单罗列？还是按照某种逻辑排列？学生得出以下结论：刘兰芝追求的是个人爱情，放在第一位；花木兰表现的是爱父的亲情，放在第二位；李清照展现的是家国民族之殇，放在第三位。然而这样的文章依然不免简单罗列之嫌，还不足以令人眼前一亮，还没有比较深刻的辩证和思维逻辑。

怎么办？我在课堂发了一份阅读材料，是一组与上述主题相关的，表现古今爱情的诗歌，其中包括席慕蓉的《一颗开花的树》，汉乐府《古诗为焦仲卿妻作》里"东西植松柏，左右种梧桐"部分节选，舒婷的《致橡树》等作品。请深情朗读，引导思考：古往今来女性追求爱情的刚与柔的故事很多，何不将女性的刚与柔这个视角再缩小到追求爱情的主题上，追求爱情的写法可能还不够别致，有没有发现上述材料中哪些有逻辑上的联系，哪些可以通过线索物串联。上述三则材料都出现了"树"的意象，以"爱情之树"为线索去构思全文，在形式上借用典故，体现新意，这样写岂不是独树一帜？全文的整体构架如下：

标题：开一树鲜红的木棉

主旨：女性爱情追求的刚柔和谐

席慕蓉：一往情深被无视，花瓣凋零（女性自身柔弱）

刘兰芝：两情相悦被拆散，身赴清池（封建家长迫害）

舒　婷：同甘共苦被尊重，终身相依（新女性爱情观）

以"树"为线索物（各有和谐）

（三）写出新的境界

"境界"一词源于佛家语，境界高低的界线本来就不太清楚。王国维说："词以境界为最上。有境界则自成高格。"这一节所谈的写作境界实际上是指学生作文的内容和思想。前文已述，作文要有新颖的视角、新颖的整体构架，除此之外，当然还要有新颖的思想内容。王国维又说："境界有大小，不以是而分优劣。"对中学生作文来说，只要能写出一些比较充实的内容，悟出一点比较深刻的思想，而这些内容和思想与同龄人相比又稍显出色，就行了，无所谓优劣。哪怕是多想一步、多说一点，也很有价值，不能要求一个十几岁的孩子能像阅历丰富的智者那样洞察一切世事沉浮。

我写过一篇散文，标题《半生落拓已成翁》取自徐渭诗"半生落魄已成翁，独立书斋啸晚风。笔底明珠无处卖，闲抛闲掷野藤中。"主题是讨论人们面对行将老矣时的境界差异。岁月蹉跎，年华渐逝，人们往往产生感慨：徐渭诗里感叹半生潦倒，无人赏识；苏子感叹人生如梦，早生华发；稼轩感叹廉颇老矣，尚能饭否；曹操感叹人生几何，去日苦多……而现实中我们也经常听到"快退休了，何必折腾"之类的感叹。果真如此吗？未必！且看那些潦倒之人是如何面对老去的：癫狂中徐渭释放出犀利、奔放的线条和色彩，苍老中徐渭发射出最原始的本真，它发于笔端，它闻于绝响。杜甫一不小心把整个盛唐的衰老放进了他衰老的诗篇，老得渚清沙白，老得花近高楼，老得让整个世界都红尘滚滚……感叹只是暂时的、瞬间的，生命不息，奋斗不止才是该有的状态。孔子感叹逝者如斯并不妨碍他"发愤忘食、不知老之将至"；刘备有"髀肉复生"的感慨，有拖家带口走投无路的尴尬，更有青梅煮酒论英雄的气概；曹操感叹人生苦短之后是老骥伏枥，周公吐哺的壮心不已。现代社会，袁隆平 90 岁还笑称自己是"90 后"，于漪年过九十还被授予教育功臣，钟南山、李兰娟、屠呦呦哪个不是老当益壮？英雄不是没有卑劣怯懦的时候，而是看他如何战胜卑劣怯懦而不为之征服。教师的这篇散文可以直观地提供一个思考素材，面对一个问题，我们的思想认识有层次的差异，你需要比你的同龄人想多一点，想深一点，体现一些独立的思考认识，这就是境界上的新意。

本章前面的很多案例都讲到过如何写出新的境界，比如"预测"和"趋利避害"等材料的最后一步对话。再回到 2015 年上海高考作文题的研讨。构建好新的写作形式之后，还要说清楚你写作内容和思维的匠心。为什么标题定为《开一树鲜红的木棉》？木棉花又称英雄花，这个意象既能表现女性的柔情万种，又能体现意志的坚毅不屈，切合"刚柔和谐"的辩证关系。为什么三则材料要这样排列，它们之间怎么建立逻辑联系？席慕蓉诗中主人公对爱情"一千年的等候"，既坚贞不渝，又柔情似水。但是她的感情被无视，直至花瓣凋零，显得柔弱凄凉。因此女性自身个性太柔弱，就容易为情所困，成为爱情的附庸。这时越是坚贞往往越是脆弱，"坚硬"与"柔软"很难和谐自处。刘兰芝悲剧的原因很多，"君当作磐石，妾当作蒲苇"的誓言很坚定，与丈夫生死相守的感情很动人，刚烈的性格遇到更加"坚硬无情"的封建家长的压迫，她心里对幸福生活憧憬的柔情只能走向毁灭。综上，无论女性自身的弱点还是外力的迫害都无法追求到自由美好的爱情，那么怎样才能实现这种美丽的心愿？自然引出舒婷的材料，这是新时期女性平等的爱情观，既有同甘共苦，终身相依的绕指温柔，又应该"以树的形象"与你平等，"坚守自己的位置，脚下的土地"，只有把握好这两者的思辨关系，才可能获得真正幸福的爱情。以"树"为线索的构思新颖独到，对"坚硬"与"柔软"和谐统一的辩证关系阐述比较到位，在一定程度上体现了写作的个性和匠心。

习近平总书记在 2019 年新年贺词中说："要真诚尊重各种人才，充分激发他们创新创造活力。"单从某个个案来看，恐怕不能解决学生写作缺乏创意的问题，任何事情都不可能一劳永逸，但这是一种意识的培养，学生经常在这样的课堂引导熏陶下，逐渐养成创造性思维的意识，做到有创意地自我表达，我想这就是语文学科在课程育人、课堂育人方面担当的独特的责任，这也鞭策语文老师在专业方面更需要与时俱进、创意发展。

第七回　活水源流随处满　东风花草逐时新
——新教材必修（上）单元教学创意故事

大家拿到新教材，看到许多课文是新的，体例和教法是新的，改革的力度大，担心跟不上，用起来困难。这种心情可以理解。但也要看到，这套教材的"新"，并非以革命的姿态把以前的教材教法全部颠覆，它是"守正创新"，是在原有基础上的变化革新，是那种大家经过努力就跟得上的"创新"。所以不必焦虑，要以积极而又正常的心态来使用教材……

这是大趋势，必须跟进。"以不变应万变"是不行了。当然，新教材落实新课标精神，实施课程和教法的改革，也在探索之中，还不完善，需要通过实践的检验去不断修订。大家对新教材不适应，有批评，这很正常，教学中也应当容许有不同于教材设计的教法，但对于新教材所引导的改革方向，毫无疑义是应当积极支持、全力以赴的。[1]

温儒敏老师给一线教师的建议及时而中肯，面对新教材我们用战战兢兢、如履薄冰的焦虑心态面对不可行，用随随便便、我行我素的心态面对也不可行，正确的态度是"守正创新"：努力学习新课标精神，全面了解教材的突出特点和创新之处，整体掌握教材的总体框架及栏目设置，重点关注教学方式改革的关键词语的内涵。在此基础上，结合教师自身现有的教学经验、专业特长和教学个性，大胆探索、积极实践，摸索出符合新课标、新教材改革精神实质的教学方法。作为一个一线教师，我想要在头脑里刻下新教材、新课标当中的一些关键理念，在实施教学设计、进行课堂教学、反思教学效果的过程中，这些理念要始终萦绕左右：课程理念方面有立德树人、核心素养、实践性和时代性等；教材特点方面有学习任务群、群

---

① 温儒敏：《统编高中语文教材的特色与使用建议》，《语文学习》2019年09期。

文阅读、整本书阅读等;编写体例方面有单元目标、编写意图、单元任务等;教学方式方面有任务驱动、真实情境、实践活动等。

　　本章主要是我在使用新教材的教学实践中的一些思考和案例,以某些单元教学设计为例。其中的一些想法和做法当然有值得商榷和有待提高之处,期待方家指正。但是,我是抱着改革的拳拳之心,照着改革的核心思想"全力以赴"去做的,拿温儒敏老师的话说,尽量有点"干货","能改一寸是一寸"。

一、 第一单元教学故事

　　"整合"是新教材单元教学的关键词。以往的教学中,教师通常"习惯把一篇课文、一次教学活动当作孤立的教学任务,有时甚至想到什么就教什么,习惯用什么教学活动样式就用什么,教学内容零散,教学方式也一成不变"。① 这一点亟待改变。新教材以"学习任务"来整合单元教学,突破单篇阅读的界限。教学设计时要注意单元内每组课文、每篇课文之间的联系,注意通过整合后的阅读与鉴赏、表达与交流、梳理与探究等实践活动,来完成单元的核心任务,达成总体的核心素养目标。第一单元属于必修课程"文学阅读与写作"学习任务群的起始单元,新课标对本单元学习任务做了总体说明:"本任务群旨在引导学生阅读古今中外诗歌、散文、小说、剧本等不同体裁的优秀文学作品,使学生在感受形象、品味语言、体验情感的过程中提升文学欣赏能力,并尝试文学写作,撰写文学评论,借以提高审美鉴赏能力和表达交流能力。"

　　我综合参考了课程标准对该任务群学习目的和内容的详细说明、教学用书的单元目标和编写意图、教材的单元导语和单元任务。根据单元课文的特点,将 5 首诗歌的教学与 2 篇小说的设计分类整合,整合出本单元教学的核心任务:(1)营造真实的语言情境,设计丰富有效的任务驱动和实践活动;(2)感受诗歌和小说的艺术形象,感知诗歌音韵和语言的美感;(3)学习写某种相关体裁的诗歌;(4)从生

---

① 郑桂华编著:《中学语文教学设计》,高等教育出版社,2019 年 6 月,第 9 页。

活中寻找素材,歌颂青春品质,坚持立德树人。

(一)昂扬的青春形象

我的论点是,一首诗中的时代特征不应该去诗人那儿寻找,而应去诗的语言中寻找,我相信,真正的诗歌史是语言的变化史,诗歌正是从这种不断变化的语言中产生的。而语言的变化是社会和文化的各种倾向产生的压力造成的。[①]

文学形象是指文本中呈现的具体的、感性的、具有艺术概括性的、体现着作家审美理想的、有着审美价值的自然的和人生的图画。诗歌中的形象主要包括诗人的形象和诗歌的主要意象,有时候这两者是紧密相连的,比如"云雀""红烛"等意象就隐喻、象征着诗人的形象;"鹰""蜘蛛""洪涛"等意象通过特定的语言环境也凸显出诗人的形象。本单元5首诗可作为一个教学整体,先从知人论世的角度了解诗歌的时代背景等外部特征当然也有必要,五四精神的狂飙突进、共产党人和民主战士在革命初期的昂扬斗志和舍生忘死、当代诗人的勇攀高峰、外国诗人的高洁品质等等。但是更要从诗歌的内部语言现象本身出发,来设计任务和实践活动,创设真实的语言情境,感知作品的艺术形象。

1.《沁园春·长沙》里的形象

创设真实的情境:我以三个镜头展示湖南长沙"橘子洲头"的巨幅画像。学生解说:全景是湘江江中沙洲改建成的船型雕塑,象征"百舸争流",船头是毛泽东的半身雕像,象征"独立寒秋"。(另外两幅分别是半身像的远景和特写)

当然,情境不是为创设而创设,一定是为下面的教学任务服务的。因此,要杜绝目的不明或者只为渲染气氛的情境创设。情境产生任务一:从文本里找找根据,你认为橘子洲头的雕塑能准确表达词意吗?"独立寒秋"三句,刻画出一个顶天立地的伟人形象,他置身于广阔宇宙背景的秋水长天之中,体现了高远的天地境界。这不同于"独坐敬亭山"中不与世俗合流的清高、举世无知己的孤独,也不同于"独钓寒江雪"中超然物外的洒脱。如果只是半身像,怎能做到俯察"万山红

---

① (美)韦勒克,(美)沃伦著,刘象愚等译:《文学理论》,江苏教育出版社,2005年8月,第195页。

遍""层林尽染""万类霜天竞自由"? 因此,必须是顶天立地的立像才能准确表达诗意。

　　任务二:分析"鹰"和"鱼"的形象,为何不是"鹰翔长空,鱼游浅底"? 一个"击"字突出雄鹰矫健有力以及极速竞逐的气势,突出青年人打破旧秩序的豪迈和摧枯拉朽的力量;一个"翔"字突出鱼的轻松自在,水的澄澈透明,如鱼得水,大有可为,表现出驾驭斗争的从容不迫。所谓"海阔凭鱼跃,天高任鸟飞",沧海横流方显伟人的英雄本色。

　　任务三:分析"同学少年"的形象,为何不是"见同学少年"? 一个"恰"字表现我们青春激昂,恰逢其时,风华正茂,大有可为,与前文意思相呼应。又表现破旧布新振兴国家的伟大事业恰恰是落在我辈肩上,必须勇于担当。《庄子·田子方》语:"夫至人者,上窥青天,下潜黄泉,挥斥八极,神气不变。"《晋书·祖逖传》语:"中流击楫而誓曰:'祖逖不能清中原而复济者,有如大江。'"词中刻画的"同学少年"勇立时代变革的历史潮头,劈波斩浪,奋勇进击,立下振兴中华的铮铮誓言。为有牺牲多壮志,敢教日月换新天,时势巨变的关键时期,需要这样顶天立地的伟人站出来。

　　2. 后四首诗里的形象

　　《立在地球边上放号》是这样创设情境的:请根据诗题及内容画一幅画,再根据阿基米德的名言"给我一个支点,我就能撬起地球"画另一幅画。展示电影《后天》中巨浪吞噬一切的小视频。任务交流:结合画面,展开想象,一个巨人站在地球边上号叫,他的声浪掀起了太平洋滔天的巨浪。五四运动狂飙突进,向旧世界、旧文化、旧传统发动猛烈冲击,带来科学和民主的精神。这个过程中,涌现出一批科学和人文巨匠,推动着社会的发展和进步。情境创设之二:请根据诗意,使出浑身解数朗诵这首诗。在教师和几个男生带领下,朗诵渐趋"疯狂",声浪要不断努力、不断加强、似乎要掀翻屋顶。只有这样才能表现五四运动巨大的破坏力、冲击力和创造力。回归任务:七个"力"连用有何表达效果? 体现时代的巨子掀起的时代"洪流"连绵不绝、滚滚而来,带来源源不断崭新的精神财富,还有面对巨变抑制不住的激情。

《红烛》里"红烛"的意象容易理解，它是诗人精神的化身。展示图片：红烛与闻一多立像的蒙太奇效果。挺拔的身姿，劲风中的乱发与烛火的摇曳奔放相辉映。开展学习任务。任务一：开头引用李商隐"蜡炬成灰泪始干"诗句有何作用？突出诗歌主要意象；揭示红烛自我牺牲的精神特质，提示全诗主旨；与结尾"莫问收获，但问耕耘"呼应，形成完整的结构美；情感抒发更加委婉动人，更有文学底蕴。

任务二：细读每一节，为每一节概括一个小标题。第一节"红烛的颜色"，"这样红的烛"表现火热鲜红的赤子之心。"吐"字将诗人的奉献赤诚展现得一览无余。第二节"红烛的迷茫"，我从何而来？为何要燃烧自己、毁灭自己？诗人内心曾经有过许多的矛盾与冲突。第三节"红烛的坚定"，不错、不错，燃烧自己发出光热，原是自己天然的使命和本来的职责。第四节"红烛的责任"，燃烧自己，烧毁世人的空想，烧毁残酷的"监狱"也就是禁锢思想的牢笼，拯救所有的被囚禁的不自由的灵魂。第五、六节"红烛的困顿"，红烛在履行责任时受到各方面"残风"的影响，为不能稳定地最快地实现自己的责任而着急、伤心、流泪。第七节"红烛的理想"，用自己的身躯去孕育新世界的花朵，结成理想社会"快乐的果实"。第八、九节"红烛的精神"，只求奉献，不求回报，毁灭自己，为了光亮世界。这就是诗歌的逻辑联系，是诗人的心路历程。学生没有任何背景知识，要在裸读全诗文字时感悟诗歌的情感线索和诗人形象。《论语·泰伯》语："士不可以不弘毅，任重而道远。仁以为己任，不亦重乎？死而后已，不亦远乎？"《红烛》刻画的正是这样一个"舍生取义"的仁人形象。

《峨日朵雪峰之侧》中的诗人形象是一名勇敢的攀登者，他竭尽全力攀爬到自己能够到达的高度，伤痕累累但是锲而不舍，他渴望与"雄鹰"或"雪豹"为伍，希望成为征服命运的英雄，但是与他为伍的是"一只小得可怜的蜘蛛"。"蜘蛛"的意象便是诗人的化身，它渺小卑微又追求伟大，它启示人们：做蜘蛛也要做一只身处高耸的岩壁上的蜘蛛。很多时候，细微平凡之物比司空见惯的波澜壮阔更有力量，历史的进程往往是由处于金字塔底层的普通大众推动的。

《致云雀》以电影《肖申克的救赎》视频片段及台词创设情境："有些鸟儿是永

远关不住的,因为他们的羽毛太漂亮了,当他们飞走的时候,你会觉得把他们关在笼子里是种罪恶。"云雀不是普通的"飞禽",它来自"天堂或天堂邻近",用美妙的乐声吐露衷肠,"此曲只应天上有,人间能得几回闻"。它鄙弃尘俗,掠过天心,摆脱陈腐庸俗,追求清雅圣洁。接着诗人以太阳、云霞、星辰、明月、霓虹、彩霞、美雨等优美的意象来烘托云雀的圣洁无暇和仙子气息。第八至十二节,诗人赋予云雀更加深刻的思想内涵:它像一位深沉的诗人,唤醒普天下的悲悯与同情之心;它像深宫的少女,但深宫也挡不住它甜美的歌声"溢出闺阁之外";它像幽谷的萤火虫,在隐蔽的花丛间传播着光辉;它像绿叶底下的玫瑰,浓郁的芳菲能感染最粗鄙的"飞贼"。这些比喻都表现云雀深沉含蓄、大气谦和的美好情怀以及桃李不言,下自成蹊的深远影响。它从我们身边飞过,却超越了人类社会所有的庸人自扰和傲慢偏见。

3. 群体形象的逻辑关系

人们总是过分重视意象的感觉性。使意象具有功用的,不是它作为一个意象的生动性,而是它作为一个心理事件与感觉奇特结合的特征……诗歌运用的理论家庞德(E. Pound)对"意象"做了如下的界定:"意象"不是一种图像式的重现,而是"一种在瞬间呈现的理智与情感的复杂经验",是一种"各种根本不同的观念的联合"。[①]

以上分析了5首诗的主要意象,这些意象肯定不仅是外部世界的图像,而是有深刻的理智与情感意义,体现时代的不同观念的联合。那么,最后我要问同学们:本单元5首诗歌的群文阅读,课本的排列顺序是随机的吗? 如果不是,以上分析的诗歌形象有什么逻辑联系? 充分讨论:5首诗的青春群像构成了金字塔形,塔尖是历史伟人,塔基是普通劳动者,只要塔基的平凡大众有平凡但不平庸的思想追求,那么整个国家就能永葆青春、充满活力。包括后面两篇小说的青年形象,风雨如晦却楚楚动人,平凡得连名字也没有却拥有洁白无瑕的高贵情操。所以,平凡也好,显赫也罢,青春总是一样的可爱可敬。如表7-1所示:

---

① (美)韦勒克,(美)沃伦著,刘象愚等译:《文学理论》,江苏教育出版社,2005年8月,第212页。

表7-1　新教材第一单元青春群像逻辑关系表

诗题	诗句/文句	意象	形象	逻辑联系
《沁园春·长沙》	问苍茫大地,谁主沉浮?	雄鹰	伟人	引领时代更替改变历史需要伟人
《立在地球边上放号》	不断的毁坏,不断的创造,不断的努力哟!	洪涛	巨人	促进科技人文进步推动文明需要巨人
《红烛》	灰心流泪你的果,创造光明你的因。	红烛	仁人	为社会公平正义无私奉献需要仁人
《峨日朵雪峰之侧》	但有一只小的可怜的蜘蛛,与我一同默享着这大自然赐予的快慰。	蜘蛛	凡人	全部经济社会发展进步需要凡人
《致云雀》	这就是鄙弃尘土的你啊你的艺术技巧。	云雀	雅人	平凡但不甘于平庸有崇高卓越的追求
《百合花》	那条枣红底色上撒满白色百合花的被子,这象征纯洁与情感的花……	百合花	凡人	平凡得没有姓名高尚得洁白无瑕
《哦,香雪》	你望着她那洁净得仿佛一分钟前才诞生的面孔……心中会升起一种美好的感情	铅笔盒	凡人	在最平凡的日子里,对美好生活的向往也不会泯灭

4. 青春形象的自我观照

"文学阅读与写作"学习任务群当然有个主要的任务,就是读写融通,促进学生在完成任务的过程中完成阅读与写作这两种能力的相互迁移和转化,终至于共同提高。青春如此多娇,青春的形象多彩多姿,提供给我们的选择如此多元。你可以立志排云直上,成为一代天骄;你可以选择成为科学巨子或者文艺巨人,在人类进步的过程中留下华彩的一页;你可以选择成为志士仁人,为国家事业鞠躬尽瘁死而后已;可能更多的人会选择成为一个普通劳动者,在普通的岗位上默默无闻,但是从不放弃对崇高精神的追求。"年轻的朋友啊,春已经翩然而至,就像阻不住的生机已经降临枝头,青春已经降临你的生命。让我重复一句吧:它得之不难,失之也易。因此,当你拥有它的时候,就得想到应该如何珍爱它,不久之后又应该如何与之揖别,以及将来应该如何使之终于化作我们称之为'果子'的东西。"请你结合作家岑桑的话和本单元的青春形象,写一篇文章,谈谈你对青春的思考。以下是部分学生作品节选:

生1：我们从古以来，就有埋头苦干的人，有拼命硬干的人，有为民请命的人，有舍身求法的人，这就是中国的脊梁。青春不息，奋斗不止，我们青年就要成为国家的脊梁。历史和现实都告诉我们，青年若有理想有担当，国家就有前途和希望，而这将成为强国兴国的巨大力量。

生2：为时代之青年，应胸怀天下，关注四海。世界不再是重重阻隔下的分散文明，而是阡陌交通的地球村。毫不夸张地说，我的偶像是外交部官员，羽扇纶巾之儒雅，纵横捭阖之气度。无论是王毅大哥的不怒自威，还是华姐的从容不迫，或者爽叔的认真可爱，都让我感觉到弱国无外交，强大才有发言权。

生3：电影《无问东西》里有一个场景，诗哲泰戈尔在清华礼堂演讲。他一遍遍地问台下的清华学子："我问你们，你们有的是什么？有什么东西你们可以拿出来，算是你们给这个新时期的敬意？"这个问题不仅为电影里的吴岭澜指点了迷津，也让处于青春期的我反问自己：应该拿出点什么来？

生4：摩拜单车的创始人胡玮炜，只是一个普通的记者出身，不甘平庸是她不断发展进步的关键。她推广了一种更健康环保及时尚的生活方式，摩拜单车也成为完成"最后一公里"的第一选择。这位"爱折腾"的80后因不甘平庸，成为"大众创业，万众创新"时代的新青年的杰出代表。

生5：我希望我的青春能驻留在那些发黄的照片里，住着普陀真北路的老房子，单元楼的家门还有两道，楼道灯光昏黄，早点摊搭在报刊亭旁边。公交车上的高龄老阿姨向着窗外"瞎叫"，车摇摇晃晃，马路宽宽敞敞。慢慢地，报刊亭没了，早点摊变成了汤包馆，公交车拉上了电线，两道门锁变成了密码……

（二）多样的任务驱动

单元任务也需要整合。如果从单篇课文的角度去理解任务驱动，设计任务必然是零散的、无序的，因此理解任务驱动、设计实践活动都要着眼于单元整体。本单元学习任务的核心是从语言、形象、情感特点等不同角度欣赏诗歌和小说，获得审美体验，提高鉴赏能力，同时还要学写某种体裁的诗歌。仍以诗歌的群文阅读为例，欣赏诗歌，除了诗歌语言、形象、情感之外，还要注意诗歌的格律、节奏中蕴含的丰富意蕴。

1. 以韵律任务驱动学习

A.《沁园春·长沙》中的韵律任务

押韵在审美上远为重要的是它的格律的功能,它以信号显示一行诗的终结,或者以信号表示自己是诗节模式的组织者。但至为重要的是押韵具有意义,因此,是一部诗歌作品全部特性中重要的一环……我们还想知道,由押韵联系在一起的词之间语义上的关系是什么,它们是否属于相同的语义范围,是否仅仅从押韵的词就可以猜出整首诗或整节诗的意义。[1]

本单元有个重要的任务:学写诗歌。我决定以《沁园春·长沙》为例教学生填词。"沁园春"词牌的来历在本书第五回已述,填写"沁园春"当然要学习它的平仄韵律,但更要关注"由押韵联系在一起的词之间语义上的关系是什么"。基于此,我把"学写诗歌"这个大任务分解为以下几个小任务。任务一:反复朗诵,圈划出押韵字,从读音的角度赏析韵脚的特点,并说说韵脚读音特点与诗人形象、全词主旨之间有何关联。押韵字容易找:"秋""头""流""由""浮";"游""稠""遒""侯""舟"。韵母"ou"或"iu",读音上声为主,平声为辅,音调悠长,昂扬向上,显得舒展大气,从容不迫。适于表现诗人"指点江山,激扬文字"的豪情、自由开阔的抱负与情怀。在这些韵脚的余音悠扬中,一代伟人谈笑间指挥若定的气度隐约可见。

任务二:从格律角度看,"看"为上片领字,领取祖国壮丽多姿的秋景。"恰"为下片领字,领取同学少年意气风发的形象。请问这两个字领取的部分有何语义上的关系。"看""恰"这两个入声字有很强的爆发力,能准确表现欣赏祖国大好河山的激动不已以及感受自己责任担当的时不我待。它们领取的两个部分之间韵脚"流""遒"相对、"由""侯"相对,语义上的关系很丰富:在"百舸争流",千帆竞逐的自然场面激励下,我辈青年怎能不勇立潮头,"挥斥方遒"? 当"万类霜天"自由自在的新时代来临时,旧军阀、反动派怎能不如粪土一般被扫进历史的垃圾堆? 在此基础上再分析这两个领字领取部分整体的语义关系。(详见本书第五回"读写结合"章节)

---

[1] (美)韦勒克,(美)沃伦著,刘象愚等译:《文学理论》,江苏教育出版社,2005 年 8 月,第 178 页。

"学写诗歌"不是为写而写,不是无本之末,是建立在充分的语言实践活动基础上的,韵脚和语义关系的任务驱动为"学写诗歌"做了铺垫。用韵上应该以"ou""iu""an""ang""ao"等语调悠扬的韵母为主,多用平声上声。风格上应波澜壮阔,表达豪情壮志。内容上应贴合时代言志与议论,表达年轻人开阔的襟怀。特别注意上下片都有相应的"领字"引领句式完全相同的两个部分,这两个部分情景交融,由景到人。有因果、象征、隐喻等多重语义关系。以下是另外两个学生在真实的语言情境引导之下填写的"沁园春"作品:

沁园春·爱我中华

七十华诞,流光溢彩,往昔艰难。想大好河山,风雨飘摇;历史伟业,化作美谈。甲午风云,辽沈鏖战,筚路蓝缕挽狂澜。待今朝,愿不忘初心,做好儿男!

青春年华不晚,盼我辈爱国之心燃。望翩翩学子,砥砺前行;才华大展,各具内涵。不惧挑战,勇立潮头,再把华夏盛世延。思当下,须发奋读书,共同当担!

沁园春·上海

黄浦江边,江水东去,碧浪连天。看浦江两岸,人如潮涌;摩天高楼,形影相连。日月星辰,时光穿梭,人民感慨有万千。望古今,想申城大地,喜迎变迁!

遥听锣鼓喧天,忆改革开放勇争先。今少年儿郎,凌云壮志;学海泛舟,先苦后甜。开明睿智,大气谦和,博采众长多源渊。常自省,为中华崛起,重任在肩!

B.《致云雀》中的韵律任务

没有一首具有"音乐性"的诗歌不具有意义或者至少是感情色彩的某种一般概念。即使是听别人读一门我们根本听不懂的外国语言,我们听到的也不是单纯的声音,而是在听到诵读者充满意义的语调的同时,把我们自己的发音习惯加给这门外语。[①]

雪莱的《致云雀》是本单元选入的一首外国诗歌,有多个译本,无论哪个译本都尽量追求不破坏诗歌原文的韵律美。所以研读外国诗歌也可以从分析韵律与语义的关系出发。《致云雀》教学的主任务当然是"云雀"形象的欣赏,这个任务同

---

① (美)韦勒克,(美)沃伦著,刘象愚等译:《文学理论》,江苏教育出版社,2005年8月,第176页。

样也可以落实到语言和韵律的解读之中。

任务一：以第一节为例，对照原文，你更喜欢哪一种译本，阐述理由。

Hail to thee, blithe Spirit!

　　Bird thou never wert,

That from Heaven, or near it,

　　Pourest thy full heart,

In profuse strains of unpremeditated art.

你好呵，欢乐的精灵！

　　你似乎从不是飞禽，

从天堂或天堂的邻近，

　　以醋畅淋漓的乐音，

不事雕琢的艺术，倾吐你的衷心。

　　　　　　　　——江枫译本

向你致敬，欢乐精灵！

　　凡鸟怎能相比——

从那高天，从那远处，

　　声声吐放衷曲，

泉流似的溢着天籁般的妙艺。

　　　　　　——高峰译本

原文一韵到底，让英语发音上佳的学生朗读原文，的确可以感受到轻快喜悦充满抒情色彩的节奏和音律。从押韵角度而言，江枫译本保留了原文一韵到底的特点，更胜一筹。韵脚"灵""禽""近""音""心"，韵母"ing"或"in"，声调以平声、上声为主，语气温柔舒缓，适于表现云雀灵动清新的形象和作者满怀深情的赞颂。同样，原文韵脚[t]为清辅音，发音、语气轻柔多情，似乎担心惊动了这来自天堂的精灵。从内容和情感来看，江枫译本以韵脚来组合语义，运用倒装句式突出云雀以天籁之声倾吐衷心，更显得一气呵成，更突出诗歌形象。原文以"unpremeditated"一词来形容云雀的声音，这个词语的本义是"非预谋的；非事先策划的",江枫译本"不事雕琢的"更接近原文义,高峰译本"天籁般的"更富有诗意,更能表现云雀的清雅脱俗。

任务二:原文第五、六节,押韵工巧经典,诗歌的音乐美感浓郁,请朗诵体会。这两节以晨昏一系列圣洁光辉的视觉意象来比喻云雀犀利婉转的歌喉。请摘抄《小溪巴赫》中运用通感手法描写晨昏不同时间听巴赫音乐感受的段落,并以某种听觉艺术为对象,运用视觉形象描写一段话。

Keen as are the arrows,

　　Of that silver sphere,

Whose intense lamp narrows,

　　In the white dawn clear,

Until we hardly see — we feel that it is there.

All the earth and air,

　　With thy voice is loud.

As,when night is bare.

　　From one lonely cloud,

The moon rains out her beams, and heaven is overflowed.

原文隔行押韵,错落有致,第五节韵脚为双元音[əu]和[iə],第六节韵脚为双元音[εə]和[ue]。相较于首节韵脚清辅音[t],这两节的押韵词语读音开放洪亮,大气奔放,适于表现云雀"欢乐的强音"的"溢遍宇宙"的"利箭"般的穿透力,它无处不在又难以分辨,余音袅袅,不绝于耳。显然,江枫译本也注意到这个特点,同样的隔行押韵,主要押韵字"箭""间","后""宙"多为入声字,发音与语义相配合,洪亮有力,有穿透力,有余音绕梁之感。于此,诗歌的韵律、形象、意义融合一处,相得益彰。《小溪巴赫》中两个相关段落表现巴赫音乐的圣洁优美,同样用了许多白天、黑夜的优美的视觉形象来凸显乐曲之美,可以边朗读边学习描写声音的方法,让学生改写成两节有韵律的小诗。

在宁静如水的夜晚,巴赫的音乐,是孔雀石一样蓝色夜空下的尖顶教堂正沐浴着皎洁的月光,教堂旁不远的地方流淌着这样的小溪水,九曲回肠,长袖舒卷,蜿蜒地流着,流向夜的深处,溪水上面跳跃着教堂寂静而瘦长的影子,跳跃着月光银色的光点……

在阳光灿烂的日子里,巴赫的音乐,是无边的原野,青草茂盛,野花芬芳,暖暖的地气在氤氲地袅袅上升,一群云一样飘逸的白羊,连接着遥远的地平线。从朦朦胧胧的地平线那里,流来了这样一弯清澈的小溪,溪水上面浮光耀金,却带来亲切的问候和梦一样轻轻的呼唤……

2. 以节奏任务驱动学习

格律诗节奏偏重外在节奏,为此,有时不免对内在的意义有所割裂,这就是格律诗中的"形式化"现象。自由诗节奏偏重内在节奏尤其是内在情绪节奏,为此,它不讲求外在节奏的整一性;有时为了追求某种情绪节奏,也会对内在的意义进行割裂,这就是自由诗中的"跨行"现象。①

格律诗有规定的节奏形式,暂且不论。"自由诗偏重内在节奏尤其是内在情绪节奏",我们课堂可以就这个特点来设计学习任务。比如《立在地球边上放号》中出现了八个"啊"字,两个一组,形式上非常独特,与"放号"呼应,强化了五四声浪震撼宇宙的力量,表达了对科学文明之力的极力赞叹和抑制不住的豪迈之情。节奏上第一个"啊啊!"与后三个"啊啊!"隔一行,表明诗人受五四运动和十月革命的冲击,决然从日本渡海回国。当他置身于日本横滨的海岸,面对浩渺无边的大海的"晴景",他壮怀激烈,惊叹于自然的伟岸和时代变革的壮阔。此时诗人的情绪还比较舒缓,节奏上尚处于"引而待发"的阶段。当太平洋惊天的激浪和着时代的洪流一起要把"地球推倒"时,三个"啊啊!"连用,节奏越来越强烈,仿佛火山彻底爆发,声振寰宇,声浪足以摧毁整个旧世界、旧文化、旧传统。到最后一个"啊啊!"时,诗人眼中已经没有了"晴景",没有了"洪涛",没有了所有外物场景,进入了忘我的"癫狂"状态,只有对"力"的崇拜与歌颂。此时要引导学生的不是"读"而是"颂",是"力"的颂歌。

---

① 陈本益著:《汉语诗歌的节奏》,重庆大学出版社,2013年3月,第23页。

任务的核心是学生能不能进入情境，融入角色。要进行必要的情感铺垫：郭沫若认为诗不是"作"出来的，而是"写"出来的。"写"在古代可通"泻"，诗歌是灵感到来时一泻直下的产物。读这样的诗，要想象作者就站在你面前，仰视他巨人的形象，感受他火热赤诚的心，澎湃激扬的情，还有那"把一切的旧套摆脱干净了"的诗风。它感情激荡，一气呵成，它是喷涌的岩浆，灼热逼人。铺垫之后，提示学生注意六七八的节奏变化，即六个"哟"、七个"力"、八个"啊"，一起歌颂青春年华的伟大力量和壮阔天地。

《红烛》教学，我设计的任务之一是"研讨诗歌每节开头'红烛啊'三个字的读法和作用。"从全诗来看，每节以"红烛啊"开头，能不断强化诗歌的核心形象，强化其"身燃成灰，润泽人间"的精神感召；借鉴"重章叠句"的艺术传统，能形成回环往复的音乐节奏，不断增强抒情色彩和艺术感染力；能准确传递出全诗情感发展的线索，表现诗人由迷茫到坚定明确、由困顿到坚持理想的精神升华过程。具体到每一节，要根据诗节的内容把握好这三个字的诵读节奏。首节低沉舒缓，满怀深情，歌颂红烛的赤子之心。第二个"红烛啊"忧愁哀伤，表现了诗人的迷茫矛盾。第三个坚定短促，第四个粗重有力，诗人明确了自己的责任。第五个低沉悲凉，第六个急切幽伤，诗人受到外力阻扰而情绪不稳。第七个坦然奔放，第八个洪亮舒展，第九个深沉宁静。此外还要根据诗节的长短、情感的变化、语义的连贯与转折，把握好每两节之间的停顿节奏。

《峨日朵雪峰之侧》主要任务是探究与交流诗歌分行的节奏。诗中有两处没有标点的分行值得注意。第一处"我小心地探出前额/惊异于薄壁那边/朝向峨日朵之雪彷徨许久的太阳/正决然跃入一片引力无穷的/山海。石砾不时滑坡"。诗句的自然分行凸显"我"从"小心"到"惊异"的心理变化，将"薄壁"的峭拔险峻与"太阳"温和宁静的不同状态分隔，形成对比中有交融的壮丽景观。将太阳"彷徨许久"与"决然跃入"形成静与动、快与慢的对比，也强调出太阳孤独坠落时"山海"的阔大无边。这样的节奏变化惊心动魄，分行处理能传递诗歌的这种动感。第二处"在锈蚀的岩壁/但有一只小的可怜的蜘蛛/与我一同默享着这大自然赐予的/快慰。"诗歌的自然分行显示出卑微与伟大的辩证统一哲理。"我"胸怀着"雄鹰"

"雪豹"之志,自认为已征服了很伟大的高度,但在这个高度上与我为伍的依然是"蜘蛛"这样小小的昆虫。分行体现作者的心理落差。但是它与"我"一样,是渺小而又伟大的征服者,不甘平庸,只有这样,我们才可以共享他人未有之"快慰"。"快慰"独立,强调其来之不易、光荣自豪、欢欣豪迈。节奏长短错落,铿锵有力。

按照这样的观点,对节奏的研究就应该包括个人的说话和所有的散文在内。我们很容易说明所有的散文含有某种节奏,甚至最散文化的句子也可以标出其节奏,也就是说,可以将它分成长、短音组,重读与非重读音节。①

《百合花》的语言也包含了节奏的变化和美感。开篇用了一个短句:"1946 年的中秋。"独立成段。为何以此开头? 小说的所有要素都在这简短的节奏里了。首先,暗示人物命运和形象,这个短句暗含"短暂而美好"的寓意,隐喻战士短暂而美丽的一生。其次,提示了小说的主要内容。这个短句分两个音组:"1946 年"和"中秋"。"1946 年"暗示战争的残酷、通讯员的牺牲、枪筒的描写;"中秋"提示下文回忆"故乡过节的情景",对应了"拖毛竹的青年形象",产生了"赶集的错觉"。请同学们在"1946 年"和"中秋"两个音组下面分别写出相关的小说内容,不难发现对应关系,整理出小说的主旨,填写下表:

表7-2　《百合花》第一段音组节奏内涵表

1946 年	中秋	
枪筒	野花与树枝	赶集的错觉
牺牲的通讯员	拖毛竹的青年	百合花被子
战争的残酷	故乡过中秋的情景	人性的纯真
主旨	中秋是传统佳节,它的皎白月华、温馨团聚与战争年代的残酷形成鲜明反差。突出即使在最残酷的战争中人性的美好也不能抹杀,对幸福的守望不会消失。	

小说戏剧里,最美好的画面往往出现在最残酷的事情发生之前,形成节奏的落差,这种美与美的毁灭动人心魄。在通讯员牺牲的战斗打响之前,小说有一段

---

① (美)韦勒克,(美)沃伦著,刘象愚等译:《文学理论》,江苏教育出版社,2005 年 8 月,第 182 页。

节奏非常舒缓优美的回忆,回忆了"在我的故乡"过中秋的情景。请同学们梳理出这段话句式的变化中情绪节奏的变化过程。

　　啊! 中秋节,在我的故乡,现在一定又是家家门前放一张竹茶几,上面供一副香烛,几碟瓜果月饼。孩子们急切地盼那炷香快些焚尽,好早些分摊给月亮娘娘享用过的东西,他们在茶几旁边跳着唱着:"月亮堂堂,敲锣买糖,……"或是唱着:"月亮嬷嬷,照你照我,……"我想到这里,又想起我那个小同乡,那个拖毛竹的小伙儿,也许,几年以前,他还唱过这些歌吧!……

　　乡干部送来的月饼使"我"猛然想起"原来今天是中秋节",这段话开头的"啊! 中秋节"包含着猛然醒悟的激动和五味杂陈的感慨。此后是一串长句,舒缓而深情,说明"我"逐渐沉浸到对故乡过中秋的场景的回忆中。此后是四字二顿的儿歌响起,节奏轻快甜美,充满古诗韵味和乡土气息,说明"我"已经完全沉浸到那些纯真年代,轻松愉悦,甜蜜温柔。此后的散句则表明想起"小同乡"有几许可爱,更有几许担忧,因为他此时可能就在前线。此时"我"的思绪有些散乱,散句能较好地表现思绪在回忆和现实之间的跳跃。这段描写与开篇短句照应,与"拖毛竹的青年"的虚写相辉映,提醒人们,生命中的美好不会因为战争而失去,在最艰苦的岁月中也会有对幸福的守望。

　　小说结尾对新媳妇的细节描写具有鲜明的节奏变化,请列举细节加以说明。有学生举了两个"啊"来分析,并模拟朗读。第一处是发现身受重伤、没有生命体征的人是同志弟通讯员时,惊慌意外、难以接受;第二处是听了担架员的讲述之后,对手榴弹炸裂身体的切肤之痛的感同身受,对通讯员英勇事迹的深沉感叹。请更多学生模拟语态动作,"短促"的"啊"中传递出怎样的情,怎么读? 还有学生发现人物动作之前的修饰语有节奏上的考究,比如"一针一针地缝""平展展地铺""气汹汹地嚷""劈手夺过"等,这些叠词与细节传递出沉重悲痛的感情和庄严虔诚的仪式感,表达着难以承受、难以言说的痛苦与发泄,对死者的神圣情感不容任何干扰。这个仪式是超越任何亲人关系的,像妻子对丈夫式的,又像母亲对儿子式的,是"没有爱情的爱情牧歌"。

　　《哦,香雪》开头部分的语言节奏也值得玩味。历来认为标题有多种读法,你怎么读,联系文章内容,说出你的道理。读上声,表示惊奇。哦,香雪,真是个执著的女孩子啊! 读入声,哦,我明白了,香雪原来是这样一个与众不同的女孩子! 不管怎么读,标题清新而富有诗意,与香雪形象很吻合。两根铁轨是很平常的事物,为何作者要花很多笔墨来描写台儿沟的铁轨? 表现台儿沟的闭塞,这里是盘旋的大山,有艰险的道路,要越过一道道山梁才能达到远方。其中"弯弯曲曲,曲曲弯弯"这两个短语,看似啰嗦,恰能表现山区的幽深、道路的波折、环境的幽闭。又象征了列车缓慢而艰难的行进节奏,与下文的"不停不停,不停不停"呼应,强调现代文明对台儿沟的隔绝。

3. 以辩论任务驱动学习

本单元第 3 课群文阅读结束后,我组织了一场辩论赛:《百合花》中的新媳妇与《哦,香雪》中的香雪两个青年女性的形象,你更喜欢谁? 或者说你认为哪个形象更加美好? 辩题也许并不规范,但在高一阶段,可以慢慢尝试引导。此类活动可以激发学生的热情,也应该符合群文阅读的指导思想。

支持新媳妇的观点占上风。有学生认为新媳妇更多地是在创造,"也许她为了这条被子,在做姑娘时,不知起早熬夜多干了多少零活儿,才攒起了做被子的钱……"她勤劳手巧,用双手创造美好事物;香雪更多的是在索取,为了自己想要的面子和尊严,索取铅笔盒,嫌弃父亲为她特意制作的铅笔盒,"偷走"母亲辛苦积攒的鸡蛋,为了自己的目的,不计后果。有同学顺着这个思路表达:香雪的这种自尊是一种小农的狭隘,小农的自尊往往是极度的自卑,自卑往往又表现为极度的自尊。比如"北京话"好心劝她在西山口住一夜再回去,她得知"北京话"有爱人,"她感到委屈,她替凤娇感到委屈,替台儿沟委屈","北京话"并没有欺骗凤娇的感情呀,做点小买卖是你情我愿呀,她的委屈莫名其妙。而新媳妇的思想开明大气,新婚才三天,就放弃亲手缝制的美丽的唯一的嫁妆,那可是她青春的心血和幸福的象征啊,而且是给伤病员用,脏且不吉利。她并不计较,把自家的被子放在屋外的门板上,她还是先想到别人呀。还有学生跟进:香雪的代表意象是铅笔盒,说它代表对山外文明的向往,对摆脱封闭、愚昧、落后的渴望,似乎很牵强。对这个外表华丽的铅笔盒的企求为什么就能上升到对知识与文明的渴求呢? 对多功能的玩具、名牌的衣服、超出能力范围的整容等高消费，我们持否定态度，香雪对铅笔盒的渴求与这些有质的区别吗？新媳妇的代表意象是百合花被子，这是她一针一针缝绣出来的。她不计后果地将它奉献出来，是给予战士最洁净最崇高的装殓仪式。

当然也有支持香雪的。有同学认为，香雪做事有魄力，敢于对自己的行为负责任，为了她理想中的铅笔盒，她不惜连夜走上超过30里的山路。给她勇气的就是内心对未来美好的憧憬，这使她战胜了对黑夜的恐惧，战胜了对母亲责骂的忧虑，她有过上更加幸福生活的美好梦想。而新媳妇在救治伤员时"忸怩羞涩"，"放不开手"。而且所有牺牲的战士都是年轻的生命，为何她对别人的生死"无动于衷"，对通讯员的死却"另眼相看"，仅仅因为有一面之缘吗？还有学生引述一些资料上的观点，从性别情愫的角度去讽刺这场"没有爱情的爱情牧歌"，刚过门三天的新媳妇"故意引逗"害羞的大男孩，似乎不太合乎那个年代的礼制……争论激烈，有学生激动得拍桌子指责对方。

教师总结：从某种意义上说，《哦，香雪》是作者的一个梦，梦想社会发展成为一个既有现代的文明又能保持人性纯真、自然美丽的乐土，香雪就是这个梦的依托。既然是梦，就注定不完美。铁凝自己也承认"现在的台儿沟已经有了坑蒙拐骗，金钱暴力"，这只用了二十年的时间。那个外表华丽的自动铅笔盒，装载着乡土中国对于现代理想生活的期盼，也掺杂着对于物质欲望的追逐，这似乎也是乡土中国走向开放的起点。所以香雪注定不完美。至于新媳妇，她是那个年代文学作品里保持"女儿心"最为真实的形象。革命文学作品中的女性形象，大多是"女英雄"式的，有男性化的胆略气魄。新媳妇是一股清流，在那个时代，在那个年龄，她的欢笑悲痛发自肺腑，她的爱意情愫出于天然。青春是黄金时代，怎么讴歌抒写都不为过，本单元青春的形象丰富多彩，各具特色，在比较中我们也各有所好。林黛玉是芙蓉，薛宝钗是牡丹，只求绽放就十分美好。

二、 第二单元教学故事

我国目前的语文教育领域，无论是课程，还是教材、教法，对实用文阅读都是不够重视的。我们常常在一线教学中会感觉到，学生阅读能力培养难度非常大，这种难度还不仅仅是指投入的时间和精力之大，更为重要的是我们似乎找不到有效的入口，大多时候是瞎忙乎。问题可能主要出在我们没有把文学阅读和实用性阅读区别开来，我们没有充分认识到"实用文阅读能力的培养与文学阅读能力的培养同等重要"。①

　　新教材改变了这个局面。设置了学习任务群7"实用性阅读与交流"，必修（上）第一单元是"文学阅读与写作"，第二单元就是"实用性阅读与交流"。可见，新教材将实用文阅读与文学阅读提到"同等重要"高度的努力，这有利于培养学生健全的阅读能力。什么是实用文呢？张志公在《汉语辞章学论集》里将"主要诉之于情"的文学作品与"主要诉之于理"的各种"应用性的文章"加以区别："无论是政治的（宣传什么或反对什么）、科学的（介绍什么、说明什么、反驳什么）、社会交际的（公关）以及日常应用的（信、公文等），都属于应用性的体裁。"②各行各业都有自己处理各种问题的实用文，它广泛地存在于生活中，体现其实用性。实用文怎么教学呢？新课标说明如下："本任务群旨在引导学生学习当代社会生活中的实用性语文，包括实用性文本的独立阅读与理解，日常社会生活需要的口头与书面的表达交流。通过本任务群的学习，丰富学生的生活经历和情感体验，提高阅读与表达交流的水平，增强适应社会、服务社会的能力。"

　　综合新课标、教师用书和教材对单元学习任务的表述，我整合出本单元的主要学习任务：（1）立德树人，将"劳动最光荣"的人文主题与"大国工匠"的先进事迹相结合，引导学生形成正确的劳动价值观。（2）学习写法，学习通讯稿的标题、导语、典型事件、细节描写、科学性与文学性结合等写作特点，尝试以某个人物为对象写一篇简短通讯稿。（3）情境感悟，将本单元某篇通讯稿改写成剧本，请同学们表演课本剧，深入了解新闻事实和人物品质。（4）鉴赏表现劳动生活的古代诗歌，了解古人勤劳创造美好生活的传统。

---

① 王荣生主编：《实用文阅读教什么》，华东师范大学出版社，2014年5月，第5页。
② 王荣生主编：《实用文阅读教什么》，华东师范大学出版社，2014年5月，第23页。

（一）学习写法：通讯报道怎么写作

关于新闻阅读教学……应该引导学生去读的主要是"学会从报道的事实信息中分析鉴别其背后所隐藏的信息，区分出新闻事实与新闻背景，辨析客观叙述与主观评价"，以此帮助学生做一个合格的新闻"受众"。[①]

文学作品的主要学习任务是揣摩品味语言，新闻报道追求直达读者，语言简练质朴，一般情况下没有微言大义。因此，如果用品读文学作品的方法来阅读新闻报道，教学方向肯定有问题。应该指导学生"浏览"全文乃至群文，再来选择应该认真读什么地方，确定核心的教学内容。

1. 拟定标题的学习任务

先研究通讯标题。《喜看稻菽千重浪》第一个学习任务：查资料，初步了解新闻标题的种类和关系。说说本篇通讯引题起什么作用？好在哪里？引题与正题之间什么关系？设计意图是让学生浏览课文内容，明确通讯报道中标题的拟写方式和方法。学生梳理探究，得出如下结论：（1）引题一般说理，宜虚不宜实；主题叙事，宜实不宜虚；副题是对主题的解释、说明和阐述。（2）引题能展现袁隆平杂交稻研究推广种植、丰收在即的情景；（3）能表现广大人民喜获丰收的喜悦心情；（4）能展现杂交稻研究光辉灿烂的前景；（5）借用主席的诗句点明故事发生的地点（湖南）；（6）开阔大气兼具文学底蕴，表现人物以天下为己任的开阔胸襟。正题直观平实展现写作对象（最高科技奖、袁隆平），引题是人物获奖原因的形象化和文学化提炼。至此，学生明确了题材重大、重点通讯有引题与正题和副题，像本篇"国家最高科技奖"是重大题材，袁隆平是杰出人物，所以采用这种双标题的形式。且引题往往"有来历"，或引自文学作品，或引自名人的话，具有文学形象性。正题平实通俗，直陈其事。两者相互呼应，相辅相成。

《心有一团火，温暖众人心》的第一个学习任务：查资料，了解标题的来源和表达效果，再请你加上一个正题。学生交流：标题来自对张秉贵同志的深入了解。他将自己几十年如一日满腔热情的服务精神概括为"一团火"精神，响亮地提出

---

① 王荣生主编：《实用文阅读教什么》，华东师范大学出版社，2014年5月，第55页。

"心有一团火，温暖众人心"。标题来自国家前任领导人对张秉贵的评价。陈云评价"'一团火'精神光耀神州。"江泽民评价"发扬'一团火'精神，全心全意为人民服务。"可见，标题既概括了人物的核心精神，突出其为人民服务的热情，还兼具很强的文学象征意味。添加正题的任务很简单，问题是这篇为何不用正题？因为这属于"言论标题"，标题就是通讯中人物说的话，提示了通讯的报道对象，标题别出心裁，简洁明了，兼具了引题和正题的功能；其次这篇通讯主题是突出像张秉贵这样的在平凡岗位上以一腔热忱为人民无私奉献的平凡事迹，用这种简洁明了的标题形式更能表现平凡之中的难能可贵。

在整个必修（上）的课文中，《"探界者"钟扬》应该是最年轻的一篇。这篇稿件刊发于 2018 年 3 月 26 日的《中国青年报》，讲述了"探界者"、复旦大学已故教授钟扬的事迹与贡献，作者是同样年轻的 90 后记者叶雨婷。第一个学习任务：《中国青年报》上这篇报道有个引题"在青藏高原刷新一个植物学家的极限"，为何收入教材时不用这个引题，请你改写一个引题。浏览文章内容可知，"探界者"这个词包含两层意思：一是钟扬科学探究的领域很广泛，包括植物学、科普工作、教育教学研究等，且在每一个领域都有丰富成果，作出了突出贡献；二是颂扬了钟扬生命不息奋斗不止的精神，他尽力拓展科学研究的范围和自己生命的极限，探寻生命的丰富价值。而原版的引题重点突出的是他在青藏高原工作的一段经历，突出的是他作为植物学家的生命价值，显然与"探界者"这个正题存在逻辑上的不一致，故此删去。"探界者"起到引题作用，"钟扬"直述报道对象，起到正题效果，现标题更加简洁动人。师生合作写作的引题各有千秋，引用《劝学》的"学不可以已"，引用《在马克思墓前的讲话》的"任何一个领域他都不是浅尝辄止"，化用诗句的"天荒地老英雄衰，事业追求永未休"，通俗简朴的"样样精通源自对事业的无限追求"等，学生对全文的感知全面了，对标题的掌握熟练了，我想这就是"在真实的语言情境中开展语言实践活动"吧。

再探究插题（小标题）。《喜看稻菽千重浪》第二个学习任务：用"事迹＋精神"的形式概括每个小标题之下的文章内容，再对比粤教版课文中四个小标题与新教材课文中四个小标题的差异，说说修改的原因。教师设计表 7-3，学生填写：

表7-3 《喜看稻菽千重浪》小标题逻辑关系及作用表

小标题	课文内容	小标题作用	小标题逻辑关系
曾记否,到中流击水	<u>事迹</u>:回忆了袁隆平于1961年敏锐地发现了"天然杂交稻"的天然第一代的过程;<u>精神</u>:表现了他战胜饥饿、造福社会的强烈使命感和孜孜以求的钻研精神。	引用毛主席的词,与引题引用毛主席诗一脉相承。	1. 系统而形象地回答了"如何走出"这样一位世界级农业科学家的问题。 2. 按照时间顺序,展现人物的主要事迹,从回忆过去到展望未来,从坚持创新到实事求是,符合通讯故事性的叙事逻辑; 3. 开头引用古诗词,结尾引用权威学者著作,中间侧重对科学精神的提炼,兼顾通讯稿科学性与艺术性统一的原则。
创新是科学家的灵魂和本质	<u>事迹</u>:叙述了袁隆平于1964年终于找到了水稻雄性不育植株;<u>精神</u>:表现他敢于解放思想、破除迷信、敢于创新。	突出袁隆平科学创新的勇气与实践。	
事实是科学家的空气	<u>事迹</u>:叙述了1992年袁隆平发表文章批判驳斥"三不稻"一事;<u>精神</u>:表现了他捍卫了科学事实和真理的勇气和精神。	突出袁隆平实事求是的科学态度。	
饥饿的威胁在退却	<u>事迹</u>:罗列了1986年以来,袁隆平提出并实践杂交水稻育种的战略思想行动;<u>精神</u>:表现他永无止境的探索精神和伟大的梦想。	引用权威学者的话展现杂交稻的巨大意义。	

　　粤教版的四个小标题分别是"实践是他发现真理的途径""创新是他的灵魂和本质""实事求是是他的立场和态度""引领'绿色革命'是他的心愿"。四个小标题中都有"他的",为的是突出人物的形象和价值,但是这样窄化了新闻精神的范围,袁隆平是中国科学家的杰出代表,是一个典型形象,代表的是国家气质,所以新教材把"他的"改为"科学家的",同时将"立场和态度"虚化为"空气",形象突出"事实"对于科学研究的重要意义,强化人物实事求是的科学态度,科学性与文学色彩交融。再看粤教版第一个小标题中"实践"一词虽说统摄全文,但是后面的标题难道不是"实践"? 这样四个小标题就不能如上表所述那样有清晰的时间顺序和逻辑思路,也显得缺少感染力。

　　为了更准确地理解小标题拟定的形象准确与逻辑准确,我设计了第三个学习任务:请概括提炼出文章最后一部分与年代有关的内容,谈谈这个部分小标题与内容之间的相关性。师生合作梳理出下列内容：

1986，提出杂交水稻育种战略设想；

1995，两系杂交稻基本研究成功；

1997，发表《杂交水稻超高产育种》；

1998，在国际会议上宣布超级稻成果；

1976—1999，年增粮食可养活 6000 万人；

1997，选育出亩产 1139 千克的超级稻，年增粮食可养活 7000 多万人。

列数字的方法体现科学研究的准确性，增加阅读感受的直观性，还形象体现饥饿的威胁正在一步步退却。这个部分的小标题"饥饿的威胁在退却"呼应了开头"拼尽毕生精力用农业科技战胜饥饿"的决心，照应了结尾美国学者对袁隆平的高度评价，形象地揭示了 1986—1998 年间袁隆平在杂交水稻研究领域取得的一个比一个影响更大的成果，生动体现了袁隆平战胜饥饿的艰难与伟大：随着他和他的团队的研究每进一步，饥饿的威胁才会退却一步。小标题与内容之间具有非常严密的逻辑联系，这是原来的小标题所不具备的。

后两篇报道也可以研究小标题。《心有一团火，温暖众人心》的第二个学习任务：请为这篇通讯稿划分层次，并为每个层次拟一个小标题，说说拟标题的理由。研讨明确：全文四个层次。先用特写镜头描绘张秉贵工作的场景，然后再通过典型事例介绍张秉贵全心全意为人民服务的态度。接着，作者通过典型事例剖析张秉贵之所以能够全心全意为人民服务的原因。最后讲述张秉贵受到人们的爱戴和尊敬。有同学用文中的句子提炼成课文的小标题：一团火的热情，一抓准的专业；体贴入微与变冷为热；为人民服务好的原因；充满激情的赞扬。小标题来自原文，亲切自然、质朴温馨，保持了报道的语言风格，体现了人物平凡的事迹和真诚的情感，很有新意。

《"探界者"钟扬》的第二个学习任务：全文 5 个小标题有何特点和作用。本文选取的小标题对应了钟扬在不同阶段的身份和事迹："'英雄'少年"写钟扬求学期间的经历；"种子达人"对应的是钟扬科研工作者的身份，主要写他深入恶劣环境采集种子的事情；"科学队长"则对应钟扬科普工作者的身份，写他在科普方面的贡献;"'接盘'导师"则与他大学教授的身份吻合,讲述他在培养学生方面的事迹;"生命延续"则总结钟扬一生,高度评价他不息追求的精神品质。小标题以时间线索概括了钟扬短暂的一生,又与正题暗合,表现他"探界者"的本色。问题是为什么小标题都是四字短语? 吾生有涯,而知无涯,打字机一般的节奏,简短明快,传递出人物时不我待的紧迫感和使命感,也暗示人物在短暂的生命里竭尽全力拓展生命宽度、诠释生命意义的努力。同时小标题中"达人""接盘"等词语具有鲜明的时代气息,幽默时尚,简明扼要提示内容,体现新闻的时效,关注受众的感受。

2. 撰写导语的学习任务

"实用性阅读与交流"涉及生活的方方面面,其外延之广,远远超过文学种类和思辨对象……因此,要根据"管用"和"能用"的原则,确立几个重点专题。"管用"是指在学习和生活中能经常用到,能发挥作用;"能用"是基于校本,根据学校的资源和条件,符合学情,学习那些最基础、可操作的专题。①

实用性语文要管用、能用。新课标对新闻、通讯、评述等的学习要求是"阅读与写作",而通讯报道中"导语"的写作是最基础的、可操作的。导语即新闻开头部分引导阅读的语言文字。一般指新闻开头部分的头几句或者头几自然段,要用简明生动的语言,把新闻中最重要或最新鲜的事实和内容,概括性地展示在开头部分,以唤起读者的注意和兴趣。导语一般分叙述型(直叙、概括)、描写型(见闻、特写)、议论型(引语、评价、设问)等三种类型,人物通讯较多地采用描写型导语。美国现代新闻学者麦尔文·曼切尔说:"写作过程的第一步,也是最重要的一步,那就是写作导语。"

从结构角度看,《喜看稻菽千重浪》没有导语。但它的原文是有导语的:"2001年2月19日,袁隆平被授予2000年度中国国家最高科学技术奖。这位杂交水稻专家的研究成果,不仅使中国率先在世界上实现'超级稻'目标,而且对解决中国乃至全世界的粮食问题也具有重大意义。"这个导语属于议论型,简短明快,符合新闻特点。但缺少形象性、感染力和吸引力,起不到先声夺人的效果。引导学生

---

① 褚树荣:《经世致用:"实用性阅读与交流"任务群解读》,《语文学习》2018 年 09 期。

研究导语特点和文章内容之后,布置本课第四个学习任务:第一个小标题位置似乎不合理,请你把它挪到合适的位置。交流明确:"曾记否,到中流击水"的意思是回忆往昔的风云岁月,与回顾人物青壮年时代发现第一代"天然杂交稻"的峥嵘岁月的内容吻合。而文章回忆往昔的内容是从第四自然段开始的,前三段是一个特写镜头,是"当下"的事。所以第一个小标题应该放在第四自然段之前。前三段应具有导语功能,属于描写型导语。这个导语较原来的导语好在何处? 这个导语先声夺人。(1)一个特写镜头:"春节过后的第二天",人物就在"薄雾笼罩"的清晨,"冒雨"深入田间地头。"眯起""打量""跨过""蹲下""翻看"等一系列动作,渲染出他只争朝夕细致研究的形象。(2)一种强烈反差:科学家与泥腿子。获得国家最高科技奖的科学家形象和挽起裤腿走下农田的农民本色融合,几天前与几天后的形象反差,给人强烈震撼。(3)一个主线问题:"中国的稻田里如何走出了袁隆平这样一位世界级的农业科学家?"导语使受众对人物形象留下深刻印象,提示阅读本文的核心问题,是比较典型的通讯报道导语的写法。

据此,引导学生圈划出《心有一团火,温暖众人心》中的导语部分,分析这是什么类型的导语? 具有哪些作用? 前5小节也是一个特写镜头,可作为本文的描写型导语。"精神劲儿""迅速劲儿""热情劲儿"三个短语突出人物的总体形象;"一团火""暖乎乎"照应正题,提示人物的精神力量。群众的议论口语化,渲染张秉贵"接地气",与人民心连心的服务态度。也有一种反差:一个普通的柜台老售货员怎么那么得人心,怎么会评上全国劳动模范? 也有一种阅读提示和吸引的效果:他是怎么做的? 他是怎么想的? 他是如何做到的?

《"探界者"钟扬》的导语是明确的,在课文前三段,属于叙述型与议论型相结合的形式。"拟南芥"是钟扬发现的上千种西藏特有植物之一,钟扬把它种在西藏大学安置房的后院,又把它带回复旦大学。这个简单概述,简明地呈现了钟扬实地研究的范围很广,暗合"探界者"的浅层意思。第三段表达方式为议论,一般人而言,钟扬的四种身份,无论拥有哪一种,人生都可以非常完整。而钟扬同时拥有四种身份,而且每一种都得以在他身上完整地呈现。这里暗合了"探界者"的深层意思。他一直在探索生命高度和广度的边界,但有一天他生命却戛然而止……导语依然构建了一种强烈的反差:四种身份与一个人,不断开拓生命的范围与生命突然终止,使人震撼与唏嘘。导语依然选取了一个特写角度:钟扬和他栽种的拟南芥,突出他研究的重点领域,象征他不断进取的一生。导语当然也有明显的阅读提示作用:提示了阅读内容以及内容顺序,提示了人物精神和文章主旨,勇于开拓生命的边界,贡献自己的价值,死而后已。

综上整合人物通讯报道导语的写作思路,一般而言要有一个特写角度,突出人物从事的工作以及专业精神面貌;要有一种强烈反差,突出人物与众不同的气质、独具个性的魅力,从中窥见其精神追求;要有一个总体印象,巧妙地告诉受众,文章要写人物哪些方面,凸显人物何种品质。需要注意的是,写通讯报道是非常复杂的工作,对写作对象要有深入详细的了解,通常需要实地采访。教学中要杜绝"贴标签"式的写作任务,例如,提供一个新闻人物,在一知半解的情况下,要求学生写导语乃至整篇报道。宁缺毋滥,不妨分层布置任务,一般学生从身边人物中选取写作对象,按照以上的要点拟写标题和导语。有余力有专长的学生选取新闻人物,多方阅读、了解、研究、掌握,采写完整的通讯报道。

3. 准确与典型兼具的学习任务

这里的"准确"是指新闻通讯语言科学、客观、准确的特点,这里的"典型"是指通讯报道里充满感染力的典型细节描写。拿褚树荣老师的话说,既有"岸边的杨树",恐怕也有一些"杨树的倒影"。褚老师把实用文类和文学文类的文体特征和语言特点做了比较,我们可以参考。①

类别	文体特征	语言特点
实用文本	以逻辑思维为主要动力,以论证、法则及其解释来把握物质世界和精神世界,笔下都是客观真实的存在,是"岸边的杨树"	准确、鲜明、简洁、平实、直接、单一、理性、线性、逻辑、语义性
文学文本	以形象思维为主要动力,以典型化和形象化的方式反映客观世界及精神世界,笔下都是"个人的观照",是"杨树的倒影"	变形、朦胧、繁复、华彩、含蓄、多义、感性、混沌、感应、语境性

---

① 褚树荣:《经世致用:"实用性阅读与交流"任务群解读》,《语文学习》2018 年 09 期。

新闻通讯的语言首先当然要真实准确、简洁平实,有无可辩驳的事实依据,有强大的逻辑力量。这一点在《喜看稻菽千重浪》的最后一部分有充分体现(前文已阐述)。还有哪个部分也有这样的特点呢?以此作为本课的第五个学习任务。课文第三部分主要讲了袁隆平寄信给《人民日报》反驳"杂交稻是'三不稻'"的说法。引导学生阅读信中的事实和逻辑力量。袁隆平先用大量的数据和事实证明"杂交稻既能高产又能优质"。他也承认一些早籼稻存在米质较差的问题,但品质较好的杂交稻无论是种植面积还是产量上都占绝大多数。最后他以客观态度阐述任何事物都有品质上的差异,但是以偏概全就不是科学态度,而是故意抹黑了。袁隆平以"平和的语气"和"无可辩驳的事实"展现了科学家以事实说话、发现真理、验证真理的科学精神。

这种科学理性是从哪里来的?当然是来自实践。科学耕耘讲智慧,辛勤劳作流汗水。没有日复一日的辛勤实践调查,哪来科学自信?找一找文中描写人物实践活动的细节,探究其语言有何不一样之处。文中有三处人物细节描写很有表现力。第一处是文章开头第一段(前文已述),第二处是文章第六段描写袁隆平发现"天然杂交稻"杂种第一代的瞬间,第三处是第二部分最后描写袁隆平找到水稻雄性不育植株的瞬间。具体分析见表7-4:

表7-4　《喜看稻菽千重浪》细节描写分析表

时间	事情	词语	人物形象
1961年7月的一天	发现天然杂交稻杂种第一代	拍去、披着、一行行地观察、敏锐的目光、屏气静神、欣喜地抚摸、几乎叫出声来	风尘仆仆、争分夺秒、观察仔细、发现关键样品后欣喜异常、不同于科学家日常的欢呼雀跃
1964年7月5日	发现水稻雄性不育植株	又走进、头顶烈日、脚踩淤泥、弯腰驼背、连续14天寻找、马上、欣喜异常	一刻不停、连续奋战、天天下田、老农民一样的泥腿子专家、发现关键样品后同样欣喜异常
2001年春节过后的第二天	深入田间观察实践	眯起、出神、打量跨过、蹲下、翻看	没有假期,争分夺秒,细致研究,几十年如一日的习惯和坚持

这几个简要的细节虽然不是人物通讯的"主角",但必不可少。它们是人物科学品质、理性思想的形象化呈现,凸显人物日常形象,能直观生动地感染读者。且三个细节时间跨度40年,直观反映出人物40年来在农田里摸爬滚打的严谨实践已成为日常习惯。三处细节又互为因果,因为有了这样的科学和勤勉才会有这样关键的发现,才会作出如此卓绝的贡献,反之亦然。这里的语言就有了文学文本一样的繁复、华彩、感性乃至语境性,"杨树的倒影"在通讯报道里不是没有或者不能有,而是更加疏淡,若隐若现,与主要内容相互映衬。

这种交互映衬在《"探界者"钟扬》里同样存在。文中用大量事实、数据来表明钟扬做的事业和成果,这些事实和数据真实准确地勾画出"探界者"的形象。巧合的是,文中也特别关注到人物活动的时间线索,以"生命延续"部分为例:

2012年7月6日,在复旦大学校刊发表《生命的高度》

2015年,钟扬突发脑溢血

2017年5月,介绍"长寿基因"的科学讲座

2017年6月24日的工作安排:

　　上午到拉萨贡嘎机场

　　下午3点30参加西藏大学博士生答辩会

　　5点处理学科建设和研究生论文等事情

　　晚上11点回宿舍网上阅评国家基金委各项申请书

　　半夜1点处理邮件

　　半夜2点睡觉

　　凌晨4点起床

　　凌晨4点30赶往墨脱野外科考

2017年9月25日,生命戛然而止在外出作报告之后

2017年9月26日,将回复旦大学上党课

2017年9月28日,将回拉萨参加西藏大学生态学一流学科建设推进会

请学生梳理出以上的时间和事件,课堂上就沉寂了,学生们在感动中沉寂。这一串时间令人震撼,力量超过千万说辞的修饰。5年零2个多月的时间跨度里,

"拼命三郎"钟扬探索的领域之广、专业之精、事业之繁忙、时间利用之极致都不言而喻,那种与生命竞赛、与死神赛跑的紧迫感令人动容,那种在有限的生命中造就超越时空的辉煌的生命姿态令人动容。

与报道袁隆平的通讯不同的是,本文还重点报道了人物的话语。人物的"言"和"行"是紧密融合的,人物是这样说的,也是这样做的,互为映证。仔细梳理可见,本文人物的话语分三类:引用钟扬作品里的话;引用钟扬口头上的话;引用钟扬身边人的话。值得一提的是,这些话语既能让人产生新闻的亲历感,又能让人产生文学的审美感。亲人、同事、学生的话证明新闻材料的真实可信,他们是钟扬事迹的见证者,从不同角度证明钟扬事迹的先进性。同时,他们有些描述生动可感,对人物形象起到渲染作用。比如同事描述与钟扬一起采集高山雪莲,谈到钟扬出现高原反应时,连用了"头痛欲裂、呼吸急促、全身无力,随时都会有生命危险"的简短句式形容当时的紧张情形,钟扬的生命垂危和忘我工作的状态就生动表现出来了。引用钟扬自己说的话,能揭示人物的真实想法,增加了亲切感,使人物如在眼前,如见其人,如闻其声。引用钟扬发表的书面语,能揭示人物的精神实质和专业境界,使人物形象更加多元立体、伟大高尚。钟扬的书面语具有严谨的科学性的同时还"细腻而富有文采",表现出人物情感的丰富和对生命的关怀,比如他为上海自然博物馆写的那段话以及《生命的高度》一文的选段,都具有文学文本的特征,科学与人文在他身上很好地结合在一起。

"杨树的倒影"在通讯报道里若隐若现还有一个特别的表征:写人叙事中的文学张力。我们可以对文学张力大致作这样一个界定:在整个文学活动过程中,凡当至少两种似乎不相容的文学元素构成的新的统一体时,各方并不消除对立关系,且在对立状态中互相抗衡、冲击、比较、衬映,使读者的思维不断在各极中往返、游移,在多重观念的影响下产生的立体感受。通讯报道里的文学张力当然不是重点内容,但也要略作了解,因为它是一种共性特征。这里的文学张力是由人物形象和事情发展中的落差造成的,参见表7-5:

表7-5　新教材必修(上)第二单元通讯文学张力分析表

课文	章节	张力成因	效果
《喜看稻菽千重浪》	第一部分	1. 获得最高科技奖的科学家 VS 地道的湖南农民 2. 发现天然杂交稻株的欣喜 VS 长高后高矮不齐的失望	① 叙事上避免了平铺直叙和散文化的松散 ② 形象上能表现人物多元立体的性格特点或者变化发展的原因 ③ 情感上起伏跌宕,错落有致,引发常人之难能的感叹 ④ 受众方面,使读者产生惊讶诧异等情绪,产生较强的阅读兴趣,随着矛盾的展开与化解,与人物产生共情
	第二部分	学界的定论和"对遗传学无知"的嘲笑 VS 找到了水稻雄性不育植株;	
	第三部分	"三不稻"的罔顾事实的说法 VS 袁隆平《人民日报》上的来信。	
	第四部分	美国经济学家"未来谁来养活中国"的疑问 VS 年增粮食可养活 7 000 多万人的有说服力的回答。	
《心有一团火,温暖众人心》	第一部分	一个普通的卖糖果的老售货员 VS 全国劳动模范、众人的积极评价	
	第二部分	顾客的慌乱着急、态度冷漠 VS 张秉贵的体贴入微、变冷为热	
	第三部分	认为多销货、多卖钱,就是做好本职工作 VS 用全心全意为人民服务的一团火,来温暖人民群众	
	第四部分	百货大楼卖糖的那个老同志 VS 成为众人赞美和学习的榜样	
《"探界者"钟扬》	第一部分	15 岁考入中科大无线电专业少年班 VS 被分配到中国科学院武汉植物所工作	
	第二部分	尽管钟扬对生活品质不讲究 VS 对于"种子事业"却一点也不将就	
	第三部分	一个看起来五大三粗的理工男 VS 写出这么细腻而富有文采的文字	
	第四部分	双向选择中"流落街头"的学生 VS 从不挑剔学生,不让一个人掉队的老师	
	第五部分	探寻生命边界的先锋者 VS 忙碌的生命行程戛然而止,留下许多未竟之事	

正如中国当代诗论家李元洛所指出的：一览无余的直陈与散文化的松散，都不能构成张力，而是要在矛盾的对立统一基础上，由不和谐的元素组成和谐的新秩序，在相反的力量动向中寻求和而不同。① 至此，师生可以共同总结通讯报道写法的一些共同特征：拟好引题、正题和小标题；导语先声夺人；选好人物的典型事件，简要凸显细节描写；语言兼具科学性与文学性；还应注意在叙事写人中形成落差，形成文学张力。

（二）情境创设：通讯报道怎么感悟

这里的任务情境不是教学中的一个导入环节；或是通过"讲个故事"将学科知识做所谓学生本位的庸俗化处理，而是结合学习的主题，将整个学习内容、学习进程都置于情境之中，具有一定的综合性、开放性和挑战性。语文教学设计需要结合学习任务群的要求，去创设融合了重要学科知识的问题解决情境、能够引导学生广泛而深度参与的学习情境。②

情境创设的确不能简单处理，但也不敢说真的能设计出"牵一发而动全身"的语言情境，没有"万应灵丹"，只要方向不错，总是有价值的。学习《喜看稻菽千重浪》的过程中，我设计了一个学习情境：在通读全文的基础上，请你编辑并发送一条微信朋友圈，图文结合，赞美袁隆平（或其他劳动者），并邀请至少五人评论。截屏，做成PPT，做好交流展示准备。

生1：此刻的感悟写得很简明：谁才是真正的明星？照片选了6张，其中3张为袁老田间照片，老农模样。另外3张为青春靓丽的男明星某某。外表对比的视觉冲击效果强烈，形成艺术张力。评论也十分给力：科学技术是第一生产力，当然力挺科学家啦；民以食为天，袁隆平解决了14亿人吃饭的问题，相比之下，明星弱爆了；我国农业科技第一人；袁老现在是90后，以后是00后，长命百岁；呵呵，脸蛋不能当饭吃……

---

① 李元洛：《古诗新赏二题》，《诗探索》1985年01期。
② 蔡可：《基于"学习任务群"的语文教学设计》，《语文学习》2018年01期。

　　生2：参考了一则网易新闻，此刻的感悟写道：让湖南农大的师生沸腾，这一幕被称为"巨型追星现场"！照片就是网上下载的6张照片，袁隆平参加湖南农大开学典礼，一路被围得水泄不通，师生夹道欢迎。评论也十分精彩：梦想中的开学典礼！我好想去蹭蹭课；袁爷爷从课本里走出来了，分享到了此刻的激动；正确追星，从我做起，袁老威武；世界级的科学家，世界级的追星现场；喜看稻菽千重浪，现场就是……

　　生3：分享了一则央视网新闻，此刻的感悟写道：耕耘与收获！获"共和国勋章"当天，90岁的他还在田里干活。照片是"九宫格"形式，选取了袁老从青壮年时代的黑白照到佩戴共和国勋章的彩照在内的9张照片，凸显袁老劳动者本色。评论十分有感情：袁老的样子多像他凝视着的稻穗，成熟饱满大气谦和；一辈子都在战斗；如果不是看了课文，都不知道粮食多么重要，也不知道袁隆平多么重要；世界无饥荒，稻禾能乘凉，期待超级杂交稻出现……

　　微信朋友圈虽说是自媒体平台，教育者也应该引导学生利用这个平台多弘扬正向的价值和能量，而不是发布一些没有意义甚至是消极的事物，在这一点上立德树人至关重要，自媒体需要净化。其二，新闻通讯本就来自媒体，所以用自媒体形式检验媒体阅读的感悟和效果比较适切。情境创设真实有趣，有教育意义，有阅读促进作用，实现了由纸质媒体到电子媒体的跨界阅读。现代社会条件下，绝对的学习任务群分类是不太可能实现的，如果说发展学生的阅读素养是阅读教学的终极目的的话，那么学习任务群的分类阅读不过是达成这一目的的途径和方式之一。因此，上述情境的创设，等于将"实用性阅读与交流"和"跨媒介阅读与交流"两个学习任务群融合起来，它引导学生在文本阅读的基础上开展跨媒介学习实践，在真实或者模拟的学习活动或生活情境中阅读与鉴赏、梳理与探究、表达和交流，提高跨媒介分享与交流的能力，提高理解、辨析、评判媒介传播的内容的水平，形成正确的价值观。另外，这样还打通了阅读的局限，多元的阅读形式促进了对文本形象更丰富的认识和理解。也打通了时间局限，文本毕竟来自多年之前，在此过程中，人物形象有了新的内涵，通过跨界阅读实践，真实呈现人物永葆青春的形象和激励人心的新时代风貌。

2017 年 12 月 22 日由上海广播电视台纪实频道与上海市教委、复旦大学合作策划制作的纪录片《钟扬》在纪实频道播出。他已经远行,但希望的种子早已撒下。纪录片与这篇课文可以互为补充,在跨媒介的阅读中实现表达与交流。纪录片中有更多的细节,可以使学生更加全方位地感悟到钟扬精神,感人至深。比如课文中写到在珠峰大本营钟扬出现严重高原反应,当时藏族女学生德吉就在他身边,急得直哭。她回忆道:"我一直想给钟老师做一身藏袍,因为钟老师穿着藏袍特别像我们藏族汉子,他已经答应我了,可是我再也没有机会给老师做藏袍了……"再比如课文中写到钟扬与家庭的事非常少,因为他短暂的一生做了很多的事,但留给家庭的时间非常少。他和妻子曾约定:孩子 15 岁前,妻子管;15 岁后,钟扬管。2017 年 9 月 9 日,他们的双胞胎儿子刚过完 15 岁生日,但钟扬于 2017 年 9 月 25 日永远结束了自己忙碌的行程,他永远地失约了……有学生在看完纪录片《钟扬》之后写了一篇随笔,全文摘录如下:

对于钟扬,世俗有一种看法认为他"爱折腾",贪多求全,结果"折腾"掉了性命。我很愤然!他"折腾"的是什么?他所做的全都围绕着科学事业,少年立志,奔赴西藏,不拘一格收学生,妙笔写就科普文……他对于科学,特别是植物,有很深的热爱,更有持久坚韧的付出。重要的是,在他成名以后,身兼多职之时,他还是奔走在科研实践第一线,并且在身体出状况后争分夺秒,希望以有限的生命多做些事情。人们对他的敬仰和赞扬,恰恰反映出这样的人的稀有,因为做到常人所不能做的,或是做到极致,才更显可贵。

相比之下,很多人的"折腾",其实并没有一个中心,只是出于对某种环境或所做事情的不满,而想要另谋出路。又或许是因为"成功"而显现于世的人就那么些,故而大部分人的"折腾"也未获得正当的评价,总是"私欲"的成分过多。但是试想,如果有这么一个人,一生都在"折腾",最后"折腾"出东西了,那么前面人生中那些"折腾",不仅不会被视为无用,还会被视为一种很不错的经历而得到赞赏。我以为,这恰恰是真实的人生。其实过往一切,或许有朝一日将成就现在或者未来的自己。

钟扬还是走得太早了。可能说他"爱折腾"的人是从这个结果反推原因,有替他惋惜之意。猛然想到庄子《人间世》里的一句话："不材之木也,无所可用,故能有如此之寿。"这种截然不同的人生态度,也是值得琢磨的。不同人所求不同。轻松生活的人也有,大把赚钱的人也不少,但是倘若真的想在某一行做出点什么,非历数年之功不可,冷板凳总是要坐的,劳心劳力总是不可少的。就我个人而言,钟扬的人生更让人钦佩。但庄子所说的"不材之木",恐怕也符合大多数人的人生状态,只不过到底是主动追求,还是被动选择,则有相当大的差异。

我有时也会想,一个人把他自己献给了热爱的事业,那么他对于家庭,对于身边人,又做到了多少?这不免让人感叹!但倘若让我选,或许有此能力之时,也会像钟扬那样选吧,"爱折腾"也许更精彩,毕竟这世上总要有些人,总要做些事,并不是全然为己。当然这只是假想,因为可能更现实的是,我并没有如此大的心力和能力,而只能做好自己力所能及的事,在一个位置,做一些事,发点光热。纵然不是闪耀的光芒,有微光,也够点亮一些,这就很好!

影视比文字更有情感冲击作用。钟扬以有限的生命,诠释着他的不忘初心。他把自己比作裸子植物,像松柏,在艰苦环境中生长起来的植物才有韧性,坚强遒劲。他寻找的是种子,留下的是生命蓬勃昂扬的姿态。学生看完纪录片之后,我又设计了一个情境活动:梳理整合课文内容,编演一场5分钟以内的课本剧。设剧本编写组、表演组、后勤组和评价组。这个任务情境实际上具有三个学习任务群的任务性质:跨媒介阅读与交流(看纪录片,上网搜索资料)、实用性阅读与交流(梳理课文,选择编剧角度)和文学阅读与写作(编写剧本)。语文学习中,任务群的分野不是鲜明的,有时也需要灵活地整合,要回归根本——学生的核心素养。比如任务驱动下的多文本阅读,如果任务不是要求对文本进行精细的阅读,那么学生的阅读习惯就可能不严谨,阅读素养就可能难以提升。所以上述任务情境既体现了实用文阅读快速浏览、重点突破的特点,通过编演过程,还能实现对实用文重点信息的精细阅读、咬文嚼字与情感凝练。它还提供给学生一个充分实践的真实平台,戏剧社老师的专业指导、学生演员的角色投入、后勤保障组的道具准备、学生观众的意见建议,这些活动都切实地锻炼学生的能力,也许就能在学生心中播下一颗梦想的"种子"。巧合的是,《种子》就是学生编写的课本剧剧目,他们告

诉我,复旦剧社有一场以钟扬为题材的话剧反响强烈,叫《种子天堂》,而这个只能算微话剧,所以叫《种子》。剧本如下:

开　幕　钟扬事迹视频,定格。

（钟扬办公室,钟扬在办公桌前忙碌。学生甲乙上,边走边聊）

学生甲　那次采集真的是太不容易了,没想到钟老师这么坚决,带着那么严重的高原反应,还坚持自己上!

学生乙　是啊!钟老师为了种子真的愿意献出生命,他也愿意接手那些基础薄弱、没有老师愿意带的学生。（走近钟扬)老师您还不知道吧?同学们戏称您为"接盘导师"呢……（钟扬笑着摇头,学生丙急吼吼上,打断对话）

学生丙　(喘气,诚恳)老师!不好意思打扰了,我是来自西藏的学生,我想报考您的研究生,但是……我知道自己基础薄弱,（试探着)但是我真的非常渴望成为您的学生!您在西藏工作,忙着植物研究,天天奔走在雪域高原,那份踏实与专注,我非常渴望!

钟　扬　你好啊,同学,非常欢迎呀!欢迎来考我的研究生。读我的研究生基础差一点没有关系,我帮你补,只要你有一颗热爱植物学的心!（坚定地)但要好好准备!

学生丙　(惊喜)真的吗?谢谢老师,我一定认真准备!那我就先不打扰您了,老师再见!（挥手,转身下,险些与卢老师撞上）

卢老师　(自言自语)又有那么多学生。钟扬!我很奇怪啊,怎么年年就你的学生那么多?我看啊,你都快成"接盘大师"了。（调侃语气）

钟　扬　(微笑)没办法,你也知道的,他们总有些情况,我不接手,谁来接手?放到谁那都不好办,不如我担着吧!

卢老师　(关切地拍肩)话是这么说,我就是担心,有的学生基础不好,一方面指导他们科研太累;另一方面,你的身体怕是吃不消啊!

钟　扬　(宽慰)放心吧,我还行。培养学生就像采集种子,每一颗种子都很宝贵,不能因为看上去不好看就不要了,说不上这种子以后会有惊

　　　　　喜呢！

卢老师　嗯！你说得对，我们总要对教育多一点信心，也要对学生多一点信心！（卢老师下，主任上）

主　任　钟扬教授，您好！冒昧打扰了，我是上海自然博物馆展览设计部主任。是这样的，我们一直在寻找博物馆展览图文写作顾问，但很多老师考虑工作量太大，都拒绝了。经别人推荐，我这才到您这儿碰碰运气，不知道您能不能考虑一下？

钟　扬　（语气坚定）别说什么顾问不顾问了，能参与到博物馆展览的筹办过程中，这是我的荣幸啊！

主　任　可是，钟老师，这份工作要费您很多时间，报酬也不高，实在是太不好意思了，您……

钟　扬　能够做一些科普工作，做一些对热爱自然，愿意走进博物馆的人群有益的事，我很乐意，其他的你不要担心，这事交给我吧，一定做好！

画外音　就这样，钟扬又添了新工作。他也拼命挤出时间来创作。

钟　扬　（思索着念叨）生命……生命……（拍案）有了（屏幕呈现，扮演者朗诵）"生命诞生以来，从原核到真核，从单细胞到多细胞，从海洋到陆地，简单与复杂并存，繁盛与灭绝交替，奏响了一篇篇跌宕起伏的演化乐章，其间洋溢着生命诞生与繁盛的欢颂，伴随着物种灭绝与衰落的悲怆。"（文字定格，钟扬下）（画外音）

主　任　多么美的生命啊！多么富于激情与哲理的文字啊！这段话，一定会触发人们对生命价值的思考。钟扬的才华与热忱，感染着每个人。（屏幕定格青藏高原，钟扬背背包，戴帽子上）

画外音　（钟扬的家人、同事、学生）钟扬，天凉了，记得多加件衣服，晚上别熬到太迟；钟扬，这次去西藏要多久？等你回来讲种子的故事！钟老师，照顾好身体，别让我们担心！钟扬……

钟　扬　（平静、庄严）我知道，我一直都知道。你们的挂念、关心，你们的热情、期望。你们担心我，怕我出事。可我的时间越来越少了（沉重）。

我热爱植物学,在观察植物的过程中,我既看到了生命的辉煌,也感受到生命的哀伤。在这条人人必经的道路上,我选择分秒必争地向前,我希望成为一颗峭壁上的种子。任何生命都有结束的一天,但我毫不畏惧,因为我们的种子在以蓬勃的姿态努力生长,也许会在很多年后的某一天,不知会实现多少人的梦想!

画外音　这就是钟扬,在生命的高度和广度上,他一直在探索着自己的边界。他已经离开了我们,但他的生命,必将以另一种方式延续,带着那份真诚与热爱,带着那份相信与坚韧,激励更多人……

(三)立德树人:通讯报道怎样升华

头脑最简单的人可以看到情节,较有思想的人可以看到性格和性格冲突,文学知识较丰富的人可以看到词语的表达方法,对音乐较敏感的人可以看到节奏,那些具有更高的理解力和敏感性的听众则可以发现某种逐渐揭示出来的含义。[1]

本单元的人文主题是"劳动光荣"。劳动者没有高低贵贱之分,用勤劳创造价值的人都值得尊敬。但劳动本身有能力要求的差异,马克思将劳动分为简单劳动与复杂劳动。简单劳动是指每个没有任何专长的普通人的机体平均具有的简单劳动力的耗费。而复杂劳动力比普通劳动力需要更高的教育经费,它的生产要花费较多的时间,因此,它具有较高的价值。中国社会科学院王国成研究员又将复杂劳动划分为七个基本层次:一是掌握一定技术的体力劳动者,二是从事各种职能管理的劳动者,三是进行知识和技能传授的劳动者,四是进行知识再加工的劳动者,五是从事精神文化生产的复杂劳动者,六是从事经营管理的劳动者,七是从事科技工作的劳动者,他们运用自己创造性思维生产技术密度高、技术含量大的科技产品。[2] 然而,我们处于的是一个更加追求精细品质和独特体验的时代,所以,不论处于哪个层级的劳动者都应该具有工匠精神,从这个层面而言,劳动者和

---

① (美)韦勒克,(美)沃伦著,刘象愚等译:《文学理论》,江苏教育出版社,2005年8月,第290页。
② 王国成:《浅析复杂劳动的层次性及其现实意义》,《经济研究导刊》2017年15期。

劳动本身价值是相同的,无论何种劳动,其中的工匠精神代表的都是个人追求、社会品格和国家荣耀,具有引领时代进步的崇高价值。

学习《以工匠精神雕琢时代品质》一课,当然要学习新闻短评的写法,但这还属于"简单劳动",就是一般论说文的写法。工匠精神的内涵当然要梳理,但这还属于"词语的表达方法"阶段,就是一般的阅读信息筛选。那么,还有什么"逐渐揭示出来的含义"呢? 作者是在什么样的时代感召下赞美、呼唤工匠精神的? 工匠精神的每一种抽象的内涵对应着我们这个时代哪一些默默奉献的感人形象? 面对现实,在工匠精神面前,我们哪些行业、何种不足需要理性反思? 总之,学习本文,既要读出文字里的情感、温度和形象,更要读出思想里的呼吁和反思。在此基础上,引导学生感知大国工匠之鲜活形象,反思我国工业体系的短板环节,在具体的学习任务中树立为中华民族伟大复兴而努力奋斗的时代抱负。

材料一:秦始皇陵出土的铜车马由3000个零部件组合而成。结构精巧,工艺复杂,锻造精致,令人叹为观止。它凝聚着二年多年前金属制造工艺方面的辉煌成就,在中国和世界金属工艺史上占有重要地位,被誉为世界"青铜之冠"。

材料二:3000多家企业、20多万从业人口、年产量380多亿支,占世界总供应量80%以上……一连串值得骄傲的数字背后却是核心技术的缺失和核心材料对进口的高度依赖。制造商生产一支圆珠笔的利润还不到1分钱。

材料三:2019年5月华为海思宣布启用"备胎计划",麒麟代替了骁龙。华为的PCT专利申请量,2000年在全球排名第6896名,到2018年累积达到33,899件,在全球排名第二,仅次于日本的松下知识产权管理有限责任公司。

上课之前可以让同学阅读以上三则材料,思考:铜车马让世人惊艳赞叹,圆珠笔让国人唏嘘遗憾,中美贸易战让网友惊心动魄。三者联系,你有些什么感想? 铜车马的辉煌,来自原料的精挑细选、工艺的精巧极致和工匠的精心雕琢,可以说是精益求精的工匠精神锻造出了"青铜之冠"。华为的备胎计划,则说明不掌握芯片等关键技术,就改变不了仰人鼻息的可悲命运。虽然我们的研发能力和产品尚有差距,但是也摆脱了受制于人的可怕后果。可见,工匠精神既要精益求精,还要创新创造,不实现核心技术从人有我有到人有我精再到人无我有、人无我精的发展变化，就难以实现民族的伟大复兴。

新闻是时代的产物，新闻评论是时代精神的点睛之笔。《以工匠精神雕琢时代品质》发表于 2016 年 4 月 30 日的《人民日报》，虽说课文有一句话交代时代背景："今天，我们迎来了一个更加注重精细品质和独特体验的时代"。但是为什么时代有这样的要求并没有说，没有说学生就不能站在时代的高度体会"工匠精神"之迫切，也就不能体会文中"墓志铭"的夸张表达，为什么要至死不渝地追求？为什么要把它看得比生命更重要？因此本文的学习任务一就是要求学生查阅资料，了解文章发表的时代背景，明确时代为何如此迫切地需要工匠精神。

2016 年是中国改革开放创新驱动、转型发展的关键之年，经济发展模式要从劳动密集型转向知识密集型，发展观念要从"短平快"地片面追求 GDP 转向构建"高精尖"的完整产业体系。尤其是要改变关键技术、核心领域往往受制于人的被动局面，解决发展过程中"最先一公里"和"最后一公里"问题，打通科技成果转化通道。这攸关改革开放能否顺利进入深水区，攸关中华民族伟大复兴的中国梦能否顺利实现。因此，2016 年 3 月 5 日，李克强总理政府工作报告中首次正式提出"工匠精神"。这一年来，"工匠精神"也是总理使用的高频词。当年的 12 月 14 日，"工匠精神"入选 2016 年十大流行语。工匠精神对企业而言等于提升产业核心竞争力，强化品牌品质，树立质量为先、信誉至上的经营理念；对个人而言意味着人才强国，培养顶尖人才和行业大师；对国家来说，就是实干兴国、科技兴邦的战略高地，意义重大。

《说文》里说"匠，木工也"，"一盏孤灯一刻刀，一柄标尺一把锉，构成一个匠人的全部世界"，课文里这些句子学生未必能完全理解。中华民族从来不缺能工巧匠，工匠精神曾经是我们引以为傲的民族资本之一。你能列举我们有哪些能工巧匠？为何后来我们落后了？我以此为本课的学习任务二，引导学生把课文中的句子转化为一幅幅历史画卷，并思辨工匠精神缺失的原因。举例并不难，我们不仅拥有个体的著名工匠：四大发明的创造者、木工鼻祖公输班、技近乎道的庖丁等，还拥有无数不知名的能工巧匠：他们修筑了雄冠天下的万里长城，他们建造了气象恢弘的紫禁城，他们制造出郑和下西洋的巨型楼船，兵马俑、唐三彩、景德镇的陶瓷,历经千年栩栩如生的敦煌壁画……中华民族的辉煌历史因为他们格外熠熠生辉,学生在其中感受到的是文化自信。工匠精神为何没有发扬光大?原因很多,西方工业革命的冲击,农耕乡土时代的结束,改革开放初期追求短期效益的粗放发展等,这些都是外因,核心原因是社会和手工业者本身的传统观念。我们向来重视读书进士,轻视手工劳动,甚至蔑称其为"奇技淫巧",我们的工匠社会地位低下;手工业者本身又不肯轻易传授与交流,热衷闭门造车,格局狭小,主观上没有意识到自己拓展人类文明疆域的使命。据此再去读课文,对"雕虫小技""拜手工教""躲进小楼成一统"等语言就会有更明确的理解。

　　新时代赋予工匠崇高的社会地位,赋予工匠精神丰富的思想内涵。本课的第三个学习任务:请梳理出当代工匠精神的内涵,并整理一个"大国工匠"的事例与之相对应。对于中学生来说,唯有道理与事实相结合,工匠精神内涵的理解才不至于架空,才会更加形象饱满。要引导学生站在时代的高度思考那个哲学命题:我是谁?我从哪里来?我要到哪里去?以下是学生整理的材料:

　　发自肺腑、专心如一的热爱:2014年北京APEC峰会期间,送给各国元首的国礼纯银丝巾果盘的制造者孟剑锋。为了用银丝做出支撑果盘的四个中国结,他需要反复将银丝加热并迅速编织,无数次尝试才能成功。他无法容忍机械打磨银丝的细小砂眼,也不愿违背纯手工的诺言。即使右手被烫出大泡,起了厚厚的茧也丝毫没有动摇他精益求精、不断超越与追求极致的决心。

　　臻于至善、超今冠古的追求:中车戚墅堰机车车辆工艺研究所维修工刘云清。1微米也就是0.001毫米的精度要求,1台上世纪80年代的国产磨床,他在车间吃住4个月,竟然完成了德国设备都不能达标的改造要求,使这台濒临淘汰的设备变成无价之宝,摆脱了依赖进口的憋屈。他说:"与其老是求别人,还不如自己做了算了,我不要去求他们。"朴实的话语中充满工匠精神的底气。

　　冰心一片、物我两忘的境界:中国航天科技集团公司发动机车间班组长高凤林。30多年来,他几乎都在做着同样一件事,即为火箭焊"心脏"。焊件表面温度达几百摄氏度,他咬牙坚持。曾有人开出"高薪加两套北京住房"的诱人条件,他说"我们的成果打入太空,这样的民族认可的满足感用金钱买不到"。每天晚上离开厂房时,他都要回眸"欣赏"自己精心雕琢出来的"艺术品"。

技进乎道、超然达观的人生信念:发现青蒿素、获得诺贝尔医学奖的屠呦呦。"我是搞研究的,只想老老实实做学问,把自己的事情做好,把课题做好,没有心思也没有时间想别的。"40多年前,她在"文革"中埋首实验室;40多年来,"出国热""博士热""院士热"里都没有她。半个世纪的默默钻研中她宠辱皆忘,没有博士学位、留洋背景和院士头衔,但青蒿素是对她人生信念的最佳奖励。

第八回　读书切戒在慌忙　涵泳工夫兴味长

——《乡土中国》整本书阅读教学故事

在指定范围内阅读一部学术著作。通读全书，勾画圈点，争取读懂；梳理全书大纲小目及其关联，做出全书内容提要；把握书中的重要观点和作品的价值取向。阅读与本书相关的资料，了解本书的学术思想及学术价值。通过反复阅读和思考，探究本书的语言特点和论述逻辑。

选择阅读简明易懂的自然科学和社会科学类论文、著作，领会不同领域科学与文化论著的内容，培养科学态度和创新精神。撰写内容提要和读书笔记，学习体验概括、归纳、推理、实证等科学思维方法，把握科学与文化论著观点明确、逻辑严密、语言准确精炼等特点。

以上是新课标对"整本书阅读"学习任务群学术著作阅读方法的具体明确。整本书阅读对语文学习意义重大，新课标把它列为 18 个学习任务群之首；整本书阅读教学众说纷纭，难有成法可循，任重道远，尚须不断探索。《乡土中国》作为教材指定阅读的第一本书，从阅读教学角度来说，优势和困难都很明显。优势而言，全书 7 万字，14 章，120 页，便于课内外阅读结合，便于课堂教学的有序计划。我用了 2 周时间 10 个课时完整地把这本书当作教材上了一遍。具体安排是导读 2 课时，14 章分 7 课时，小结 1 课时，每天布置阅读和预习要求，第二天课堂展开阅读教学。之所以要这样安排，正因为阅读这本书对高一学生来说有许多困难。首先是阅读经验的代差，这群孩子大体出生于 2003 年的上海，2008 年左右才具备记事能力，书中的乡土社会对他们来说不啻异域他邦，当时当地的许多社会现象他们难以理解；其二是阅读能力的缺乏，初中上来的这群孩子不知议论文该怎么读，更不知学术著作、社会科学为何物，他们的阅读经验更多的是寓言故事、鸡汤散文、侦探小说之类。这些都对教师组织展开这本书的阅读教学提出很大的挑战。

美国作者莫提默·J·艾德勒和查尔斯·范多伦在著作《如何阅读一本书》里把阅读分为四个层次：基础阅读、检视阅读、分析阅读和主题阅读。我大体借鉴了这种阅读层次来设计教学：第一步情境化导读，激发学生阅读兴趣，为基础阅读做准备；第二步每章批注与内容概要结合，完成基础阅读，为检视阅读做准备；第三步思维导图与问题研讨结合，将检视阅读与分析阅读相结合；第四步赞同或者反对作者，展开思辨，完成分析阅读，引导主题阅读。以下就是我教学过程中的一些具体做法，也许不成系统，但我不是要对《乡土中国》进行学术阅读的解构或者重构，而是针对高中教学的实际，通过一些具体的实践，探索阅读学术类整本书的一些具体的方式方法。

一、 情境化导读： 明确价值，辅助理解

费孝通先生的《乡土中国》是一本运用社会学和文化人类学的比较研究方法分析中国传统基层社会的著作。在书中，作者从宏观角度审视整个社会，分析社会的整体构架，同时运用深刻而又形象鲜明的类比、大量的事例故事、丰富的历史文献，深入浅出地对一些现象或理论进行解释，使深奥抽象的学术作品变得具体形象，使读者易于接受并产生阅读兴趣。教师在教学时要保持与费老一致的阐述方式，边阐释边举例，触类旁通地比喻和引用，起到增强形象、激发兴趣、辅助理解和明确价值的教学效果。

（一）明确阅读价值

"尝试什么呢？尝试回答我自己提出的'作为中国基层社会的乡土社会究竟是个什么样的社会'这个问题。"作者在重刊自序中讲到了该书的研究目的。这本书 1947 年出版，1984 年重刊，距今分别是 73 年和 36 年，世事变迁，如今中国社会大部分已经从"乡土"走向"现代"，那么作为一名国际大都市的高中生，为什么要阅读这样一部阐述乡土社会的学术性著作呢？学习这本书有什么当代价值？会给我们带来怎样的助益？只是引导学生阅读序言显然会使学生趣味寡淡，不够明

确,必要补充教学情境,展开兴趣引导与价值介绍。

情境一:带学生俯瞰教学楼下星河湾旁一幅四周围墙、尚待开发的建筑用地,里面杂草、杂树丛生,中间被开垦出许多纵横交错的菜地,蔬菜长势茂盛。我问学生:是谁种的菜?怎么进去的?为什么他们那么无孔不入地种菜?在世界各地只要有中国人,在他家里终会发现一些种植出来的绿色植物,如果有条件还会开垦出来一片土地,自己种菜吃。中国人种菜似乎是一种与生俱来的能力,只要给一把锄头一包种子总能种出一片菜地来。中国人为什么那么喜欢种菜,你能从《乡土中国》中找到理由吗?

"这样说来,我们的民族确是和泥土分不开的了。从土里长出过光荣的历史,自然也会受到土的束缚,现在很有些飞不上天的样子。靠种地谋生的人才明白泥土的可贵。"[①]由此可见,土地对于中国人,尤其是传统中国人来说至关重要。我们的祖先很早就建立起强大的农耕文明,立足于土地精耕细作的基础上,逐渐形成了一套适应农业生产生活需要的国家制度、礼俗制度、文化教育等文化形式,形成了自己独特的文化内容和特征,其主体包括国家管理理念、人际交往理念以及语言、戏剧、民歌、风俗及各类祭祀活动等,是世界上存在最为长久和广泛的文化集成。虽然随着社会的发展,我们越来越多地体验着现代性,但是"乡土性"的根还存在于我们的社会基因中,了解乡土中国,就是了解传统中国的精神之根,就是了解我们精神家园的源头,《乡土中国》是中国人的必备常识课。

情境二:唐诗宋词里有一类题材的作品数量非常多,很容易引发我们的共鸣,那就是思亲怀乡的题材。试举几个例子,并结合《乡土中国》具体内容,分析古代社会思乡作品中各种负面情绪产生的原因。

月夜忆舍弟(杜甫)

戍鼓断人行,边秋一雁声。露从今夜白,月是故乡明。

有弟皆分散,无家问死生。寄书长不达,况乃未休兵。

邯郸冬至夜思家(白居易)

---

① 费孝通著:《乡土中国》,人民出版社,2015.4,第2页。

邯郸驿里逢冬至，抱膝灯前影伴身。

想得家中夜深坐，还应说着远行人。

"熟悉是从时间里、多方面、经常的接触中所发生的亲密的感觉。这感觉是无数次的小摩擦里陶炼出来的结果。这过程是《论语》第一句里的'习'字。'学'是和陌生事物的最初接触，'习'是陶炼，'不亦说乎'是描写熟悉之后的亲密感觉。在一个熟悉的社会中，我们会得到从心所欲而不逾规矩的自由。"①乡土社会是熟人社会，在此生活的人可以从心所欲，离开了这个熟悉的环境自然会各种不自在、不习惯，自然会产生伤感、孤独、难受的羁旅愁思。正如流沙河诗歌《就是那一只蟋蟀》中写到的"你在倾听/你在想念/我在倾听/我在吟哦/你该猜到我在吟些什么/我会猜到你在想些什么/中国人有中国人的心态/中国人有中国人的耳朵"，《乡土中国》不仅解释了民族文化精神的源头，而且给我们的文学创作以及对文学作品的理解提供了丰富的理论依据和参考，我们可以通过阅读这本书，理解我国传统文学形成之根本，加强文化自信。

情境三：探讨东西方亲戚称谓的差异。aunt 这个单词在中国按照远近亲疏可以细化为姑姑、姨妈、舅妈、阿姨等；同样，uncle 这个单词在中国可以细分为伯父、叔父、舅父、叔叔等。为什么中国人对亲戚的称谓远比西方要复杂？这里面代表中西社会的什么差异？试从《乡土中国》寻找答案。

"团体是有一定界限的，谁是团体里的人，谁是团体外的人，不能模糊，一定分得清楚……家庭在西洋是一种界限分明的团体……在英美，家庭包括他和他的妻以及未成年的孩子……我们社会中最重要的亲属关系就是这种丢石头形成同心圆波纹的性质。亲属关系是根据生育和婚姻事实所发生的社会关系。从生育和婚姻所结成的网络，可以一直推出去包括无穷的人，过去的、现在的、和未来的人物。"②"在我们亲属称谓中，长幼是一个极重要的原则，我们分出兄和弟、姊和妹、伯和叔，在许多别的民族并不这样分法。"③中西方亲属称谓的差异形成原因很多，比如家庭观

---

① 费孝通著：《乡土中国》，人民出版社，2015.4，第 7 页。

② 费孝通著：《乡土中国》，人民出版社，2015.4，第 28 页。

③ 费孝通著：《乡土中国》，人民出版社，2015.4，第 84 页。

念、等级观念、生育观念、宗教礼仪观念、道德伦理观念等,核心原因在于社会格局的差异。在《乡土中国》里,作者多角度多层面地将中国乡土社会与现代社会进行对比,将乡村与都市进行对比,将中国社会与西方社会进行对比,并从功能主义的视角出发阐释了这些现象产生的原因和现实的功能,有利于提高文化意识的站位,开拓阅读视野,有利于在多元文化背景下进行跨文化阅读与交流,从宏观角度培养我们如何去发现问题、表述问题、探究问题、解决问题。此外,还要学习本书化抽象为形象、深入浅出、易于理解的阐述方式。

(二)辅助阅读理解

朱光潜说:"说理文要写好,也还是要动一点感情,要用一点形象思维。"阅读学术著作,肯定会碰到一些一时难以理解的道理,阅读教学时,如果一味地阐述这些道理可能会让孩子们更难理解,事倍功半。如果换一种方法,打一个比方,来一个类比,举一个生动形象的例子,讲一个寓言故事等等,他就会欣然接受,自然悟出其中的道理。即物明理,借象喻理,寓情于理,这些方法在当前学情下对学生阅读理解学术著作抽象深奥的道理是很有帮助的。

情境一:土楼的空间里需要文字吗?

《文字下乡》一章中,作者认为乡土社会文字是多余的,从空间上看,乡土社会空间比较固定,属于面对面社群,面对面可以直接说话,文字不但多余,而且有时会词不达意引起误会。甚至连语言都并不是传达情意的唯一象征体系。学生可能不解,以他们的经验很难想象哪样的社会是不需要文字的,也很难想象乡土社会空间是个怎样的空间。教师先以微信社交平台为例,微信文字、语音留言、语音连线以及视频交流,哪种交流方式最直观、有效、准确、生动? 肯定是视频连线,它可以达成面对面交流的效果,避免了词不达意,甚至不说话也能交流信息,乡土熟人社会交流空间就是这种面对面的形式。之后教师举了一个十分典型的乡土社会空间——客家土楼。客家土楼是客家人世代相袭、聚族而居、繁衍生息,并用夯土墙承重的大型群体楼房住宅,客家土楼是中华文化瑰宝,是大家庭、小社会和谐相处的典范。这是乡土社会空间的缩影,在这样一个封闭固定的族群空间内,不要说文字,连语言都是多余的。正如《项脊轩志》中说:"轩东,故尝为厨,人往,从轩前过,余扃牖而居,久之,能以足音辨人。"土楼围屋的例子不仅形象地说明了文字多余的原因,而且使学生形象地认知了乡土社会空间上的特点,有利于学生由此及彼地联系现实生活中类似的现象来理解书中的道理。

情境二:中国家庭沿父系单线亲属差序向外扩大?

《家族》一章中,作者谈到西洋家庭属团体格局,主要功能是生儿育女。而中国则出现小家庭、大家族、氏族等不同的家族概念,中国家族的功能不限于生育,还包括政治、经济、宗教等复杂的功能。"中国的家扩大路线是单系的,就是只包括父系这一方面","在父系方面却可以扩大得很远,五世同堂的家,可以包括五代之内所有父系方面的亲属","为了要经营这许多事业,家的结构不能限于亲子的小组合,必须加以扩大"。这些概念和理论的理解还得借助直观鲜明的形象,教师先以宗族内圈图加以说明。

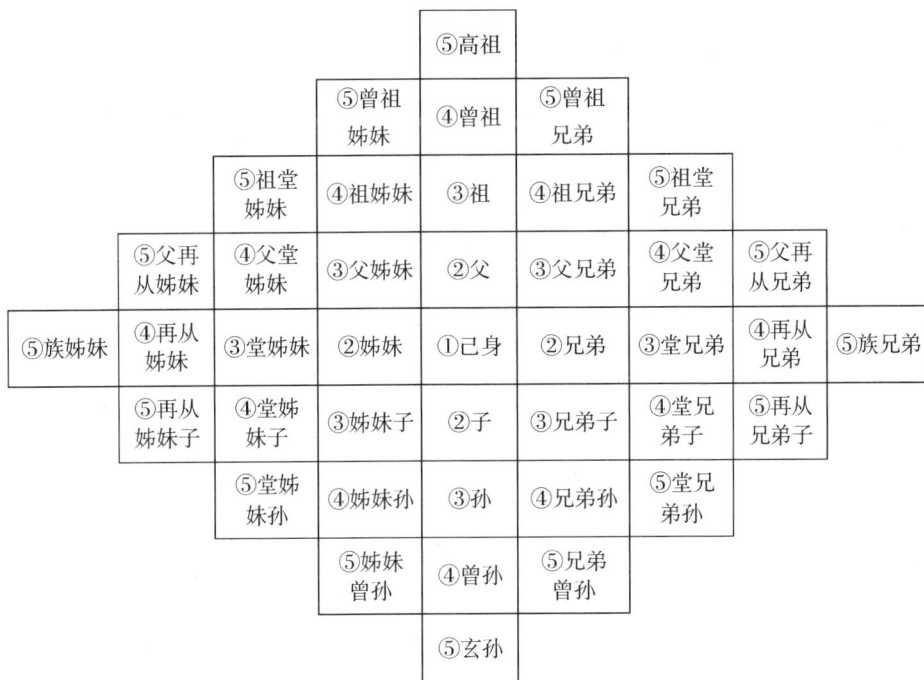

					⑤高祖			
				⑤曾祖姊妹	④曾祖	⑤曾祖兄弟		
			⑤祖堂姊妹	④祖姊妹	③祖	④祖兄弟	⑤祖堂兄弟	
		⑤父再从姊妹	④父堂姊妹	③父姊妹	②父	③父兄弟	④父堂兄弟	⑤父再从兄弟
⑤族姊妹	④再从姊妹	③堂姊妹	②姊妹	①己身	②兄弟	③堂兄弟	④再从兄弟	⑤族兄弟
		⑤再从姊妹子	④堂姊妹子	③姊妹子	②子	③兄弟子	④堂兄弟子	⑤再从兄弟子
			⑤堂姊妹孙	④姊妹孙	③孙	④兄弟孙	⑤堂兄弟孙	
				⑤姊妹曾孙	④曾孙	⑤兄弟曾孙		
					⑤玄孙			

图 8-1　中国传统家庭宗族内圈图

如图 8-1 所示，中国家庭以"己身"为中心的差序格局形象直观；圈子扩大的线路的确是"父系"单线，扩大得很远；上下五代之内所有的亲属都属于家族成员，都有直观体现。五世同堂、大家庭、氏族社群等这些概念也鲜明地呈现出来。示意图能帮助学生更形象地理解中国家族的特点。至于家族除生育之外的复杂功能则要借助《红楼梦》、激流三部曲等文学作品和影视形象举例阐述。所以，借助形象解读《乡土中国》，让学生展开联想和举例，学生喜闻乐见，不仅有效，而且也符合原作特点。比如谈到乡土社会少数人之间的特殊语言（行话），可举《林海雪原》中"天王盖地虎，宝塔镇河妖"。再如，乡土社会虽然时间推移，却总是同一生活方式的反复呈现，可举贾平凹《秦腔》中"交通基本靠走，治安基本靠狗，通讯基本靠吼，娱乐基本没有。"

二、 基础型阅读： 提出问题，形成逻辑

做笔记有各式各样、多彩多姿的方法。以下是几个可以采用的方法：……在书页的空白处做笔记——在阅读某一章时，你可能会有些问题（或答案），在空白处记下来，这样可以帮你回想起你的问题或答案。你也可以将复杂的论点简化说明在书页的空白处。或是记下全书所有主要论点的发展顺序。书中最后一页可以用来作为个人的索引页，将作者的主要观点依序记下来。[①]

《如何阅读一本书》里具体介绍了做批注的方法，有画底线、加着重号、编号、记下相互关联的页码、圈划关键词句、简要记下自己的疑问或思考等，值得参考借鉴。教师在学生基础阅读时要引导学生做批注，将以上的方法融会贯通，形成适合当前高一学情的方法，比如侧重常识的补充、概念的澄清、问题的提出以及逻辑的雏形等。要求学生两周内每天阅读 1—2 章，根据上述方法要求上传读书批注的照片，教师简选优秀的批注笔记照片在班级展示，形成示范促进作用，争取通过学生自主基础阅读对全书内容有大致理解，并形成良好的读书习惯。

---

① （美）艾德勒，（美）范多伦著，郝明义，朱衣译：《如何阅读一本书》，商务印书馆，2004 年 1 月，第 46 页。

（一）补充文本常识

基础阅读要考虑学生的认知水平。阅读过程中，肯定会遇到自己不理解的词语、人物、事件以及文献资料等，那么基础阅读的第一步就是要通过查阅资料，补充批注，来扫清这些阅读障碍，以利于准确深入理解文意。

词语方面，有些词语运用的语境似有争议，比如《差序格局》中"侧目"一词，《现代汉语词典》的解释是："不敢从正面看，斜着眼睛看，形容畏惧而又愤恨：侧目而视。"用在这个语境中似乎不恰当，西洋人畏惧南洋华商、不敢正面看？似乎不符合历史常识。也可能作者想表达类似刮目相看或者重视之类的意思，是否用错了这个词语，这就是批注的好素材，也是需要点拨的教学点。另外，由于作者的学养很高，许多词语来自文言古籍，作者信手拈来，对学生的阅读积累起到积极作用，比如《长老统治》中"逆旅"和"轩轾"这两个词语。《现代汉语词典》将"逆旅"解释为"旅馆"，那么"逆"字何解？此处是"迎接"之意，旅店的大门与旅客到来的方向相反，是迎接旅客的地方。"轩轾"一词更让人陌生，"车前高后低叫轩，前低后高叫轾，比喻高低优劣"。这两个词语通过比喻将人生活在社会中、受到规矩的强制约束的道理阐述得十分生动。

人物事件方面，要补充批注，弄清典故，前后贯通理解句子和段落。比如《无为政治》中，"如果连荣誉都不给的话，使用权力的人真成为公仆时，恐怕世界上许由、务光之类的人物也将不足为奇了"。要理解这句话，就要弄清许由、务光是怎样的人。尧知其贤德，欲禅让于许由，许由听说后，坚辞不就，洗耳颍水（禅让的消息脏了他的耳朵），隐居山林，卒葬箕山。汤建立商朝后，想让位给务光，务光认为汤推翻暴君夏桀是不义之举、无道之世，不但推辞不受，并且因为觉得羞耻，负石而自沉于庐水（后世有伯夷叔齐不食周粟类此）。联系整段话理解：人热衷于权力是因为权力可以带来利益，如果权力只是一种荣誉的话，人们并不急于拥有权力，如果连荣誉都不给，那每个人对权力都会唯恐避之而不及。教师要点拨指导：这种语境下的许由、务光与历史上的许由、务光境界追求有天渊之别，即"利"与"义"的区别。再如《礼治秩序》中，"曾子易箦是一个很好的例子"，这就要补充"曾子易箦"是件什么事了：曾子是一个视守礼制甚于生命的人，他没有做过大夫，无意中用了大夫专用的席子。假如他死在大夫专用的席子上，那就是"非礼"了，哪怕是处于弥留之际，也依然命令儿子给他更换席子，刚换完，他就无憾而终了。这个例子形象地说明了"礼"的教化作用相对于"法"和"德"的主动性，礼是人们主动服膺的须臾不离的生活习惯。

文献资料方面，不仅要批注清楚，还要做好积累，《乡土中国》给我们的营养不仅限于社会学方面，在传统文化方面也有许多要汲取的精华。这种密切关系也是必然的，研究我国的传统社会必然离不开传统经典。比如《差序格局》中，作者引述了《论语》和《大学》里的文献资料，批注中做好翻译理解是第一步，说明这两段话分别阐述了差序格局的什么特点是第二步。《论语》里的第一段话说明儒家道德体系以自我为中心的特征鲜明。"己欲立而立人，己欲达而达人，能近取譬，可谓仁之方也"，将心比心，推己及人，"己"是中心，"推及"的范围能放能收，能伸能缩。《大学》里"修齐治平"的差序推浪形式重申了差序格局以"己"为中心的特点，同时还强调了中国传统社会公和私的界限是模糊的，"站在任何一圈里，向内看也可以说是公的"。这些材料作为引用和例证，有力地证明了作者的观点，扩大了作品的文化内涵。

（二）提炼主要概念

费孝通的研究方法是概念研究，如他所说，"这个概念的形成既然是从具体事物里提炼出来的，那就得不断地在具体事物里去核实，逐步减少误差。"（重刊序言）那么基础阅读阶段应该补充一些作者没有解释的基础概念或者作者仅仅阐述现象需要总结提炼的概念，适当的时候教师要点拨指导。

比如，《文字下乡》和《再论文字下乡》这两章中，核心概念当然是"文字下乡"。在理解这个核心概念之前，要先解决两个基础概念，解决不好就可能无法准确理解作者的观点。什么是文字？什么是语言？这些基本概念需要结合文本查阅资料加以补充。文字是记录思想，交流思想或承载语言的图像或符号，也是交流信息的工具，同时蕴含一定的意义与审美价值。空间上有阻隔才会使用文字，"文字所能传的情、达的意是不完全的"。"文字是间接的说话，而且是个不太完善的工具。"语言是传递信息的声音,是人类最重要的交际工具,是人们进行沟通的主要表达方式,人们借助语言保存和传递人类文明成果,语言还是民族的重要特征之一。文字是眼睛看得到的信息符号,语言是用声音说出来的信息符号。文字是承载语言的图像和符号,一切文化中可以没有文字,但不能没有语言。理解好这些概念,才能更准确理解在乡土社会的面对面社群中,同一生活方式的不断重复中,不仅文字是多余的,有时语言也是多余的,文字下乡根本没有必要。这时我们就可以清晰地解释"文字下乡"这个核心概念:政府组织和主办的在乡土社会基层开办学校,推广文字教育,使乡下人多识字,扫除文盲的活动。

再如《差序格局》这一章,核心概念是"团体格局"和"差序格局"。团体格局的概念表述比较集中,圈划批注比较方便:团体格局是西方社会人际关系格局。西方社会常常由若干人组成一个个团体,每个团体界限分明;在团体里的人是一伙,对于团体的关系是相同的,如果同一团体中有组别或等级的分别,那也是先规定的(比如股份制企业员工之间的关系)。差序格局的概念表述比较分散,先要圈划关键句,然后整合这些关键句形成概念:差序格局是中国传统社会人际关系格局。每个人以自己为中心,推出一个个社会关系的圈子;这个圈子的大小要依着中心势力的厚薄而定;这个关系圈子一圈圈推出去,愈推愈远,也愈推愈薄。接着,为了论述差序格局的具体特点,作者又提出两个基础概念:人伦和自我主义。"人伦"强调差序格局一圈圈推出去的特点:"就是从自己推出去的和自己发生社会关系的那一群人里所发生的一轮轮波纹的差序"。可以把更直观的定义批注在一旁:指封建社会中人与人之间礼教所规定的君臣、父子、夫妇、兄弟、朋友及各种尊卑长幼关系。于是差序格局中由内到外、由厚到薄的特点就非常直观。而"自我主义"强调差序格局以"己"为中心的特点:以自己为中心,由己到家,由家到国,由国到天下,一圈圈推出去,一切价值以"己"为中心产生或者判断。最后,为了更具体地论述团体格局与差序格局的区别,作者还辨析了"自我主义"和"个人主义"的区别:个人主义强调平等和宪法观念,自我主义一切价值以"己"为中心,没有这两种观念;个人主义延伸出权利和义务关系,而自我主义却模糊了群己、公私的界限。批注好这些概念,确实是我们读懂这本书的基础。

(三) 提出阅读疑问

教师不仅要提问,还要鼓励并引导学生从阅读的文本中提出问题,通过自我提问,对阅读内容的懂与不懂,有一个更加清醒的认识……如果学生读完整本书,一个问题也没有,那么这本书并没有开拓学生的阅读视野。学生自我提问,并尝试整合相关资源进行回答的过程,就是学生对信息进行选择、改变和吸纳的过程。如果现有的认知结构无法解决疑问时,学生必须改造并重组自己的认知结构,唤起反思性思考和行动。①

阅读实际上是与作者的对话。读书时怎么提问呢? 在阅读一本书时,有四个问题是具有普遍意义的:1.整体来说,这本书到底在谈些什么? 2.作者细部说了什么? 怎么说的? 3.这本书说得有道理吗? 全部有道理,还是部分有道理? 4.这本书跟你有什么关系?② 这四个问题体现阅读的整体性。其中第 1 和第 4 个问题要在之后的阅读层次中讨论,在基础阅读阶段,建议重点关注第 2 和第 3 个问题,侧重局部和细部,将那些读不懂的或者有疑问的地方标注出来,尝试自主解决这些问题,在书中记下你的答案,为总览全局、贯通全书做好铺垫。以下是两个学生阅读局部时的一些问题和笔记,在全班做了分享。

生 1 在读《差序格局》时整章提出了三个问题:第一问,开头举苏州小河的事例的目的是什么? 她批注道:"这段描写使我对江南水乡仅剩的那一点点美好都消失殆尽了。你家倒屎倒尿,我家洗衣洗菜,只因为'这种小河是公家的',举此例是为了引出'私'的话题,每个人只贪图自己的便利,缺少公共意识,从而引出公私分明和公私模糊的两种社会格局,也就是团体格局和差序格局。"第二问,圈划关键句"中国传统社会里一个人为了自己可以牺牲家,为了家可以牺牲党,为了党可以牺牲国,为了国可以牺牲天下",提出疑问,是不是搞反了? 这里解释的是"私"的表现形式,引用的古文却是《大学》里关于天下读书人修身齐家治国平天下的宏愿,这个愿望不伟大吗? 她批注道:"是我对经典理解不深。表面看'私'与胸怀天

---

① 任明满:《整本书阅读研究的"三重三轻"》,《语文学习》2018 年 12 期。
② (美)艾德勒,(美)范多伦著,郝明义,朱衣译:《如何阅读一本书》,商务印书馆,2004 年 1 月,第 43—44 页。

下的宏愿是相悖的,但按照顺序深入来看重要性的话,'私'确实出现在这段话中,修炼自己是首要的,其次才是齐家、治国、平天下,无论顺推还是逆推,都是以自己为中心。"第三问,圈划关键句"这是现代国家观念,乡土社会中是没有的",提出疑问:难怪西方人从不说 my country,只说 our country,"我的国"和"我们国家"这两种说法有什么区别? 她批注道:"现代国家观念我们到现在仍缺失。'厉害了,我的国'的说法一度流行,其实'我的国'还是以己为中心看待国家,体现的还是私念;而'我们国家'是以'我们'这个团体观念去理解国家、看待国家。"

生 2 在读《系维着私人的道德》时提出两个问题:第一问,圈划关键句"因为在这种社会中,一切普遍的标准并不发生作用,一定要问清了,对象是谁,和自己是什么关系之后,才能决定拿出什么标准来",道德标准和人之关系有什么联系? 她写道:同一标准放在不同的人身上,因与自己远近亲疏关系不同,有了不同的评价和处理方式。根据作者的举例,我们还可以举出很多相似的例子。比如两个孩子打架,家长总是偏袒自己的孩子,而去责怪对方家长没有教育好孩子;比如天雨墙坏,智子疑邻的故事;连唐太宗这样的明君也不能免俗,因为庞相寿是自己幕府旧人就想网开一面,得魏征劝谏才能醒悟:

濮州刺史庞相寿坐贪污解任,自陈尝在秦王幕府。上怜之,欲听还归任。魏征谏曰:"秦王左右,中外甚多,恐人人皆恃恩私,足使为善者惧。"上欣然纳之,谓相寿曰:"我昔为秦王,乃一府之王,今居大位,乃四海之主,不得独私故人。大臣所执如是,朕何敢违!"赐帛遣之,相寿流涕而去。

第二问,耶稣是"天父",在此基础上形成西方团体社会"天赋人权,生而平等"的道德思想。太平天国也有"天父",也讲平等,两者有什么区别? 洪秀全到底是个落魄的封建儒生,自封"天子"是为了确定自己君权神授的光环,巩固自己的专制统治服务的,太平天国的平等是没有社会土壤的乌托邦式的口号,后来出现的"天父天兄"都是为自己争权夺利的手段,而不是真正的道德信仰,其道德价值标准也不能超脱于差序的人伦而存在,顺我者昌逆我者亡,纷纷扰扰,最终走向土崩瓦解。在阅读中读出问题、发现问题并试图去解答这些问题,把一本书读出厚度,这是整本书阅读重要的思维价值。

（四）形成初步逻辑

指导我们阅读第七个规则的逻辑单位，是"论述"……"论述"这个逻辑单位也不会只限定于某种写作单位里。一个论述可能用一个复杂的句子就能说明。可能用一个段落中的某一组句子来说明。可能等于一个段落，但又有可能等于好几个段落……因此，我们建议第七个规则可以有另一个公式：如果可以，找出书中说明重要论述的段落。但是，如果这个论述并没有这样表达出来，你就要去架构出来。你要从这一段或那一段挑选句子出来，然后整理出前后顺序的主旨，以及其组成的论述。①

标注作者的行文逻辑是基础阅读中比较深刻的阅读方法，要求读者边读边思，还要随手记好自己的初步思路，以利于重读时参照。比如《礼治秩序》这章中，"礼"的概念只需要圈划关键句即可找到："礼是社会公认合式的行为规范"，"礼是按着仪式做的意思"。但是乡土社会"礼"的形成过程的逻辑就需要跨越好几个段落去架构出来，这里，教师可以提供一个架构逻辑的示范，希望学生能够构架出书中更复杂的逻辑（括号中要求学生填写）：

①　乡土社会安土重迁、代代如是；[P62 第 2 段]

②　日积月累了许多同样的生活经验，形成（传统）；[P62 第 3 段]

③　对这些传统不必知之，只要照办，产生（价值）和（敬畏）；[P63 第 1 段]

④　对行为和目的的关系不加推究，不这样做就会不幸，产生（仪式），仪式就是礼的载体。[P63 第 2 段]

这样的初步的逻辑思路整理是现代文阅读教学中有价值的训练方法之一，也为后面的局部逻辑贯通乃至整本书的逻辑贯通打下了基础。比如《无为政治》这一章，标题是"无为政治"，但是整章主要篇幅在讲"权力"，重点讲了"横暴权力"和"同意权力"，似乎文不对题。"权力"和"无为政治"之间存在怎样的逻辑？ 要引导学生依照上面的示例，架构出两者之间的逻辑关系，这是理解本章乃至下一章《长老统治》的关键（括号中要求学生填写）：

①　因为乡土社会中，最常见的就是皇权（横暴权力）；[P77 第 2 段]

---

① （美）艾德勒，（美）范多伦著，郝明义，朱衣译：《如何阅读一本书》，商务印书馆，2004 年 1 月，第 116 页。

② 皇权的特点是（治乱往复,乱久必合）;[P78 第 1 段]

③ 皇权的新一轮开始总是（与民休息,力求无为）;[P78 第 1 段]

④ 距离皇权中心遥远的乡土基层（横暴权力）薄弱;[P78 第 3 段]

⑤ 小农经济的乡土社会又没有推行（同意权力）的经济条件;[P78 第 3 段]

⑥ 所以乡土基层只好是（无为）的。

以上才是作者本章论证的核心,表明乡土社会的权力格局。再如《血缘和地缘》,主要逻辑很清楚:阐述乡土中国从稳定的血缘社会慢慢松动,过渡到现代的地缘社会,概括中国社会变化的趋势。松动的原因是什么? 当然是人口增长、经济社会发展还有战乱饥荒等因素造成的人口迁移。社会变化的逻辑又是什么? 需要阅读整合整章内容,架构出血缘社会到地缘社会变化过程的逻辑:亲密的血缘关系限制着若干社会活动。首先,血缘社会各人之间相互拖欠着人情,最怕算账;第二,但随着经济社会发展,人们之间往来繁多,单靠人情不易维持相互间权利和义务的平衡,"当场清算"的需求持续增强,逐渐产生了商业和集市;第三,慢慢地寄籍的外边人成了商业活动的媒介,在他们的店面里,人们可以当场清算,不必讲人情;最后,这些商业活动打破了血缘结合的格局,发展出以地缘结合的社会。

把每一章当作一篇社科文阅读,整体把握这一章里作者说了些什么,再认真阅读思考他是按照什么顺序怎么说的,理清这一章里的局部逻辑思路,从这个角度来看,《乡土中国》的篇幅和难度非常适合学生理性阅读能力的提升。

三、 分析型阅读: 梳理问题,概括提要

分析阅读的第一阶段,或,找出一本书在谈些什么的四个规则:(1)依照书本的种类与主题作分类。(2)用最简短的句子说出整本书在谈些什么。(3)按照顺序与关系,列出全书的重要部分。将全书的纲要拟出来之后,再将各个部分的纲要也一一列出。(4)找出作者在问的问题,或作者想要解决的问题。①

---

① （美)艾德勒,(美)范多伦著,郝明义,朱衣译:《如何阅读一本书》,商务印书馆,2004 年 1 月,第 87 页。

　　以上是分析阅读的四个规则,分析阅读是建立在基础阅读之上的更高层次的阅读方法。根据学情需要和阅读习惯,在教学时,我在顺序上做了一些调整。(1)梳理出一章里的主要问题并引导学生作出解答。(2)用最简洁的语言概括本章内容提要,指出本章与前后章节之间的逻辑联系。(3)按照这些问题的指示,指导学生画出本章的思维导图,画法不一但务求清晰表达。(4)在各章内容提要的基础上概括全书的写作纲要和内容。按照章节顺序,逐章推进。以下以两个章节为例,具体阐述。

（一）梳理主要问题

　　如果你能知道每个人都会问的一些问题,你就懂得如何找出作者的问题。这个可以列出简短的公式:某件事存在吗? 是什么样的事? 发生的原因是什么? 或是在什么样的情况下存在? 或为什么会有这件事的存在? 这件事的目的是什么? 造成的影响是什么? 特性及特征是什么? 与其他类似事件,或不相同事件的关联是什么? 这件事是如何进行的? 以上这些都是理论性的问题。[①]

　　这些问题可以分为四类:是什么? 为什么? 结果怎样? 与前后事件有何关联? 每一章都把这些问题梳理清楚,全书的逻辑架构也就差不多可以整理出来了。这些问题不同于学生在基础阅读阶段自主的提问,它是经过教师整理的、在课堂中呈现的问题,相较于前者,这些问题更有理论性和系统性,是根据文本内容逐步展开的,可以说是阅读学术著作教学的必要环节。

　　根据这个规则,举例来说,《系维着私人的道德》这章提问顺序如下:(1)什么是道德观念?"道德观念是在社会里生活的人自觉应当遵守社会行为规范的信念。它包括着行为规范,行为者的信念和社会的制裁。它的内容是人和人关系的行为规范,是依着该社会的格局而决定的。"(2)团体格局社会中道德观念怎么形成的? 团体"是先于任何个人而又不能脱离个人的共同意志","团体对个人的关系就象征在神对于信徒的关系中,是个赏罚的裁判者、公正的维持者、全能的保护

―――――――――

① （美）艾德勒,（美）范多伦著,郝明义,朱衣译:《如何阅读一本书》,商务印书馆,2004 年 1 月,第 85 页。

者。"因此团体格局社会中的道德观念源自于宗教观念,形成天赋人权,生而平等的道德思想。(3)团体格局社会中道德观念有何特点? ①权利观念:人们相互尊重的权利,团体保障个人的权利;②宪法观念:"防止团体代理人滥用权力";③公务观念:每个人必须服务于国家。三者之间关系:"国家可以要求人民的服务,但国家也得保证不侵害人民的权利,在公道和爱护的范围内行使权力。"(4)差序格局社会中道德观念有何特点? 差序格局社会里没有笼统的共同的道德观念,都是由无数私人关系搭成的网络连接着某种具体的道德要素,"所有的价值标准也不能超脱于差序的人伦而存在。"(5)举例说说差序格局社会中道德观念的上述特点? 比如"仁"没有共同的标准,而是要对应具体的人和具体的事,根据自己的评判和伦常关系得出具体的道德要素。再如"忠"也没有统一的观念,也要对应具体的人和事提炼具体的道德要素,还是以私人关系为判断标准。为人谋的忠是待人至诚,令尹子文的忠是忠于职守,忠君的忠是臣对君的绝对服从。

由以上问题归纳,本章的核心内容就是强调乡土社会没有共同的清晰的道德观念,而是要对应具体的人和具体的事,根据自己的评判和伦常关系得出具体的道德要素。从上下章节的局部联系来看,《差序格局》《系维着私人的道德》《家族》《男女有别》四章主要阐述乡土社会人与人之间的关系。其中《差序格局》是总说人与社会之关系格局,以"己"为中心,以"私"为特征;本章是分说,承接前一章的私己性,从道德角度阐述乡土社会人际关系;后面两章也属分说,从情感角度阐述乡土社会人际关系。这四章内容呈现了由总到分,由整体到局部,由外到内(家族)的逻辑顺序。

再如《名实的分离》这章,采用小组合作的形式,提出并解决下列问题:(1)什么是第四种权力? 它是怎么产生的? 时势权力。前提条件是旧有社会结构不能应付社会变迁的新环境。产生过程是传统不能适应新形势,失去了人们对它的信仰,能适应社会变迁的新的方法又没有被发明出来,人们紧张不安、无所适从。时势造英雄,他们提出了新办法,组织了新试验,获得了对从属者的支配权,产生了时势权力。沧海横流方显英雄本色,可以让学生举例,初民时代的女娲、伏羲、神农、大禹等。(2)什么叫名实分离? 发生名实分离的原因是什么? 长老权力之下的乡土社会中,传统的形式是不准反对的,但随着社会变迁,有些传统已经不切实际了,于是人们在名义上保留传统的面子,实际上做的是否定、推翻传统的事实,并用传统的形式对这些事实加以曲解,使之名义上仍然符合传统。(需要根据理解整合,还要举例说明,比如"清君侧""衣冠冢""满嘴的仁义道德,满纸的杀人二字"等)名实分离的原因就在"反对"这个关键词语上。横暴权力从社会冲突中发生,压制反抗,不容忍反对;同意权力从社会合作中发生,容忍反对,却没有存在的社会基础;长老权力从社会继替中发生,是一种强制教化,也不容许反对;时势权力从社会变迁中发生,任何不同的方案都会影响它的权威,形成了不能容忍反对的"思想统制"。反对不被容忍,社会变迁又需要反对才能与时俱进,于是名实分离这种中庸的办法产生了。

综上可见,本章核心内容就是名实分离的概念及其原因,可以简要概括:随着社会变迁,传统不能适应社会发展,但是社会发展过程中形成的各种权力又都反对改变传统,这时出现了一种维持平衡的方法——名实分离——维持传统的名而改变其实。从前后章节的逻辑联系来看,《血缘与地缘》《名实的分离》《从欲望到需要》是全书的最后一个部分,分析了乡土社会变迁的根本原因与发展趋势。《血缘与地缘》从根本上揭示乡土社会变迁的原因,指出乡土本色的根基血缘社会在慢慢地向适应商业化社会需要的地缘关系转变;《名实的分离》从权力格局上分析乡土社会变迁的原因,指出维护乡土社会稳定的长老统治因不能满足人的生活需要而被加以"注释",而这个"注释"让长老统治徒有其名而不具其实;《从欲望到需要》则从个人生活需求上分析乡土社会变迁的原因,指出人的欲望与生存从相洽"印合"状态慢慢走向自觉的"需要"的规划的社会形态中去。三者逻辑关系还是从大到小,从宏观到具体。

(二)构画思维导图

一本书出现在你面前时,肌肉包着骨头,衣服裹着肌肉,可说是盛装而来。你用不着揭开它的外衣,或是撕去它的肌肉,才能得到在柔软表皮下的那套骨架。但是你一定要用一双 X 光般的透视眼来看这本书,因为那是你了解一本书,掌握其骨架的基础。①

　　"读书百遍，其义自见"，"透视眼"并非与生俱来，而是建立在以上各环节充分阅读的基础上。骨架可以看成一本书的思维导图，教师要求学生构画每一章节的思维导图，在评点学生的思维导图时要纠正学生对于思维导图的偏见，思维导图的优劣不在于绘图的色彩与线条，而在于能否清晰准确地呈现每一个章节内在的逻辑关系。可以看几个章节学生的思维导图（如图8-2所示）：

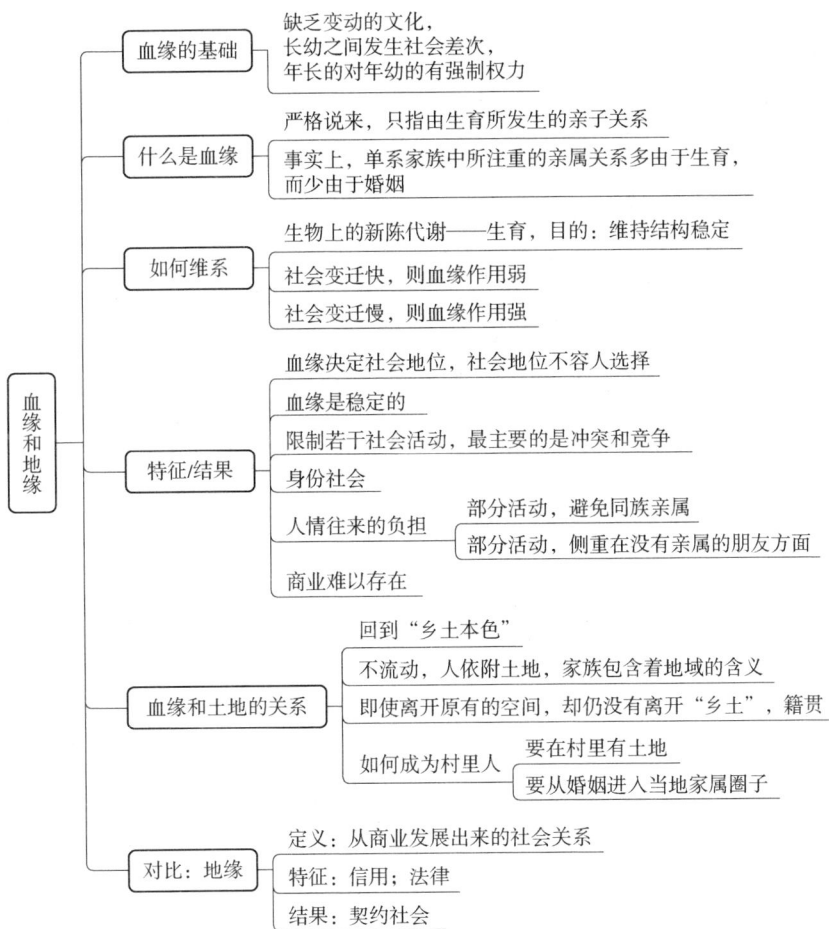

图8-2　学生习作：《乡土中国·血缘和地缘》思维导图

---

① （美）艾德勒，（美）范多伦著，郝明义，朱衣译：《如何阅读一本书》，商务印书馆，2004年1月，第75页。

　　在图8-2中,血缘社会的逻辑关系和发展过程构画得很详细,也很清楚,但是显然这张思维导图不能准确清晰地构画本章内容的全貌。本章的核心内容是指出依靠血缘关系建立起来的乡土社会在慢慢地向适应商业化社会需要的地缘关系转变,转变的原因和逻辑前文已经总结:血缘社会中是无商业的,只有人情往来,商业在血缘之外发展。因此虽然血缘社会中外人很难融入,但这些人无血缘的特点却提供了一个特殊的职业——钱上的往来。也就是说,外来人正好成了商业的媒介。最后,这些商业活动打破了血缘结合的格局,发展出以地缘结合的社会,现代社会从商业里发展出了地缘社会关系。如果说血缘是身份社会,那么地缘就是契约社会。契约社会也就带来了权利、义务以及法律的意识。从血缘社会到地缘社会,也因此是从乡土社会到现代社会的社会性质的转变。以上的思维导图只突出了血缘社会的各个方面,没有涉及社会性质的转变以及转变的原因和过程,看上去面面俱到,实际上血缘社会与地缘社会关系割裂,头重脚轻,忽略重点,是不合格的,要引导学生修改。

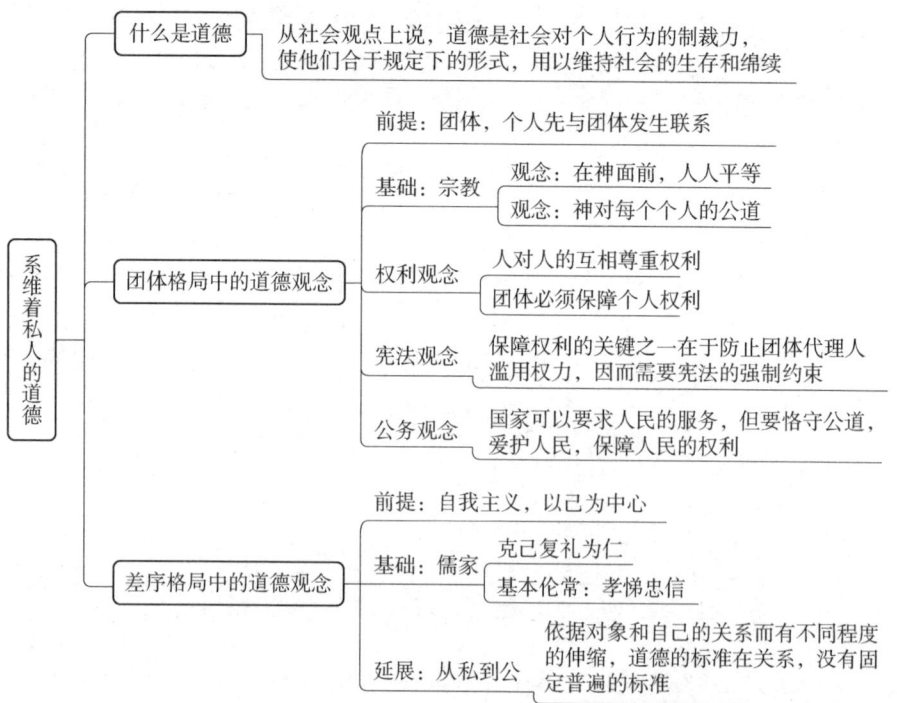

图8-3　学生习作:《乡土中国·系维着私人的道德》思维导图

对于逻辑关系相对简单章节的思维导图，学生就构画处理得很清楚，如图8-3所示。首先明确什么是道德观念，接着概括差序格局与团体格局引起了不同的道德观念。团体格局中的道德观念是建筑在团体和个人的关系上——团体的象征产生了"神"，即宗教观念；而神的代理者在现实中也就是团体的代理者，有代理者就会要求代理者保证人人平等的原则，也就产生了道德中权利和宪法的观念。与此相对，差序格局中的道德观念的出发点是自己，我们常说"克己复礼""修身为本"，正体现了这种以己为中心的道德理念。推己及人，每一种以自己为中心的私人联系都被一种道德要素维系着，道德标准依据对象和自己关系的远近而伸缩，因此说乡土社会中的道德是维系着私人的道德。思维导图清晰地反映了以上内容的区别与联系，唯一需要修改的是团体格局中"权利观念""宪法观念"和"公务观念"这三种具体的道德观念不应该和"前提"与"基础"并列，应该是从基础上产生的，因为西方道德观念来源于宗教。

（三）概括全书纲要

在之前系统阅读的基础上，再请同学们回看整本书的结构框架，这时候需要的不是透视而是俯视。设计三个任务：第一，全书 14 章可以划分为几个层次，这些层次之间是什么关系？第二，每一层次内的几个章节之间是什么关系？第三，根据任务一和任务二简要画出全书的思维导图。

任务一：全书可划分为四个部分。第一部分为前三章，是对乡土社会基本特征的简单分析。第二部分是第四至第七章，是阐述乡土社会中人与人之间的关系。第三部分是第八至第十一章，是阐述乡土社会维持社会关系的原理。第四部分是最后三章，是在分析乡土社会的变迁本质。第一部分是后三个部分的基础，后三个部分从三个角度阐释乡土社会的基本内容，并指出其发展趋势。整体而言，特征决定关系、关系产生原理、原理不适应社会发展导致变迁。

任务二：第一部分内"乡土本色"指出乡土社会的三个特色：土地属性、安土重迁、熟悉社会，这三个特征决定了乡土社会的其他属性。"文字下乡"与"再论文字下乡"分别从人与空间、人与时间的关系分析"熟悉社会"的基本内涵，突出乡土社会鲜明特征。第二部分内"差序格局"从个人与社会的关系角度来探讨人与人的关系。由于差序圈子是单向发展，每个人都有若干圈子，因此我们拥有一个笼统性的道德观念来协调统筹这些圈子，也就是"系维着私人的道德"。"家族"则从村落的团体组织角度分析人与人的关系，而"男女有别"则是对这一团体的特征作出剖析。这部分几个章节关系是由外而内的。第三部分内"礼治秩序"总体上论述维护乡土社会安定的基本工具就是"礼"。"无讼"则从礼与法的对比中透视乡土社会传统礼法的特殊性。"无为政治"谈礼治秩序的原因：横暴权力和同意权力都没有实施的条件，只能是"无为而治"的状态。"长老统治"则指出维护乡土社会礼治秩序的主要手段是教化。第四部分内"血缘与地缘"指出乡土社会由血缘关系向地缘关系转变。"名与实的分离"则指出长老统治名存实亡。"从欲望到需要"阐述人的需求从原始欲望到理性需要转变。三者逻辑关系从大到小，从宏观到具体。

任务三：构画全书思维导图。从以上分析可知，这本书是按照阐释核心概念、梳理人与人的社会关系特征、探讨维护社会关系的方法、指出乡土社会的变迁因素这样一个逻辑顺序展开的，逻辑结构非常严密。可以参考图 8 - 4：

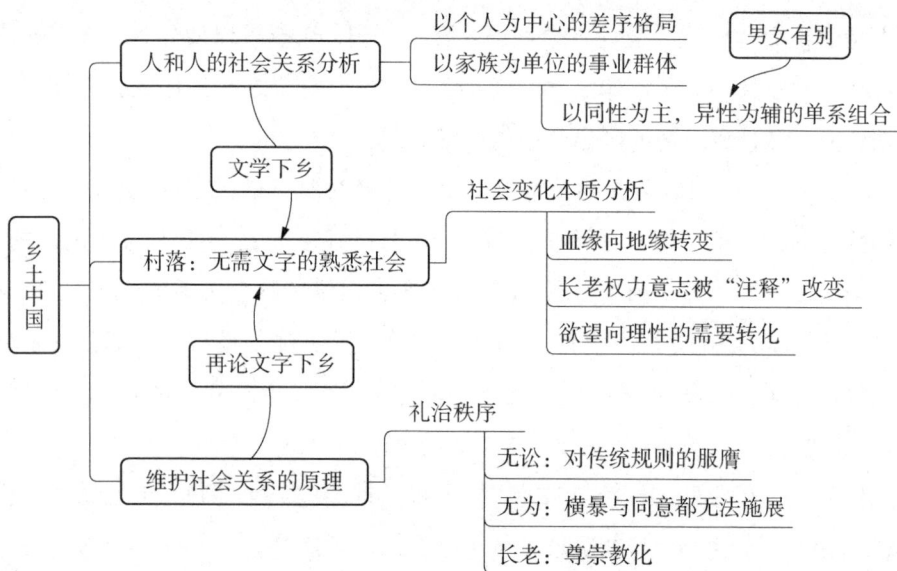

图 8 - 4　《乡土中国》思维导图参考图

四、思辨型阅读：引发感悟，判断对错

余党绪老师提出思辨性阅读是整本书阅读的内在需要，他说："思辨性阅读必须追求合理性或有效性，阅读结果可以而且应当进行是非对错的判断，再不能以'一千个哈姆雷特'为由，无限度地扩张读者的权利。""总体看，整本书的内容与题旨更加丰富与复杂，也更加隐晦与多元；结构的维度与层次更加繁复，隐蔽性也更强，因而对读者的阅读方式与思维品质有着更高的要求。"①汪涌豪教授在《经典阅读的当下意义》一文里说："经典能助人了解世界，观照自我，提供给人的是切切实实的精神养料。"因此，阅读经典，要在阅读的同时关照自我，引发自我的独特感悟和思考；还要与作者进行理性的对话，能评论作者的观点和逻辑，提出赞成或者反对的理由。

（一）引发感悟和联想

罗曼·罗兰说："从来没有人为读书而读书，只有在书中读自己，在书中发现自己或检查自己。"普鲁斯特说："阅读过程是一次交流的过程，是一次与不在场的当事人的心灵对话。"看完一本书，感触一定很多，可以遵循原作的中心思想，也可以抓住某个情节、某个事物、某个精彩的句子，挑选自己感触最深的地方深入挖掘，写出自己的真情实感，这样阅读就有了升华。在表达感触时还要注重联系现实，可以联系个人实际，可以联系社会现实；可以总结历史教训，可以评论当下局势，重要的是突出时代精神，有较强的时代感。有了这样的自我观照和感触联想，就为后面写作读书笔记积累了生动详实的素材。教师可以提供范例，引导学生根据阅读积累和生活常识表达阅读感悟和联想。

在教师的引导下，学生也能很好地表达阅读感悟。《乡土本色》中孔子最后把"孝"归结到"心安"二字，"做子女的得在日常接触中去摸熟父母的性格，然后去承

---

① 余党绪：《思辨性阅读是整本书阅读的内在需要》，《语文学习》2019 年 06 期。

他们的欢,做到自己心安",某生对此很有感触。他认为现代社会真正的"孝"很难做到,必要注入新的内涵。"孝"的本义是"从老省,从子,子承老也",是孩子在老人的手下搀扶着老人走路,引申为孩子侍奉老人的起居。子女与父母朝夕相处、嘘寒问暖,自然对父母的性情了如指掌,这样才会承欢顺义,使老人颐养天年。现代社会关于孝道普遍存在几个问题:留守儿童与父亲相处的时间很少,对父亲知之甚少,长大之后何谈孝道;地缘社会背景下,父与子往往不在一处,父不知子,子不知父的现象很多,孝道也因此削弱了,子女对父母生活习性不甚了解,过年过节时的探视完全是为了"心安",没了"熟悉"这个基础,也很难"心安";很多子女成人后会接父母来城里一起住,但是老人离开了他们熟悉的故土来到完全陌生的环境很难适应,加之子女日常忙于工作,共处一室也很少交流,还是很难实现真正的孝道。因此,现代社会的"孝"已不具备朝夕承欢膝下的前提,但可以通过国家、社会和个人的作为来增进父子共处的可能和沟通了解的意愿。比如,城市开设民工子弟学校,逐渐取消户籍壁垒,实现教育公平,那么留守儿童就可以长期与父母生活;比如,子女在有限的业余时间侍奉老人起居,观察老人习性,了解老人想法。父母老有所养、老有所为,锻炼身体、发挥余热,体谅子女忙碌,主动交流,分担力所能及之事等等。

《名实的分离》中时势权力"产生了不能容忍反对的'思想统制'。在思想斗争中,主要的是阵线,反对变成了对垒。"有学生对此发表议论,认为我们要树立对历史的尊重与道德的敬畏,要健全社会的法律制度,慎终追远,不忘初心,只有这样,中华民族的伟大复兴才能得以实现。

(二)表达赞成或反对

由作者的思路或观点引发感悟或联想,只是思辨性阅读的第一步。更重要的是"当读者不只是盲目地跟从作者的论点,还能和作者的论点针锋相对时,他最后才能提出同意或反对的有意义的评论。"①

---

① (美)艾德勒,(美)范多伦著,郝明义,朱衣译:《如何阅读一本书》,商务印书馆,2004 年 1 月,第 153 页。

《文字下乡》中作者说："乡下孩子在教室里认字认不过教授们的孩子，和教授们的孩子在田野里捉蚱蜢捉不过乡下孩子，在意义上是相同的。"有学生认为两者意义上还是有高下之别：识文断字是文化的基础，捉蚱蜢只是某种生活环境下的简单技能。文化是相对政治、经济而言的人类全部精神活动及其产品；文化是智慧族群的一切社会现象与族群内在精神的既有传承、创造、发展的总结。而生活技能是对环境适应的结果，所以荀子说"蓬生麻中，不扶而直。白沙在涅，与之俱黑"。如果捉蚱蜢和识字没有意义上的区别，为何孟母要三迁、岳母要刺字？韩愈说"巫医乐师百工之人，君子不齿，今其智乃反不能及，其可怪也欤"，其实也存在技能与文化的差异，百工之人不耻相师，但他们学习的是生存技艺，与君子学习的道并不在一个层面上。苏轼说"渔公水师虽知而不能言"，技能如果没有文字的记载和提炼就不能形成可以传承的文化。

《再论文字下乡》中作者认为"乡土社会，大体上，是没有文字的社会"。虽然作者加了一个限定语"大体上"，但是我还是不太认同这个观点。首先，乡土社会有许多时空是需要文字的，而这些时空往往比较重要，文字的作用也很突出。比如红白喜事的各种仪式（幔帐匾额、请柬、生辰八字等）、宗族祠堂的各种楹联牌匾、写春联、修家谱等等。我们乡下有一种职业，各家盖新房奠基需要他"看屋向"；新房封顶上梁，他要在梁柱上题字，写吉利话和落成日期；乡下土葬需要他"看坟向"并且"下字"（写有字符的纸张一起落葬），石碑的碑文和格式需要他拟定。他的字要公之于众、接受众人的品评，文字的造型和内涵好不好，群众一眼就能看出来。还有一种职业，谁家老人走了，要请他来超度。他那一套唱词都写在纸上，很有文化内涵，包含了一年四季睹物思人的无尽思念、子孙后人二十四孝之类的记忆以及黄泉路上的各种幽思。其次，乡土社会对文字和识文断字的人满怀敬意。比如修家谱，参加修谱的都是德高望重的先生，带着"根正苗红"的后生。我曾有幸被选上参加修谱，因为我读了点书、字写得可以，还是"根正苗红"的童男。修谱的地点也有讲究，在离村很远的另一个李氏村落，要渡过一条宽阔而清澈的大河，仿佛洗尽全身污垢。先生和我住在村里人家一月有余，每天好茶饭招待，不敢丝毫怠慢，主人总说修谱是积功德的事，你们一定功德圆满，李氏一定繁盛兴隆。过年,每个村都有几个能写春联的,他们都有自己的"势力范围"。我家邻近的几户都让我写,我买了春联集子,红纸是要"客户"提供的,其他免费。到了走亲访友的日子,春联就是一家的门脸,客人们都会品鉴一番,还会推荐哪家哪位先生的"对字"写得好,文字在乡下也会是一种谈资。乡下人对文字的崇敬在文学作品中也有体现,《人生》中美丽善良的刘巧珍对高加林的向往某种意义上说是对文字文化的向往,代表了她对美好生活的追求。

《系维着私人的道德》中,作者认为差序格局社会里没有笼统的普遍的道德观念,都是由无数私人关系搭成的网络连接着某种具体的道德要素,所有的价值标准也不能超脱于差序的人伦而存在。作者以《论语》中的"仁"来论证自己的观点。"仁"没有共同的标准和普遍的观念,而是要对应具体的人和具体的事,根据自己的评判和伦常关系得出具体的道德要素。孔子一再地要给"仁"明白的解释,希望得出一个笼罩性的道德观念来,却很难做到。因为"仁"只是差序格局社会中一切私人关系的道德要素的共相,具体界定时,还必须回到"孝悌忠信"等具体的事情上来,还必须回到"父子、昆弟、朋友"这些具体的人事关系上来。乡土中国果真没有普遍的道德观念吗?"仁"果真没有统一的普世价值和标准吗?我带领学生做了一番探究。先看以下材料:

① 樊迟问仁。子曰:"爱人。"(《论语·颜渊》)

② 厩焚。子退朝,曰:"伤人乎?"不问马。(《论语·乡党》)

③ 师冕见,及阶,子曰:"阶也。"及席,子曰:"席也。"皆坐,子告之曰:"某在斯,某在斯。"师冕出,子张问曰:"与师言之道与?"子曰:"然,固相师之道也。"(《论语·卫灵公》)

④ 子贡曰:"如有博施于民而能济众,何如? 可谓仁乎?"子曰:"何事于仁? 必也圣乎! 尧舜其犹病诸? 夫仁者,己欲立而立人,己欲达而达人。能近取譬,可谓仁之方也已。"(《论语·雍也》)

从材料①和材料④可知,孔子对"仁"有明确界定:"爱人"。"仁"是具有普遍意义的一种道德观念。孔子肯定"博施""济众"的行为是仁,甚至超越"仁"而成为"圣"。这与西方的博爱、众生平等的观念是一致的。人,爱自己是一种本能,关爱他人是一种美好的人格,大爱天下则是一种崇高的美德和理想的道德境界,"仁"充满人性的温度和普世的价值。材料②讲马厩失火了,孔子从朝廷回来,只问人却不问马,确是私人具体事情的道德要素,说明孔子重人不重财、对人生命的关爱,但这也是"爱人"这种普遍的道德观念的具体表现;材料③也是同样的意思,师冕和当时很多乐师一样,都是盲人,孔子的做法体现对盲人的关怀,还是"爱人"道德观念的具体表现。因此《论语》里的"仁"是有明确的标准的,孔子也有具体解说,只是孔子在阐释"仁"时更多使用了设身处地、结合实际的例子,这主要是由中国哲学和西方哲学阐述方式的差异造成的。除了"爱人",《论语》中的"仁"还有更深刻的内涵,那就是爱人的行动、爱人的胸怀、爱人的功德在更高层面的表现。请看以下材料:

子路曰:"桓公杀公子纠,召忽死之,管仲不死。"曰:"未仁乎?"子曰:"桓公九合诸侯,不以兵车,管仲之力也。如其仁,如其仁。"(《论语·宪问》)

子贡曰:"管仲非仁者与?桓公杀公子纠,不能死,又相之。"子曰:"管仲相桓公,霸诸侯,一匡天下,民到于今受其赐。微管仲,吾其被发左衽矣。岂若匹夫匹妇之为谅也,自经于沟渎而莫之知也。"(《论语·宪问》)

表面看来,管仲对公子纠不忠,连做臣子基本的责任都没有尽到,不可能是一个仁者,但孔子认为实际上他取得了更大的成就,"如其仁,如其仁",孔子连用两个口语化的肯定评价,表明管仲是个不折不扣的仁者。管仲之功在于稳定了国家,造福了黎民百姓。管仲之仁是"爱人"在极高层面的表现,他的行为赋予了"仁"更深刻的内涵:一种大济天下苍生的责任与使命,一种舍弃小我的忠信之名,去成就统一天下、使百姓安居乐业的道德境界,体现"为天地立心,为生民立命"的仁者情怀。这里虽然也是借管仲的具体行为来说事,但是"仁"这种道德观念非常清晰地呈现在我们面前,光照千古!

怎样辩证理解作者的这个观点?一方面,如前所述,孔子在解释"仁"时的确使用了许多具体的例子,这可能是中国哲学和西方哲学阐述方式的差异。另一方面,西方团体格局社会中,人们普遍具有契约精神,社会的道德观念被当做契约一样,大家共同遵守,形成更加普遍的社会影响力。而中国传统乡土社会,更重视个人的觉解与参悟,导致孔子为之终生奔走呼告的"仁"确实出现仁者见仁,智者见智的理解与实践,因而分散了道德的力量,削弱了道德的影响力。最终连孔子自己也不得不回到"己欲立而立人,己欲达而达人。能近取譬,可谓仁之方也已"上来,正是这个"己"的差异导致乡土社会共同的道德观念出现因人因事而不同的差异,这正是差序格局社会的特点之一。在这个意义上,作者说乡土社会没有共同的道德观念,只有具体的道德要素,也是有一定根据的。

(三)牢固树立"四个自信"

"最能学习的读者,也就是最能批评的读者。这样的读者在最后终于能对一本书提出回应,对于作者所讨论的问题,会努力整理出自己的想法。"①现代的孩子没有经历过典型的乡土社会,而《乡土中国》在阐述中国乡土社会特点时经常以西方社会的人际关系、道德观念、法律制度、文化特点来进行比较,在当时的社会背景下,西方上述各方面确实有明显优势。这种阅读印象有可能给青少年造成一个误区:西方社会是更科学、更文明、更法治的公民社会,而乡土中国相对自私、专制、落后。针对这一点,教师在阅读总结时必要厘清。

《乡土中国》写于20世纪40年代,这本书从"乡土"这个命题出发,从乡土社会的语言和文字入手,讨论由于生活习惯而导致的记忆思维方式,再深入分析乡土社会中的人际关系、礼治教化、政治权力等问题。文章理性客观,论据均来源于当时中国社会的客观现象,并引用《论语》中的经典作历史参考,将中国社会和西方社会作横向对比,较为全面地勾勒出了乡土中国应有的模样。全书没有任何批判讽刺的个人感情色彩,有的是踏实的推理、敏锐的观察、抽丝剥茧的犀利分析,字里行间中保持着学者应有的理性,构建了一套对于中国社会解读的理论体系。现在的中国社会早已不是那时的乡土中国了,我们发展出中国特色社会主义的伟大理论,提出并践行社会主义核心价值观的社会价值体系,儒家文化的深厚底蕴在新的历史时期展现出全新的魅力与活力,经济社会发展日新月异。我们的道路、

---

① (美)艾德勒,(美)范多伦著,郝明义,朱衣译:《如何阅读一本书》,商务印书馆,2004年1月,第125页。

理论、制度、文化在实践过程中表现出巨大的优越性。

比如在 2020 年新型冠状病毒疫情冲击下，我们发现，中华民族空前团结，众志成城，社会的动员力量、民众的无私配合、对渎职官员的问责追责、制造业提升的巨大产能等极大地显示出了社会主义制度的优越性。所谓差序格局的私己性？礼治秩序的长老权力？不存在！闹了半天，原来中国才有西方概念里的公民社会呀。连所谓的民主人士津津乐道的西方政党轮替制度，也有很强的过客心态。为了连任，政党往往注重短期见效的措施，忽略长远战略规划，即便做了长远规划，一旦轮替执政就会被废弃。在西方，政党利益高于国家利益是常态。通过《乡土中国》时期中西横向对比和现代社会中西横向对比，我们可以形象鲜明地告诉学生：社会主义取得了举世瞩目的发展成就，我们的优势在未来将更加明显。

第九回　辛勤劳作流汗水　科学耕耘讲智慧
——有故事的语文课堂实施路径小结

　　语言文字是人类社会最重要的交际工具和信息载体，是人类文化的重要组成部分。语文课程是一门学习祖国语言文字运用的综合性、实践性课程。普通高中语文课程，应使全体学生在义务教育的基础上，进一步提高语文素养，形成良好的思想道德修养和科学人文修养，为终身学习和全面而有个性的发展奠定基础，为传承和发展中华文化、增强民族凝聚力和创造力发挥应有的作用。有故事的高中语文课堂实施路径是在充分理解普通高中语文课程性质的基础上，努力参透"讲好故事"之道、提升"讲好故事"之术、搭建"讲好故事"之台，从而全面提高师生讲好中国故事的能力，全面提高学生的语文素养。

一、参透讲好故事的"道"

　　太上有立德，其次有立功，其次有立言，虽久不废，此之谓不朽。

——《左传》

　　一年之计，莫如树谷；十年之计，莫如树木；终身之计，莫如树人。

——《管子·权修》

　　师者，所以传道受业解惑也，"传道"居首，新形势下这个"道"怎么理解？语文学科的首要理念就是坚持立德树人，增强文化自信，充分发挥语文课程的育人功能。2014年，教育部颁发了《教育部关于全面深化课程改革，落实立德树人根本任务的意见》，其中立德树人的内涵可以概括为以下几点：加强社会主义核心价值观教育，加强和完善中华优秀传统文化教育；形成爱学习、爱劳动、爱祖国活动的有效机制和长效机制;增强学生的社会责任感、创新精神、实践能力的培养;等等①。2017 年,中共中央办公厅、国务院办公厅联合印发《关于加强和改进新形势下大中小学教材建设的意见》,确定基础教育阶段思想政治、语文、历史三学科教材统一编写、统一审查、统一使用,并成立"国家教材委员会"作为教材审查的最高领导机构,高中语文统编教材的建设与立德树人教育目标息息相关。2017 年,党的十九大报告提出:"建设教育强国是中华民族伟大复兴的基础工程,必须把教育事业放在优先位置,深化教育改革,加快教育现代化,办好人民满意的教育。要全面贯彻党的教育方针,落实立德树人根本任务,发展素质教育,推进教育公平,培养德智体美全面发展的社会主义建设者和接班人。"2018 年,在全国教育大会上,习近平总书记深刻阐述了教育事业发展"九个坚持"的新理念。其中第二个坚持就是"坚持把立德树人作为根本任务",位列"坚持党对教育事业的全面领导"之后,凸显了立德树人在教育事业中的重要地位。2019 年,国务院办公厅印发了《关于新时代推进普通高中育人方式改革的指导意见》,指出"坚持把立德树人融入思想道德教育、文化知识教育、社会实践教育各环节。深入开展习近平新时代中国特色社会主义思想教育,强化理想信念教育,引导学生树立正确的国家观、历史观、民族观、文化观,切实增强'四个自信',厚植爱党爱国爱人民思想情怀,立志听党话、跟党走,树立为中华民族伟大复兴而勤奋学习的远大志向。"指导了立德树人育人方式的改革方向。

因此,有故事的语文课堂要以立德树人为首要育人目标,在此基础上构建规范得体、优美生动的课堂话语体系,提升学生的语文核心素养,培养学生正确的价值观念。立德树人应该是语文课堂"文以载道"中的根本之道,这里的"道"最终的落脚点应该是中国立场、中国智慧和中国价值。语文课堂应培养有开阔的国际视野、深厚的文化素养、出色的表达能力、优秀的沟通能力的讲故事者,讲好中国声音、中国智慧、中国精神的独特价值。

那么,什么是"立德树人"呢?"立德"就是树立德业,就是坚持德育为先,通过

---

① 田慧生:《落实立德树人根本任务　全面深化课程教学改革》,《课程·教材·教法》,2015 年 01 期。

正面引导来教育人、感化人、激励人；"树人"就是培养人才，就是坚持以人为本，通过合适的教育来塑造人、改变人、发展人。具体来说，立德树人教育大致包含以下内容：社会主义核心价值观教育，中华优秀传统文化教育，革命文化教育，社会主义先进文化教育。此外，还有坚持多年的民族团结教育，随着依法治国理念深入而需要进行的法治教育，与爱国教育相伴而行的国家安全教育（环境、资源、粮食、信息安全……），领土主权意识教育（海洋权益……），等等。①"立德树人"，这四个字要融进教育工作者日常工作的每一件事上，要贯彻到统编语文教材的每个单元的教学设计里，要巧妙地体现在语文教师每一节课堂教学实践中。尤其对于沪教版教材中没有而统编教材里新增的马克思列宁主义、毛泽东思想等社会主义哲学理论类文章，要以科学精神重温这些经典学说，重点挖掘革命伟大作品里的立德树人教育价值。

比如《在〈人民报〉创刊纪念会上的演说》，是无产阶级革命导师马克思的演讲稿，是新教材新篇目。演讲词是在较为隆重的仪式上和某些公众场合发表的讲话文稿。要学习演讲稿论点鲜明、逻辑性强，同时带有宣传性和鼓动性，经常使用各种修辞手法和艺术手法，具有较强的感染力的特点。学生对演讲稿并不陌生，但是马克思的演讲涉及政治经济学等复杂的社会科学，学生是第一次在语文学科中接触马克思的作品，要克服时代的变迁、历史政治背景知识的不完备、译作的特殊表述等困难，引导学生准确理解演讲效果，难度不小。全文的核心价值在于理解马克思关于无产阶级革命发展趋势的科学论断。

这个论断是什么呢？如何引导稚嫩的学生去理解马克思的论断呢？这就要引导学生阅读关键句，再结合政治经济学常识辅助理解。"蒸汽、电力和自动走锭纺纱机甚至是比巴尔贝斯、拉斯拜尔和布朗基诸位公民更危险万分的革命家。"这句中"蒸汽、电力和自动走锭纺纱机"是工业革命的借代，还原本意就是"工业革命是威力巨大的革命者"。马克思为什么这么说呢？下文有具体解释。我请学生根据课文画出工业革命冲击之下生产力和生产关系的矛盾冲突思维导图。接着用

① 王本华：《统编语文教材建设与立德树人教育》，《语文教学参考》，2020 年 04 期。

学生能听得懂的话解释生产力和生产关系：工业革命带来科学和工业文明,社会生产力高度发达(生产力就是创造财富的能力),但是生产关系原地踏步,还是维持着封建主或资本家对工人阶级的剥削,生产力的发达更加剧了这种剥削的程度,这对矛盾终有一天会达到临界点,最终一定会像火山一样喷发。至此,马克思这篇演讲的主旨就清晰了：无产阶级革命是由工业革命引发的历史必然趋势,而且一定会从根本上彻底推翻欧洲大陆的整个社会政治经济体制。这一论断在无产阶级革命暂时处于低潮时鼓舞了参加纪念仪式的每一位听众。为了加深"现代工业和科学"与"现代贫困和衰颓"之间这种矛盾的理解,理解这种矛盾的不可调和,我请学生阅读夏衍的报告文学《包身工》,这篇作品能更具体地帮助学生理解马克思的以上论断。有学生摘抄了其中的点睛段落："美国一位作家索洛曾在一本书上说过,美国铁路的每一根枕木下面,都横卧着一个爱尔兰工人的尸首。那么,我也这样联想,东洋厂的每一个锭子上面都附托着一个中国奴隶的冤魂！在这千万被饲养者中间,没有光,没有热,没有温情,没有希望……没有法律,没有人道。这儿有的是 20 世纪的烂熟了的技术、机械、体制和对这种体制忠实服役的 16 世纪封建制度下的奴隶！"

以上从理论指导、阅读技巧和具体事例阐释了本文的科学论断,让学生认识到马克思主义的科学性,他的理论并不是像欧文、傅立叶之类的空想社会主义,而是建立在对社会发展充分的观察和思考的基础上。但是本文的价值还不止于此,马克思的论断表面看似乎与当下现实不相符合,东欧剧变、苏联解体、两德统一,无产阶级革命斗争的第一个成果——十月革命——缔造的苏维埃不复存在,北约东扩,欧盟不断吸纳原先的社会主义阵营的国家。怎么理解这些现象？我和大家一起探讨,让学生最终明白：首先,历史发展是一个长期过程,短期内的变化不能代表整体趋势；其次,中国特色社会主义取得举世瞩目的成就,其他社会主义国家借鉴中国发展改革模式也取得空前成功；最后,联系现实,从眼前的抗击疫情的形势来看就可见中国制度的巨大优越性,因此我们要始终坚持四个自信,坚定社会主义的理想信念。如此,语文阅读与社会科学结合,立德树人与思辨表达结合,深入浅出,用学生能参与能表达能理解能信服的方式阐释马克思的文章。

二、 提升讲好故事的"术"

学学半。

——《尚书·说命下》

是故学然后知不足，教然后知困。知不足然后能自反也，知困然后能自强也。故曰教学相长也。

——《学记》

讲好语文课堂故事，必须做到四个结合。一是陈情和说理结合，贯"道"于故事之中，指导学生叙议结合，有理有据，循循善诱，让人悟道。二是语言和形象结合，寓深刻道理于生动形象，寓生动形象于优美语言，引人入胜、启人入道。三是共识和个性结合，别人的故事我要聆听、思考、补充，课堂上诚恳增进共识，巧妙增进共鸣。四是价值和文化结合。通过故事的形式以情感人，以文化人，乐道才能得道。关于讲故事的方法，本书第三回以当代名师教学片段为例做了概括说明，概括了有故事的语文课堂的四大共同特征：注重传统经典浸染，结合多元文化兼容；构建民主和谐课堂，营造平等对话情境；抓准机会随处点化，拓展时空知行结合；善用引譬连类手法，锤炼生动幽默语言。四个结合与四个特征之间关系紧密，只是表述的角度有宏观和微观的差异。四个结合立足于顶层设计，四个特征是从具体的教学实践概括得出。

"道"解决的是培养什么人的问题，"术"解决的是怎样培养人的问题。除了以上四个结合与四个特征之外，新时期讲故事的"术"还要把握新理念，掌握新技术。要密切关注教育发展的新动态，随之调整讲故事的"术"。2019 年，国务院办公厅印发了《关于新时代推进普通高中育人方式改革的指导意见》，其中指明了"构建全面培养体系"的实施路径：一是突出德育时代性。坚持把立德树人融入思想道德教育、文化知识教育、社会实践教育各环节。立德树人不是说教，而是渗透在学科教学的具体活动中，这一点，我们要向历代先师学习，例如庄子借《庖丁解牛》的故事传道，从游刃有余的状态中得出"道"的主要特点：要在生活提供的有限空间中发现其运行规律,找到适合自己发挥的空间,自由行走,在生活的压迫中找到自己最佳的生存姿态。孟子也给我们提供了很好的示范:《齐桓晋文之事》中,当孟子与齐宣王谈话快要陷入僵局时,孟子以"以羊易牛"的故事插入避免紧张气氛延续、避免机械说教,还能以齐王亲历故事引发齐王谈话兴趣、以小见大歌功颂德缩短与齐王的思想距离,更关键的是它是实现"王道"的心理基础,是孟子在齐王面前推行"仁"的"牛鼻子"。二是强化综合素质培养。改进科学文化教育,统筹课堂学习和课外实践,培养学生创新思维和实践能力,提升人文素养和科学素养。加强实践性,促进学生语文学习方式的改变是高中语文课程的基本理念,新教材提倡的是以学习任务群为中心的大单元教学,学习任务群体现的就是加强实践性的理念,要先明确单元所承担的任务是什么,然后以任务来带动整个单元的教学,这就是任务驱动。任务设计要体现适切性、丰富性和创造性的特点(见本书第七回、第八回单元教学任务)。三是完善综合素质评价。把综合素质评价作为发展素质教育、转变育人方式的重要制度,强化其对促进学生全面发展的重要导向作用。倡导多元化评价,选用合适的评价方式,比如教师根据学生个性特点,注意搜集学生在语文实践活动中产生的各种材料,如测试试卷、读书笔记、文学作品、小组研讨成果、调查报告、体验性表演活动个人反思日志等,将这些材料汇编成教学故事,作为评价依据之一。

例如,网络教学背景下,有些平时表现一般的学生特别活跃,积极互动,课后通过网络平台与教师积极交流学习心得,并且留下交流记录,很好地体现了教学相长,此时教师应该及时调整固有的评价体系,给予他们激励评价。网络教学有一个非常明显的优势,就是突破时空界限,任何教学活动都有文件记录,视频、音频、文字等材料使阅读与鉴赏、梳理与探究、表达与交流都有迹可查,这些视频、音频、文字材料就成为多元解读、分析质疑的宝贵材料,往往能生发出新的教学点。不像现场教学,有些时候师生有精彩的互动,由于没有任何记录,只靠回忆,整理起来不全面,也不能生成新的教学点。也不像现场的课外辅导,师生都是口语交流,讲过就算了。网课期间师生的课外交流多以文字为主,而文字与口语相比,有明显的思维优势,它或多或少都经过思想的打磨,更具理性,往往能体现出学生思想的独到之处,对教师下一步的教学有启示效果,对其他学生也有激励和促进作用。

《鸿门宴》中项羽的形象解读,教师提出一个质疑:项羽为何在鸿门宴上那么轻易地将曹无伤和盘托出?大部分学生都认为项羽胸无城府、头脑简单、刚愎自用,优柔寡断,以范增的评价为准,"不足与谋"。《鸿门宴》里刘邦、项羽集团各种表现的对比、对项羽的各种历史评价都支持这些观点。教师上课也重点突出了这些方面。以下是一个学生的感悟:

此时英布已破函谷关,项羽正攻打刘邦且占绝对优势,"识时务者为俊杰",曹无伤告密是邀功自保的小人行径,这种小人项羽根本瞧不起,也不想保护,这样才能更准确地理解项羽出卖他的行为。小学就背了"至今思项羽,不肯过江东",他就是我小时候的英雄梦。但是阅读《鸿门宴》之后我太难过了!曾经一举就能封王的男人,离得到天下只差一步。想象他听到四面楚歌时丧失斗志,在营帐里和虞姬喝酒,最爱的妃子举剑自刎于前,他引八百残兵突围、败逃到江边,望着涛涛江水,身后追兵,举剑自刎,美,但是充满遗憾!项羽输在了谋略,但他是真正的男人,败也有脸面,也义气,死亦为鬼雄!怎能说他沽名钓誉呢?

这是一个17岁男孩心目中的项羽,是他对项羽这个历史人物的真实情感,也是项羽这个形象的审美价值,多么好的学习心得!教师站在历史审判者的高度,作为事后诸葛亮,以世事洞明的眼光,对项羽没有感情的贴上许多标签,我们有想过孩子的想法吗?我们是不是在摧毁一个孩子从小的英雄梦,是不是违背了司马迁塑造项羽的初衷。读了学生的话我深深感动,我们确实需要躬下身子研究学生,尊重他们的人格独立与精神自由。

网络教学给善于思考的学生提供了一个更直观的思考表达的平台,对某些平日不善言辞、与人口头交流欲望不强、但有自己独立思考的学生而言更是如此,线上教学与交流的形式可能更符合他们的交流习惯,他们将课堂上思维的火花快速记录下来,课后与老师交流分享,让老师看到他们思考的力量和价值,并在老师的表扬和展示中找到自己的学习价值。如《烛之武退秦师》中,郑文公请烛之武出使游说秦国退兵,烛之武先"辞"后"许"的行为表明怎样的心理变化?问题指向文本的深入解读,考验学生的思维品质。同学们在线互动,教师梳理出以下结论:辞:

表明他对自己怀才而不遇的埋怨，还有形势危急、不想卷入危局之中的逃避。许：表明他在重兵压境、国难当头时深明大义、先国家之急而后私怨的气度，还有郑文公的话带来的感动与担忧。课后一个平时比较沉默的男生跟我交流：

李老师，我对今天课上烛之武"先辞后许"的心理分析有一点个人看法：秦晋两国攻郑，形势危如累卵，对此烛之武不可能不知道。如果他真的不想卷入危局，大可一走了之；如果他真的深明大义，大可毛遂自荐，郑伯不会不接受。但他既没走也没自荐，证明他对自己的能力很自信，不怕这"危难之局"；同时他不自荐就是相信郑伯必来求他。烛之武要的就是郑伯亲自求他，而他也能顺势让郑伯向他道歉，他相信郑伯在危机之下必会为保国家而向他道歉，所以就有了他的先辞后许的行为。这可以理解为一个"狂士"的傲气，在当时的时局下，能人难求，而郑伯弃他不用，他自然不高兴。所以我个人认为烛之武的这个行为可以这么理解。

"思辨性阅读与表达"学习任务群就是要让学生学习反驳，能够做到有理有据，以理服人。他把烛之武放到当时的文化背景中，突出了"士"的傲骨形象，非常吻合烛之武的性格特征。教师教学时不能以今度古，不能仅从文字出发、还要从学生的思维特点出发、从文章的文化背景出发。网络教学让阅读鉴赏、梳理探究、表达交流变成一条条聊天记录，也变成一点点思考的微光，让它连成一片，就意味着学生核心素养的提升。当批判性思维成为一种习惯，教师要鼓励学生言之成理、言之有据。要对学生提出进一步反思的要求：查阅文献资料，求证自己的反思结论。

三、　搭建讲好故事的"台"

搭建讲故事的舞台就是利用好课内外一切与语文学习有关的教育教学活动平台。课堂内讲故事的舞台，教师要设计好课前三分钟的活动，用讲故事的形式导入新课；设计好课堂教学主问题，引导学生思考讨论乃至辩论，事越辨越清，理越辨越明；设计好创新性问题，引导学生批判性思维，突破常规，讲出新发现；组织展开辩论、演讲、课本剧表演、读书交流会等丰富的课堂活动。课外讲故事的舞台,教师要带领学生参加各类社会实践活动,参观图书馆、博物馆、科技馆、文化馆、纪念馆、展览馆等,在活动中鼓励学生利用社交媒体推送精彩故事,相互评论、阐发、引申、应用。具体来说,要搭建好三类讲故事的舞台:书香校园的台、创意发展的台和信息技术的台。

（一）书香校园的"台"

《关于新时代推进普通高中育人方式改革的指导意见》指出,要"统筹课堂学习和课外实践,强化实验操作,建设书香校园,培养学生创新思维和实践能力,提升人文素养和科学素养"。语文老师要积极参与书香校园建设,把书香校园作为有故事的语文课堂的重要平台。北外田园是上海市书香校园基地学校,我们书香校园建设的过程就是学生讲述精彩语文故事的过程,整个过程可以用王冕的《墨梅》一诗加以概述。

吾家洗砚池边树——诗情画意舞台。汉代王充说:"譬如练丝,染之蓝则青,染之丹则赤",说明环境对人的浸染作用。学校以"求真、向善、爱美"为建设标准,把田园室场建设得高端大气上档次、精美灵动有意趣。墙上有中外百幅名画,有师生书法,有一堵墙在宣传教师的教育理想,有一堵墙在宣讲四季古诗飞花令,有一条走廊在介绍古今中外历代名著,有一条走廊在讲述历代传统文化。学校的每一寸土地、每一堵墙、每一块墙砖都似乎能开口说话,说出美丽的故事,说出动人的神韵,于无声处传递着育人之道。整个校园就是一个大型图书馆,随处都有书架、藤椅和茶几,教师办公累了就坐在书架旁小憩片刻,一本书一杯茶也成享受,爱安静的学生课间走到哪里都可以随手拿起一本书,仔细品读。难得的是这些书大部分都是"田园自产",作者都是田园的老师或者学生,这便使读书有了一种新的意趣,同事的思想、老师的理念、学长的进步和视野对所有人都有了一种指导与鞭策。

朵朵花开淡墨痕——个性成长舞台。我们坚信"每个学生天生有才,每个学生各有精彩",教育者所要做的就是恰当地给予学生阳光雨露的滋润,使之绽放初芽,努力生长,成熟成材。凌珊珊是一位普通的女生,老师发现她热爱读书、写作,就鼓励帮助她,校长和语文老师一起去家访,告诉她只要读得够多写得够好学校可以帮她出版个人文集,一个高中生能出书是莫大的荣耀和成功,这颗文学梦的种子播下了,发芽长成了。2007 年我校第一本学生个人文集《我所认识的这个世界》诞生了,凌珊珊同学由此获得自信,考入同济大学并成为文学硕士。后来的故事就像雨后春笋,梦的种子一颗颗成长为大树。张亦霜、金城安、张振贤、马锡尔、高玮明、俞冰越,一个个富有才情的学生先后出版了自己的个人文集,他们用自己独特的青春视角思考这个世界,思考真、善、美,感悟生活中的种种美丽,在田园取得终生铭记的成功,沐浴着成功的幸福。

不要人夸颜色好——扎实进取舞台。教育是农业,苏轼《稼说送张琥》中有着同样类比:"种之常不后时,而敛之常及其熟。故富人之稼常美,少秕而多实,久藏而不腐。"书香校园舞台的搭建就要这样十年磨一剑:我们发展出丰富多彩的特色课程:国学雅韵课学生与名家面对面交流,话剧表演课学生编导演评各展所长,100 幅名画欣赏、100 首歌曲演唱、100 篇美文阅读、100 张书法训练等课程学生博观约取厚积薄发。经过 10 多年的务实追求和积累探究,每一个学生都在书香校园的舞台中找到适合自己个性发展的美好空间。这些特色课程为书香校园建设打下了坚实的基础,营造了浓厚的氛围。别人没有探索的我们探索了,别人没有坚持的我们坚持了。但教育的坚守和等待过程是漫长而寂寞的,在此过程中,田园人"辛勤劳作流汗水,科学耕耘讲智慧",在无声的韬晦中务实进取,锐意创新,因地制宜地开拓书香校园建设空间。

只留清气满乾坤——抱负境界舞台。冯友兰在《人生的境界》中说:"一个人可能了解到超乎社会整体之上,还有一个更大的整体,即宇宙。他是社会组织的公民,同时还是孟子所说的'天民'。有这种觉解,为他构成了最高的人生境界,就是我所说的天地境界。"书香校园建设更应该培养师生的一种格局情怀,一种生命的崇高境界!让老师到各地去采风,实地考察古圣先贤、仁人庄士的流风余脉,课本中缺失的学问我们"求诸野",史传中找不到的逸事我们考证出了家国情怀;让学生重走长征路,参观革命先烈的壮烈事迹,回顾可歌可泣的峥嵘岁月,开展读革命书、唱革命歌、走长征路、吃农家饭、写观后感等具体可感的活动,真切地忆苦思甜,切实养成爱国情怀;不仅如此,田园师生还走进社区、走进里弄深入开展社会实践,了解社会民生情况,培养了社会担当情怀;我们的学生走出上海,走出国门,与世界上的优秀青年交流,考察了异国他乡的风俗文化,打开国际视野,适应全球化时代的需要,感知了天下情怀。每一次活动都与读书写作结合起来,将人生觉解落实到文字当中,于是我们的师生著书立说就有了人文的温度和生命的高度,至今已出版41本各类书籍,书香校园名副其实。

(二)创意发展的"台"

《中国教育现代化2035》中指出,要提升一流人才培养与创新能力,"加强创新人才特别是拔尖创新人才的培养,加大应用型、复合型、技术技能型人才培养比重。"2015年我校将"创新驱动,转型发展"的战略要求与"美育引领,创意发展"的办学理念对接,创造性地建设十大"创意工作坊",探索教育创新思路,培养师生创新意识,促进师生创意发展。语文教师将创意工作坊建设成为有故事的语文课堂的多元发展舞台,戏剧表演、播音主持、国学礼仪等创意工作坊里演绎着精彩的语文教学创意故事。文学社《二月》社刊由文学社员发动各班学生写作,组稿、编辑、排版、封面设计等完全是学生自主完成。戏剧表演工作坊确定教学"编、导、演、评"四环节,编剧、表演、剧务、评价都由学生主持。播音主持工作坊学生采编新闻,制作校园新闻联播,阅读、写作、采编、播送环环相扣。另外还有模拟联合国、各种辩论赛、演讲,校园课程极大地激发了学生创意热情,发掘了学生的创意潜能,创意发展的空间未可限量。

我们利用创意工作坊的平台,有创造性地开展各类活动,扎实推进学生语文素养的提升。一是古诗吟诵与创作。每年11月组织各班开展古诗文吟诵与创作活动,这些活动与读书节的主题相结合,吟诵活动可以编创表演,创作诗词歌赋体裁不限。在初期排练选拔的基础上,最后集中展演。开展原创古典诗词竞赛,学生作品集中保存,择优展览。二是话剧编创与表演。要求100%的学生参加过课本剧的改编、排练、表演和评价,训练文学创作能力的同时提高学生思辨能力,让学生在表演的过程中感悟文本的内涵思想,提高口头表达能力,为学生提供更生动的发展空间。截至目前语文组收集改编剧本 15 部，部分剧目获上海市中学生课本剧展演等第奖。三是书写竞赛与展示。起始阶段每位同学每天摹写一页，纳入学生平时学习成绩。每学期进行一次年级书法比赛，以期检测并展示同学们的习字成果，鼓励书法爱好者向大家展示自己的书法作品。同时，我们外聘教师为全体老师提供书法培训，每学年师生书法作品都有展示，书香墨香满校园。四是社团巩固与发展。"二月"文学社每学年组织学生外出采风，撰写采风文章，每学期由学生担任主编和编辑，自主组稿校对编排，出版《二月》社刊，装帧精美，内容丰富；戏剧表演创意工作坊推出的课本剧《祝福》获上海市"鲁迅杯"中学生课本剧大赛二等奖，课本剧活动由学生自主编导演评，准备服饰道具，每年度邀请优秀表演集体集中汇演。播音主持创意工作坊培养的许鹏同学等人考入浙江传媒等高等学府。

（三）信息技术的"台"

《普通高中语文课程标准（2017 年版 2020 年修订版）》指出要探索信息化背景下教与学方式的转变，"要积极探索基于网络的教学改革，利用具有交互功能的网络学习空间，创设线上线下一体化的'混合式'学习生态，为课堂教学和课外学习服务"。2020 年突如其来的疫情形势下，教育部提出"停课不停教、不停学"的指示精神，语文教师必须与时俱进、及时跟进，预先考虑疫情防护期间如何开展线上教学学习和研究，发挥教学设计和信息技术的个性化特长，稳步推进网络教学背景下的教学设计、学案设计、作业布置与批改、检测与反馈等教学环节的科学与规范。

首先是加强自身学习。2 月份开学之前，学习《2020 年闵行区微课录制技术标准》以及《2020 停课不停学微课制作方法说明》，学习动手用希沃剪辑师基本应用录制微课，学习如何用 PPT 做微课。记录学习心得、求教制作困惑。其次是资源融会贯通。教师通过上海微校、空中课堂、闵智学堂、云录播等平台认真学习区级、市级微课，将其中的精华融入教师自主的教学设计之中，实现"双师教学"的最佳组合。最后是落实具体措施。所有的教学方式都要预设网络教学前提，比如整本书阅读教学，学生要梳理编辑《乡土中国》每章的思维导图在钉钉平台交流，要梳理整合出《红楼梦》主要人物关系图谱,再加上个性化的人物关系解说形式。教师结合87版电视剧《红楼梦》的经典片段解读原文相关部分,将音像与文字结合,增强学生的阅读兴趣。根据小说中人物的"判词"和标准形象设计谜语,《红楼梦》经典诗词背诵默写在线竞赛,提升学习兴趣,指导阅读整本书的关键情节,解读《红楼梦》的思想精髓。比如作业布置类型的创新,学生组织各类语文学习组群,如读书小组、古诗词与楹联研究与创作小组等,群主定期通过微信朋友圈或微博发布小组作品。作文采用在线批注互评、教师总评的方式批改等。比如充分利用在线编辑功能,网上合作即时完成课堂主问题,像必修(下)第二单元戏剧教学,教师以《窦娥冤》和《哈姆莱特》为例设计了东西方悲剧差异的表格,整合本单元关键的学习任务,学生通过线上编辑合作完成,发挥了网络教学的优势。"'王'在不在线大不同!"在线上教学《齐桓晋文之事》时,我设计了一个很应景的问题,要求学生在线编辑合作完成。本文为对话体散文,对话过程基本省略"王"这个主语,但也有几处保留了"王"这个主语。请圈划出这几处,思考其作用。保留"王"这个主语的几处为齐宣王心理变化的转折点,也是孟子游说效果越来越显著的转折点。

表9-1　《齐桓晋文之事》主语"王"作用分析表

序号	原文	作　用
1	王曰:"然,诚有百姓者。……"	孟子以羊代牛的故事避免说教,齐宣王终于进入了对话情境,产生了对话的兴趣。
2	王笑曰:"是诚何心哉?……"	孟子以小易大的讽刺,齐宣王羞愧自嘲之笑,虽有些不悦,但已在认真对话。
3	王说曰:"《诗》云:'他人有心,予忖度之'……"	孟子理解王亲见之不忍,齐宣王很高兴,引为知音,产生主动设问的兴趣,氛围融洽。
4	王笑而不言	孟子要求王推恩于百姓,齐宣王内心并不悦纳,又不好意思直接反驳,故笑而不语,保留意见。
5	王曰:"若是其甚与?……"	孟子点破王缘木求鱼,齐宣王很紧张,急着想听到解释,孟子的"危言耸听"得以从容不迫。
6	王曰:"吾惛,不能进于是……"	孟子深入浅出分析王霸利弊,齐宣王最终彻底心悦诚服,为后文孟子阐述具体措施做铺垫。

第十回　长安陌上无穷树　唯有垂杨管别离
——部分学生回忆有故事的语文课堂

有故事的语文课堂教学实践前后经历数年,的确讲了不少故事。我在田园高中工作16年,送走了11届高三学生,每年高考结束,有不少同学给我写告别留言,让我欣慰的是很多学生的信中重温了以往的课堂故事。例如2019届,有学生写道:"我引用老师教我的《班扎古鲁白玛的沉默》来说,我语文好或者不好,老师的教诲就在那里,不离不弃,永藏心底。"有学生写道:"羞于表达的我在上《师说》时关于一字之差的发言,赢得了如雷的掌声,当时我觉得这响彻整个教学楼的掌声,是我人生的一大步。"有学生调皮地写道:"送考时老师一直送我到安检门口,他不能进去,那情形像极了《目送》中说的,我用背影告诉他,不必追。"有学生深沉地写道:"您让我知道什么是学不可以已,什么是修己达人,什么是民族气节,您把我带入中华文化的大门,而这可能改变我的人生。我在认真思考,大学要不要学中文系。"这表明,我的语文课堂故事真的有一些已经烙在学生的心中,融入到他们的基因和血脉中。以下是最近的三届毕业生留给我的语文课堂学习的反馈故事,真心希望"后浪"们生活幸福,鹏程万里。

2016届

上李老师的课从来都是一种期待,课堂上的爆笑声总会引得其他班同学驻足。《劝学》中一句"吾尝跂而望矣,不如登高之博见也",浮现在眼前的不是昏昏欲睡枯燥乏味的古文讲解,而是李老师时而跂起脚向外望,进而自己站上讲台、全班站上课椅向外眺望的情景,李老师引导我们想象"落霞与孤鹜齐飞,秋水共长天一色"的美景,想象"花近高楼伤客心,万方多难此登临"的情怀,想象"登东山而小鲁,登泰山而小天下"的胸襟。我们又何尝不理解这句简单的古文呢? 不理解的是"跂而望"与"登高博见"的人生层次的差异，正是李老师课上的身体力行，让我在其余知识归还课本后，依然保留下这精华的一句，并时不时在关键时刻警醒我。我想，大四的我毅然决然选择了考研这条路，正是因为想要"登高博见"，不想苟且于"跂而望"吧。

——3班张靖雯

一想到李老师，就想到"游刃有余"的故事。游刃有余并非轻轻松松搞定一切，而是在非常有限的空间内腾挪辗转，面对生活的重压保持自由自在的状态，也就是所谓"道"的境界。也许正是这种人生态度，在我们懵懂的心中种下了热爱文学、工作、生活的种子。愿我将来能像李老师那般，出走半生，归来仍是少年，就算面对枯燥乏味的工作、面对生活中的种种不如意之事，依旧能莞尔，道一声"人间值得"。从李老师身上，我学到的是他的处事之法。一次，李老师在黑板上写了一句很长的句子。等李老师写完，我发现李老师不仅字迹工整，连断句分行都无可挑剔，整句话甚至因此有了古诗文对仗的美感。细节决定成败，习惯决定未来，我的大学专业选择了法律，而李老师却早已春风化雨教会了我游刃有余、用心为之！桃李其下，幸甚至哉！

——3班陈昊

犹记得老师所讲授的"为天下立心，为生民立命，为往圣继绝学，为万世开太平"。身而为人，我不歉疚；老师所讲授的这句正是读书人为人处世的最高境界。实现自身的价值，实现伟大复兴的中国梦，这正是我们当代年轻追梦人的追求与信念。那句"面朝大海，春暖花开"更是余音绕梁，不绝于耳。我心想在这浮世之中，该怎样保持一份内心的纯净，不让外界的烦乱是非影响了宁静的乐趣。老师口中最让人觉得回味无穷的还是那句"明月装饰了我的窗户"，而"我装饰了别人的梦"；从前我看山不是山，看水不是水；但是如今已是看山是山，看水是水。

——3班林威

他的一生有过无数像我一样的学生，但我的一生，却很难再有机会遇上这样一位优秀的老师了。他的课堂永远充满着互动的乐趣，爱讲故事、爱演戏、情到深处还会为你一展歌喉。即便离开课堂，李老师的言传身教依旧春风化雨般影响着我们。我是何其幸运能够成为他的课代表,更长时间的相处下,我看到的是他身上永远以微笑示人、真诚友善的美好品格,能拥有岁月积淀下的成熟阅历却依旧保有孩童般的初心,有为学生作文中一个词的恰当用法琢磨思索半天的细致严谨,也有像同班男生一样无厘头的模仿与搞怪,于我而言,他是尊敬的老师又像是唠叨的慈父,是受欢迎的大男孩更是值得交心的朋友。

——3班王新悦

我们学校的顶楼有一个空中花园,当初建造它时,校长为它取名"惠风和畅园",后来卫华老师要求我们用文言的形式给惠风和畅园作序,写好之后在一个天朗气清的日子里集中到园子里朗诵交流,李老师也交流了他自己的作品,那一刻颇得"曲水流觞"之妙,真切地感受到文学很美,文学有时候并不难懂也并不难学,即使是最让同学们感到头疼的古文,也有它特殊的魅力。时隔多年,我依然感激,甚至窃喜能够在高中阶段的语文课堂上遇到卫华老师,通过那几年在语文课上的点拨,让我学会在大学的闲暇时光里,静心读完一本本"闲书",我不知道自己算不算真正理解了"书中自有黄金屋"这句古话,但是在书里,我真的收获了许多快乐。

——2班曹博依

2017届

云山苍苍江水泱泱,先生之风山高水长。在相对频繁又刻板的主课中,李老师的语文课是最如沐春风般的课堂。他上课从不会被教学讲义束缚,无论是文言文古诗词还是现代文,新课还是复习,哪怕是讲评试卷他都有自己行云流水的一套,不枯燥不无聊,把应试的内容修饰得风趣脱俗。我特别喜欢李老师有关古文的教学课堂,他从逐字逐句的翻译到深入挖掘诗文内涵,举例类比,循序渐进,这个过程给学生们打下了扎实的基础。此外,他总是能扩展到课本外的相关领域,缓解课堂中的阅读疲劳、增加新颖感,同时帮助学生积累经验和素材,多方面锻炼学生的文学素养。上李老师的课,我的笔记里不仅有紧扣书本的知识点,还总穿插着各种有意思的故事和名言,每次翻阅都能回忆起语文课上种种生动形象的细节。顺便说一句,我的高考语文成绩是 124 分。

——3 班金诚悦

李老师是高三才接手我们班的,他是一位非常具有魔力的老师,是我枯燥的高三课程里最鲜活的一点记忆。上李老师的课,你永远不会觉得无聊枯燥想睡觉,轻而易举就达到了许多老师达不到的境界,他只认识了我们几天的时间,便深受学生们的敬爱。他仅用一年的时间,就把我们班级垫底的语文成绩提高了好几名,本来惨不忍睹的平均分更是向上窜了十来分,现在回想起来,都觉得有些不可思议,像个奇迹。虽然成绩斐然,可并非苦口婆心所致。李老师很少说教,更像个小说里的大侠,只需回头说句"跟我来",就足以带着学生们披荆斩棘。从他身上,学到的不仅仅是学校里的那点知识。更重要的,是他那种别具一格的风格气质和豁达的人生观,对我影响至今。

——3 班陈俞含

高三上学期的一节作文课,老师将全班同学的作文都复印了下来,除去名字,让大家阅读。其中有一篇被标了标注,老师让我们格外关注,让班里同学们看一看其中存在哪些问题。而那篇作文正出自于我手,还记得作文的题目是"刚柔并济",我用了五段三分式结构,开头、"刚"的好处、"柔"的好处、"刚柔并济"的好处、结尾,自认为写得还算完美,面面俱到,没想到犯了最典型的错误——把"刚柔并济"这个概念拆分开来而不是把它作为一个整体。课后我赶忙去老师办公室询问老师应该如何修改,本以为老师会严厉地批评我,但他认真地辅导了我,要分析问题,作文要有思维的力量,坚硬到柔软转化的过程、原因、认识,这些是一个整体,紧密相关。老师总能用新奇的方法来教育我们,在保护我们自尊心的同时又能调动我们的学习积极性,李老师真是个超级 nice 的老师!老师,我会带上你给我的思维的力量勇敢前行,您的岗位不会调换,但您的足迹却早已遍布四方!

——3 班陈瓅颖

我已经是 2017 年从田园毕业的大三的老学姐了,但我还能清晰忆起李老师在课堂上的幽默。虽然李老师是在高三开始才教我们的,但是在这一年里,多亏有了他,我高考语文才能拿到 120 分。复习《林教头风雪山神庙》的这节课我记忆深刻,老师把课文复习与高考知识点复习结合起来。高一上这课只知道有这么个故事,而李老师通过林冲的语言、心理变化、行为动词的剖析,既让我感受到了林冲从逆来顺受到奋起反抗的转变,也为考试的炼字、炼句和鉴赏分析提供了具体的范本。《水浒传》相对朴实的语言中蕴含的深厚内容与寓意在李老师的讲解下一下子豁然开朗了。不夸张地说,这让我对于文学鉴赏有了新的理解。高考高分的秘笈就蕴藏在数不清的这样的课堂故事里。

——5 班蒋悦

2019 届

李老师的故事让我认识到了语文的博大精深。他的课堂经常把教学内容与当今时事紧密结合,让我了解到实际上语文课与自己的关系并不是那么遥远。例如将电影《红海行动》和《战狼2》中的主旨与作文相结合,与我们一起解剖分析当今的国际形势。高二开学第一课,老师在课堂上写下一个"新"字让我们说说如何理解,同学们的回答毫无新意,李老师说文解字:"新"拆成"辛"和"斤",表示加刃于木,即用刀斧劈柴。原木的表皮通常灰暗而多褶皱,而劈开后木心所呈现的,却白皙而平滑,并且富于清新宜人的自然气息,因此"新"从"劈柴"的动词本义引申出"开辟性的、前所未有的"这一形容词含义。所以在这里把这个字送给大家,希望在新的学年大家可以发现开辟性的、前所未有的、新的自己。作为老师,照本宣科也算完成任务,但是从李老师的课堂上,我想我不仅知道了课本,还有更重要的价值观,世界观。我想李老师教得最好的应该不是语文而是如何育人。

——2 班张梓峰

高三下学期开学不久,噩梦般的摸底考,语文史无前例的不及格。周末的晚自习,碰巧是李老师看班,没想到坐我旁边的 1 班班长施某某和李老师提起了语文考试,还十分有指向性地提到了我的成绩,想要给 1 班增添威仪。一时间无比尴尬,怕老师说我。但李老师话风清奇:"小施,我和你打个赌吧,要是他下周的语文考试没有考过 100,我在年级外面的走廊上,从办公室倒立爬到厕所。"他还笑着对我打趣道:"好好考,不然我要你扶着的哦"。礼拜四的周考来得很快,礼拜五就出成绩了,我迫不及待地去问成绩,就是这么巧,我不多不少就考了100!本以为就这样过去了,没多久又要语文考试了,他又当起了预言家,他偏偏又预测我的分数,105以上!班级里发出"咦"声,但李老师好像很笃定。批卷速度依旧那么迅速,我考了107!哈哈哈,我十分期待语文课了。高三过得很快,我也考上了大学,李老师上课的姿态却依旧留在脑海里,如果可以,我希望我可以回到高三再体验一回!

——2班陆智裕

李老师是高二开始教我们的。高二开学第一课,老师以"请介绍一本你读过的书"为题模拟大学录取综合评价面试,我如坐针毡,小学到现在真没有好好读过一本书,而同学们讲的要么书本幼稚,要么语焉不详。之后老师放了一段视频:中国诗词大会上武亦姝展现了惊人的诗词储存量,接着老师要求我们以"月"字为线索开始诗词飞花令(因为时近中秋)。就这样,一堂40分钟的语文课上成了班级诗词大会。同学们绞尽脑汁,调动那点可怜的积累,希望联想起相关的诗句,还好我顺利地接上了"月落乌啼霜满天"。课堂上紧张刺激、欢声笑语,感觉很像古人集会时对酒赋诗,虽然没有诗才,但氛围也十分快乐。腹有诗书气自华,至今思之,李老师是通过这节课来刺激一下我们,并告诉我们语文学习的关键是饱读诗书吧。

——5班王倩

于我而言,印象最深的就是李老师作文课上的word文档。word里包含了李老师提供给我们的许多作文素材。这些素材独具特色,不会与他人重复,且覆盖面广泛,古今中外,文学艺术,面面俱到。word里不仅有考试热门话题,例如工匠精神,天眼之父南仁东;也有一些很小众,看着不那么主流的素材,譬如罗马诗人面对死亡时坦然虚无的态度,弘一法师李叔同的人生经历。这份word的影响不仅局限于考试的素材,更是影响了我个人的品味。我不再随大流,不再只看各种影视和畅销书排行榜,而是挖掘冷门作品的价值,寻找平日里司空见惯却被忽略的美,发掘光辉背后人性的矛盾与做作。有人说:人的血肉由他迄今所看的所有书、影像、艺术品结合而成。李老师的语文课拓展了我的视野,从某种程度上改变了"我"这个人。

——5 班傅胡玮

"今夜鄜州月,闺中只独看。遥怜小儿女,未解忆长安。"华哥讲的《月夜》令人难忘。讲到杜甫被羁押在长安监狱,手把铁窗望月,思念远在鄜州的妻子时,老师走到窗边深情唱起"铁门啊铁窗啊铁栏杆,手把着铁窗向外望",忧伤的歌声使我们一下子产生共情,进入诗人的情境,这曲子至今仍然会在我脑海里魔性地单曲循环,以至于那篇诗歌被我牢牢地记住了,再也忘不掉。技术性的分析比如"湿""寒"等炼字、对面落笔的手法等等已经不甚了了,但是这首歌的旋律和这首诗的内涵我深刻理解了:老师跟我们说,这首诗告诉我们,即使在人生最灰暗的时刻,对幸福的守望都会带来温暖和动力。文学作品确实是我们精神成长的营养,"巴山夜雨"的窘迫中还可以希冀"剪烛西窗"的美好。

——5 班朱佳妮

后 记

做一个有故事的语文教师

李卫华

体制外的人常说,做教师很简单啊,每天上两节课,批点作业而已。从某种角度上看,的确如此,上课、批作业,周而复始,单调重复,直到退休。然而事实上,语文教学应该是一个精彩的立德树人的过程,其中应该有许多精彩的故事值得回味和研究:我们每天面对着那么多青春灵动的生命,面对着那么多广泛而深刻的文本,面对着那么多优秀丰富的教学方法,"长期厮守"、彼此熟悉,就会"从心所欲不逾矩",就会发生很多有意思的事。作为一个语文老师,我理应去发现它、挖掘它、提炼它,做一个有故事的语文教师。

"讲好中国故事"是习总书记的叮咛,也是语文课程立德树人的基本理念。"故事"这个词可能有点老派,可能让您联想到小学的看图说话、初中的复述梗概,看看书名您也许就会丢开这本书。但我坚持用这个词,因为这是我的真实感悟,也是我的真诚态度:我把研究学生、研究文本、研究教学方法的过程中一些好的资源材料、好的想法做法加以总结,再辅以理论指导加以概括提炼,形成20余万字的一个"大故事",也许理论不够系统,编排框架不符合逻辑,讲故事的方法缺乏考据,更多的是一家之言,但这是一个一线老师10多年语文教学过程的真实故事,故事中随处可见他在用心用情用理教书。

对于这本书,我也有些许忐忑。虽然经过多年教学实践,我积累了不少华东师大版高中语文教材的教学故事,但是当2019年初我准备动手写书时,2019年秋季开学使用统编教材的消息传来了,一切由零开始。我有些犹豫:上海教材的研究材料放在书里岂不是"明日黄花"? 甚至新教材还没有落地,铺天盖地的研究论文就扑面而来了，我再去写这些东西有价值吗？我最后之所以坚持下来，原因有三：其一，教学研究不是新闻报道，时效性不是第一要素，不管什么教材，语文教学的基本规律是相同的，躬下身子研究学生、多做点新实验的态度是相同的，这些不存在过不过时一说。其二，总结过去、展望未来，新教材并非"全面否定"，而是"守正出新"，正好以此为契机对过往平凡岁月里的点点峥嵘做一个总结，再收拾心情，督促自己面对新教材展开研究，讲好新教材的语文教学故事。这就形成了一种承前启后的传承，于是在书的后几章就有了新教材的教学故事，作为一个新的研究阶段的开始。其三，突如其来的"疫情"形势下，所有老师开展线上教学。我每天的生活更加简单充实：上课、备课、读书、写作。既然教师不能像白衣战士那样奋战在"抗疫"一线，我们也该有自己的"抗疫"状态：教书育人、读书写作，搞出一点成果。这个状态非常好，我书稿的大半是这几个月完成的。至于有点"故弄玄虚"的章回体和古诗词标题，则是呼应书名中的"故事"二字，姑且算是一点创意吧。

我与"创意"一词的关联，源自我校"美育引领，创意发展"的办学理念和"培养文创素养"的办学特色，为此学校制定了各学科培养文创素养的实施指南，要求基础课程上出创新特色，并为此组织了多届"创意课堂"评比。这与我的教学个性很吻合，我一直有个朴素的想法，就想自己的课堂能更吸引学生。多年来，总在做一些新尝试，希望改变学生的学习方式，希望构建有趣而深刻的语言实践活动，让学生在学习过程中感悟熏陶，有习得的快乐。在课堂上总是让学生多讲讲、多写写，并通过多种方式呈现出来，也就是尽量体现王林老师《序》中说的"海派语文"的特点。陆振权校长多次听我的课，认为很有创意，一直鼓励我在专业上努力发展，让我做出特色形成体系，梦想的种子种在心里。在第一届"创意课堂"评比时，我提出"有故事的语文课堂"的创意思路，获得最佳创意奖，后来申报了同名区级教学课题，获得了区级课题一等奖。自信树立起来了。

语文的教育功能是"立德树人"，王林老师对此的解释别具新意，语文教育也是一个立老师的德、树老师的人的过程。王老师也是那个自立而立人者，他的长者之德、勤勉之风感染着我在内的许多语文教师，每次聊到与专业相关的阅读与写作等话题，王老师总是神采奕奕，良师益友、言传身教的过程中，我们那么自然、那么不着痕迹地在立德与立志，正在或者准备着立言与立业。我常记起王老师的一句话：语文老师要多读一些语言学方面的书，只有在语言上立起来了，一个语文老师才能站得稳。当然，这个过程很漫长，"立"了多少我不敢说，但是请允许我以站立的姿态，不辞辛苦地奔走在这条漫漫长路上，也许某天回头一看，一路走来的轨迹还算优美。